植民地朝鮮と〈近代の超克〉

戦時期帝国日本の思想史的一断面

閔東曄
민동엽

식민지 조선과〈근대의 초극〉: 전시기 제국 일본의 사상사적 일단면

法政大学出版局

植民地朝鮮と〈近代の超克〉——戦時期帝国日本の思想史的一断面　目次

植民地朝鮮と〈近代の超克〉——戦時期帝国日本の思想史的一断面

凡例

一、本書における韓国・朝鮮語の日本語訳はすべて引用者によるものである。
一、日本語文の引用の際には、旧字を新字に改めた。
一、〔 〕の中は、引用者による補足である。
一、引用文中の傍点はすべて原文のままである。
一、本文中の傍点による強調はすべて筆者によるものである。
一、本文の引用文には、現在では差別語とされる語が見られるが、歴史的文脈・状況を考慮し、そのまま掲載した。
一、敬称等は省略した。

序　章　転換期の歴史意識と思考――一九三〇～四〇年代、植民地朝鮮と〈近代の超克〉

第1節　問題の所在

1 「抵抗」と「協力」のはざまで

本書は、一九三〇～四〇年代の植民地朝鮮／帝国日本における〈近代の超克〉をめぐる思想空間を、「転換期」の歴史意識に注目しながら横断的に捉え直そうとする試みである。

一九一〇年の「韓国併合」から始まった植民地期朝鮮の歴史を振り返るとき、一九三〇年代半ば以降は、帝国日本の戦時体制への動員と皇民化政策によって翻弄されていた時代であり、こうしたことから、解放後の韓国では長らく「暗黒期」として位置づけられてきた。(1) しかし、一九八〇年代半ば以降、韓国における社会主義関連書籍の解禁や民族主義批判という新たな思潮の出現によって、一九三〇年代後半以降の植民地朝鮮への多様なアプローチが可能となり、日本帝国主義に対する「抵抗」か「協力」か、といった二項対立的な図式に基づく「暗黒期」の時代認識も相対化されつつある。(2) そして、このような状況の中で登場したのが「植民地近代（性）」（colonial modernity）論と言われる一連の研究動向であった。それまでの植民地期朝鮮に関する歴史研究が、数量的分析に基づく経済史研究を中心に日本帝国主義による「植民地収奪」論対「植民地近代化」論の構図の中で行われてきたのに対し、植民地近代論は、両者ともに西洋的近代——特に資本主義による近代化——の価値理念を無批判に受け入れているという点で共通した問題を抱えていると指摘し、「近代（性）」が内包する権力的・抑圧的な側面を批判的に捉えようとする議論である。[3] 植民地近代に注目するこうした研究は、近代的な主体である「民族」の軸に基づいて断罪されてきた「抵抗」と「協力」の二元論的な区分を捉え直すことで、脱民族主義を志向する同時代の知的潮流と軌を一にするものであり、近年、政治社会史をはじめ、教育史や文化史、文学・思想史など、多岐にわたる領域でその成果が蓄積されている。たとえば、韓国における植民地近代論を牽引してきた尹海東は、帝国主義の植民地支配に対する認識の転回を促し、「抵抗」と「支配」（収奪）／「協力」（親日）の二分法では説明し切れない「グレーゾーン」が持つ意味について考究してきた。フーコーの「規律権力」の概念を援用しつつ、支配権力と被植民者との関係性や相互作用を人びとの日常において捉え返し、朝鮮民衆の「無抵抗的な抵抗」「内面的な抵抗」といった「抵抗」の外縁を拡大して捉えようとした。[4]

一方で、一九三〇年代以降の朝鮮思想史に目を向ければ、植民地近代論の問題意識を批判的に受け継ぎ、戦時期朝鮮の思想空間に新たな光を当てた洪宗郁の研究は特記すべきである。洪は、戦時期朝鮮における社会主義者たちの「転向」の問題を彼らの内在的論理に注目しながら「抵抗」と「協力」の区分には収まりきらないものとして捉え直した。また、植民地近代論については、それが近代性への批判的把握によって植民地と近代を統一的に理解する新地平を開いたと評価しつつ、植民地主義の存在が看過されるおそれがあること、また、規律権力の確認によって植民地に近代的要素があったという指摘にとどまることに注意を払い、「様式としての近代」だけでなく、植民地–帝国間の「構造としての近代」を明らかにすることの重要性を訴えた。[5] 尹海東もまた、植民地近代を理解するために一国史を超えたトランスナショナル・ヒストリーの枠組みを提示しており、[6] 本書も、こうした一国史を超える構造的連関を捉える視点への転換を大いに共有するものである。

ただ、洪宗郁の研究では、植民地近代論における民族主義批判の文脈を継承するが、知識人たちの「親日」や転向を擁護せず、民族（主義）の多義性へ注目することにより、植民地近代における民族という主体が持つ両義性への再評価が試みられる。[7] たとえば洪は、研究視角について説明しながら、「脱植民地の志向は、民族という近代的主体を立てようとする点で、極めて近代的な企図でありながらも、同時に〈宗主国－植民地〉の秩序からなる近代社会そのものに対する挑戦である点で、脱近代の契機を内包している」[8]と述べている。つまり、「脱植民地の志向」として立ち現れる「近代的主体＝民族」に注目し、それが「脱近代」、すなわち植民地－帝国の秩序をも乗り越える契機を内包するものとして捉えられている。これはおそらく、同研究が戦時期朝鮮において民族文化の特殊性の保持を訴えながら「内鮮一体」論を唱えた当代の転向社会主義者たちを研究対象としていることに起因するように思われる。民族の主体性を主張しながら行われた日本帝国主義への「協力」に対する新たな評価が、「抵抗」か「協力」かといった民族主義的な既存の枠組みを攪乱させつつ、「民族主義批判」には拘泥しない「民族」という主体の肯定につながったように見受けられる。もちろん、植民地近代論について板垣竜太が鋭く指摘するように、「なぜある局面で民族というアイデンティティが浮き出てくるのか」[9]と問うこと、言い換えれば、「民族」を媒介とせざるを得ない植民地的状況に真摯に向き合わなければならないことは言うまでもない。実のところ、「民族」は朝鮮の内外、左右イデオロギーを問わず、植民地期における抵抗ナショナリズム運動の強固な軸として作用していた。

しかし、それと同時に民族というアイデンティティや主体の立ち上げに躊躇してしまう、あるいは立ち止まってしまう思想の破片をどのように理解すればよいのか。[10] けっしてメインストリームとはいえないが、戦時期朝鮮の知識人たちの中には、普遍的な理念を掲げ、新たな世界史的主体の構築をめざす人びとも、たしかに存在していた。だが、彼らの企図は、民族を超えようとする戦時期日本の疑似普遍主義的な言説空間に回収されてしまう危険をつねに伴うものであった。本書で取り上げる植民地朝鮮の左派系批評家たちは、まさにそのような綱渡りを試みた者たちである。

従来、戦時期朝鮮の思想状況――とりわけ朝鮮内における知識人の活動についての研究は、いわゆる文学研究の領域において盛んに行われてきた。ここには、朝鮮の特殊な植民地的状況が深く関わっているように思われる。日本「内地」と比べて植民地朝鮮ではアカデミズムやジャーナリズムの媒体、インフラなどが限られているうえに、植民地朝鮮における唯一の帝国大学として設置された京城帝国大学（一九二四年に予科設置、一九二六年に学部設置）の教授職に朝鮮人がつくのは困難であるなど、アカデミズムへの参入も制限されていた[11]。こうした状況の中で、経済的な事情などにより多くの植民地朝鮮の知識人たちはジャーナリズムや文芸などの領域で活動していた。彼らは、アカデミックな文章を新聞に連載したり、文芸誌に寄稿したりしながら知的活動を続けていたのであり、ときにそれは、一見政治性を帯びないような「文学」活動として行われていた。植民地期、特に戦時期朝鮮の思想史研究をつねに文学との緊密な関係の確認とともに行わざるを得ない所以はここにある。だが、植民地知識人の知的営為を媒介するメディアそのものも、一九四〇年前後から急激に減ってゆく。戦時期に入ると、『朝鮮日報』や『東亜日報』など、いわゆる「民族資本」による（朝鮮語での）発言の場が次々と閉鎖されてゆき、当局側の意を反映するごく少数の限られた場でしか発言が許されなくなった。

二〇〇〇年代初頭、「暗黒期」における「親日文学」というレッテルを取りはがし、日本語作品群を掘り起こしながらもう一度戦時期の朝鮮文学の政治性を捉え直そうとした金在湧の研究[12]は、その後の研究に大きな影響を与えた。ただ、すでに多くのところで指摘されているように、それには戦時期の「親日文学」を「抵抗」の手段として読み替えることによって、再び「抵抗」と「協力」の二分法に戻ってしまうという難問がつきまとう。以後、その批判的な継承をめざして行われた数々の研究の中で、とりわけ本書との関連で注目されるのは、鄭鍾賢の研究[13]や尹大石の研究[14]、ナヨン・エイミー・クォンの研究[15]である。鄭は戦時期日本の思想空間と連動して展開された植民地朝鮮の東洋論を分析し、この時期の朝鮮知識人の主体性の状態を「帝国的主体性（imperial subjectivity）」という概念を用いて説明した。帝国日本の普遍主義を志向しながら、植民地人の現実にも自覚的であった当時の知識人たちの分裂した自己意識に着目した示唆に富む議論である。一方、一九四〇年代の代表的な「親日」雑誌として知られる『国民文学』を読み直す作業を進めてきた尹は、「親日」を「植民地協力」として捉え直し、植民地期の協力の問題がすべて民族の問題に吸収されるものではないという、本書の議論とも関わる重要な論点を示した。また、「協力という思想」を提起し、戦時期における朝鮮知識人たちの協力は必ずや植民地‐帝国間に矛盾・亀裂を生じさせるものであったと指摘した。「民族」に収斂されない抵抗の痕跡に注目する尹の議論は、「抵抗」を対自的なもののみならず、即自的なものにまで広げて考察しようとする植民地近代論の問題意識を引き継ぐものであり、抵抗のあり方について新たな視点を与えてくれる。ただ、同研究でも指摘されているように、植民地‐帝国間に生じる矛盾・亀裂がポストコロニアルな契機であるとしても、実際にそこに見られるほころびは「拡大」されることもあれば、「縫合」されることもあるだろう[16]。

また、クォンは、戦後／解放後の日韓がともに否認してきた、戦時期に日本語で創作活動を行なった文学者に注目することによって、植民地近代の経験がはらむ「表象の難問（conundrum of representation）」——近代的主体性の難問、言語の難問、歴史の難問、認識の難問を焦点化した。こうした議論は、尹海東などが「植民地分裂症」——被支配と他者への侵略が同時に具有されている状態——の概念を通じて提示する植民地近代こそが近代の普遍であるという主張を敷衍するものとなっている[17]。

このように、現在、戦時期朝鮮の思想状況について「抵抗」か「協力」か、といった二項対立的な図式を乗り越え、また「民族」に収斂され得ないさまざまな脱植民地の契機が注目されている。[18] 本書は、このような植民地朝鮮の思想史・文学研究の優れた知見を踏まえたうえで、戦時期植民地朝鮮／帝国日本のトランスナショナルな思想空間において破裂してしまった思考の痕跡を辿ってゆくものである。

2 「転換期」という視座

一九二〇〜三〇年代は、世界各地で「転換期」という言葉が声高に叫ばれた時代であった。第一次世界大戦の終結後、すでにヨーロッパではオスヴァルト・シュペングラーの『西洋の没落』（第一巻・一九一八年、第二巻・一九二二年刊）などが大きな反響を呼んでいたが、その後、一九二〇年代末から始まる世界恐慌を経て資本主義の矛盾が明らかになり、自由主義や個人主義といった近代西洋文明を象徴する価値理念の修正が強く求められるようになった。こうした近代の危機意識が広がるなか、ファシズムやナチズム、そして自らが反ファシズムを掲げていたスターリニズムなども頭角をあらわした。一方、アジアにおいては一九二〇年代に国際協調路線をとっていた日本が一九三〇年代に入ってから一変し、「東亜協同体」「大東亜共栄圏」をかけ声にアジア諸地域へと再び拡大してゆく。満洲事変から日中全面戦争、「大東亜戦争」につらなる新たな展開とともに、「東亜」を掲げる新秩序構想が、世界史的な「転換期」の時代的課題——〈近代の超克〉を引き継ぎながら唱えられていった。

一九三〇年代、植民地朝鮮の知識人たちも転換期の歴史意識を共有していた。とりわけ社会主義者たちは一九三一年五月の新幹会（民族協同戦線）の解散以降、世界史的な「近代の危機」をプロレタリア革命への転換期として捉えていた。[19] しかし、一九三〇年代半ば以降、当局側の弾圧が厳しくなるなか、一九三五年六月の朝鮮プロレタリア芸術家同盟（KAPF Korea Artista Proleta Federatio）の解散、そして相次ぐ知識人たちの転向によって社会主義運動は退潮に向かい、思想の空白が強く意識されるようになった。ジャネット・プールの洗練された表現を用いれば、植民地末期朝鮮において「未来が消えゆくとき」[20]（When the Future Disappears）、世界史的な近代の危機の歴史意識とともに、次なる時代への期待が「転換期」という言葉で表されていたのである。[21]ただ問題は、（社会主義者のみならず）朝鮮の知識人たちが何重にも屈折した形で「近代」を経験している植民地知識人であったということである。彼らの転換期の歴史意識は、帝国日本の掲げる新たなる歴史の建設に容易に回収される可能性を持つ不安定なものであった。たとえば、京城帝国大学英文科を卒業し、戦時期に『国民文学』を創刊した文学者・崔載瑞《チェ・ジェソ》は、一九四三年に『転換期の朝鮮文学』を著し、その中で本来「クライシス」（crisis 危機）は医療用語であり、「死」と「回復」が分かれる転換点を意味すると述べ、[22]朝鮮文学の「国民文学」への転換・飛躍を唱えた。

　本書では、近現代朝鮮の歴史の中で「逸脱」＝「暗黙期」として位置づけられてきた一九三〇年代半ば以降の時期を「転換期」の歴史意識に注目し捉え直してゆく。[23]ここで言う「歴史意識」とは、橋川文三の言葉を借りていえば、少なくとも歴史についての学問や知識のことではなく、また、「意識」と言うからには、歴史の過程そのものでもない。[24]それは、かつて加藤周一が「歴史経験」という語で表現したような、現象の背後にある歴史的厚みを感ずる実感のようなもの、[25]あるいはドイツの精神史家であるマイネッケが「歴史的感覚」[26]と呼んだものに言い換えられるようなものである。このような歴史意識は、どの地域の人びとにも、またどの時代にも存在するような、歴史的な認識や思考の原型を成すものである。一般に、歴史意識は歴史主義の母体だと理解されてきたが、[27]本書との関連で確認しておきたいのは、こうした歴史意識が人びとの生活（いま、ここ）を強く規定し、ある決断と実行への志向の原動力として歴史の過程の中に現れるという事実であり、それが特殊な形で、しかもより強く人びとをとらえていた時代を「転換期」として捉え直すことができるのではないか、ということである。

　このような時代には新たな歴史の建設が声高に叫ばれるようになる。たとえば、戦時中に「世界史の哲学」を提唱した高山岩男は、「時代の転換期は歴史に対する深い反省を喚起し、強い歴史意識を促すものである」[28]と述べ、新しい歴史主義を要請した。また、植民地朝鮮で西洋哲学を学んだ朴致祐《パクチウ》は、「「実践」の構造を明らかにしようとあたふたしているうちに、いつの間にか「時間」と「空間」という新しい難問にぶつかり、この問題に取り組んでいるうちに、結局「歴史」という大きな難関に逢着してしまった(29)」と述べ、転換期における新たな歴史の創造のために東亜協同体論に関与してゆく。このように、一九三〇年代後半の植民地朝鮮／帝国日本では、転換期の歴史意識が知識人たちの歴史的行動を駆り立てていたのである。

3　植民地朝鮮と〈近代の超克〉

世界史的な転換期の歴史意識は近代自由主義への反省を促すとともに、それを乗り越えるための思考を要請するものである。そしてこのような転換期において、全体主義の思想原理に基づくファシズムやナチズムが歴史の舞台に登場し(30)、一方で、後進帝国日本は「東亜の解放」を掲げ、西洋をも乗り越えるためにヨーロッパ発の全体主義とは異なる新しい思想原理を模索していった(31)。こうした状況の中で、転換期における新たな歴史の建設をめざす多くの植民地朝鮮／帝国日本の知識人たちが〈近代の超克〉をめぐる思想空間の形成に関わってゆく。彼らは転換期の世界史的な使命、つまり近代を超克するという時代的課題を引き受けながら、それに新たな解釈を施しつつさまざまな思想実践を紡ぎ出した。『文學界』で設けられた、かの有名な近代の超克をめぐる座談会(32)（一九四二年九・一〇月）は、その一つの発現であったが、竹内好がすでに指摘したように、「近代の超克」がシンボルとして定着した『文學界』の座談会はそれをめぐってさまざまな立場の参加者が自身の説を述べているにすぎず、近代の超克を一つの思想運動にしようとしていたとは言い難い(33)。〈近代の超克〉がけっしてこの座談会に限定されるものではなく、転換期の歴史意識を媒介にする思考の総称であることは、改めて留意する必要があるだろう。〈近代の超克〉は、主に一九三〇年代半ば以降の帝国日本で見られる近代を乗り越えようとする歴史意識から生まれた思考形態であり、それを体系的に結晶させようとした痕跡は、『文學界』の座談会にも招聘された西谷啓治や鈴木成高に、高坂正顕と高山岩男を加えた京都学派四人の「世界史の哲学」、そして戦時期より提示されていた三木清などの東亜協同体論に一層顕著に見られる。

戦時期日本は大陸行動の世界史的な必然性を証明するため、西洋的近代の修正をめざすヨーロッパの革新思想とも距離をとる必要があった。そしてそのような帝国日本の行動を思想的に支えていたのが、「西洋／近代」に「東洋（東亜）／近代の超克」を対置させる言説空間であった。それをリードしていた三木清らの東亜協同体論や京都学派四人の「世界史の哲学」に関する研究は膨大な蓄積がある。しかし、そうした言説空間と植民地朝鮮がどのように絡み合っていたのかについて言及する研究はごく少数に限られる。直接の原因は、戦時期における近代の超克をめぐる言説空間において、植民地朝鮮がほとんど語られなかったためである。京都学派四人の「世界史の哲学」のみならず、政治的な介入をめざして展開された三木らの東亜協同体論においてさえ、直接語りかける対象は中国であり、朝鮮はほとんど登場しない。その限りにおいて、戦時期日本の言説空間において朝鮮は「不在」であったと言わざるを得ない。しかし、言うまでもなく、その言説空間を形成していた日本知識人たちが朝鮮の存在を意識していなかったはずはない。彼らは同時代の植民地朝鮮をたしかに見据えていたし、その痕跡は彼らの文章の中に散りばめられている。それだけではない。植民地朝鮮は、帝国日本の知識人たちが新たに建設されるべき「東亜協同体」や「大東亜共栄圏」の中の異民族との関係をめぐって思考するさいのアポリアとして確かに「存在」した。

本書で「植民地朝鮮と〈近代の超克〉」という問題を設定するにあたり、大きな示唆を得たものの一つに『ヘーゲルとハイチ』[34]がある。著者であるスーザン・バック＝モースは同書の中で、これまで同時には考えられてこなかったヘーゲル哲学とハイチ革命を並立させて問題設定を行なっている。ヘーゲルがハイチについてどれほど語ったかが問題なのではなく、ヘーゲルによる市民社会への洞察が、ハイチ革命の現実と同時に行われていること、つまりヘーゲルの「沈黙」こそが問題の核心となる。このような共時性への注目は、植民地近代論においても明確に見られる。尹海東は、相互連関において植民地－帝国への理解を促しながら、被支配者のみならず、「支配者もまた植民地の従属民という他者を通じて自己を構成していった」[35]と主張する。本書もこうした視点の転回の必要性を認め、植民地朝鮮から帝国日本を逆照射してゆくこととする。

東亜協同体論や「世界史の哲学」をめぐる議論もまた、植民地朝鮮の現実と同時に展開されている。ましてや、当時の朝鮮は日本に「併合」されていた。日本知識人が朝鮮をしかと見据えていたことに注視しながら戦時期日本の議論を読み直すことはできないだろうか。また、植民地朝鮮と〈近代の超克〉という問いは、日本知識人においてのみ有効なものではないだろう。近年、韓国では、「暗黒期」を捉え直す作業とともに同時期の朝鮮知識人による、いわゆる〈近代の超克〉論が注目されている。しかし、そこには逆に日本が不在なのである。京都学派など当時の日本知識人の影響を受けつつ議論が展開されていたことは言及されるが、そのとき日本知識人は一括りにされ、内部の差異は捨象される傾向にある。よって、どうしても「日本知識人」対「朝鮮知識人」の構図に陥りやすくなっている。もちろん、朝鮮知識人が日本知識人と同様の位置で発言していたわけではない。彼らは植民地人としての実存的な不安を抱えながら言説実践を行なったのであり、そうした立場上の違いは充分考慮されるべきである。しかし、だからといって日本知識人が一括りにされてしまうのであれば、あまりにも短絡な歴史理解につながるおそれがある。そうなれば、朝鮮知識人の内部の差が帝国日本全体の中で占める位置を把握することも困難になってしまうだろう。日本知識人たちが植民地朝鮮の現実と同時に発言しているように、朝鮮知識人も帝国日本の現実と同時に発言しているという植民地帝国[36]の構造が見えにくくなれば、朝鮮知識人の内部の差のみが強調され、「抵抗」と「協力」の構図に陥りかねない。

とはいえ、日本知識人と朝鮮という問題と、朝鮮知識人と日本という問題は、もちろん対等に語られるべきではない。植民地朝鮮／帝国日本における〈知〉の流れは「内地」から朝鮮への一方向のみであった。一九三〇年代以降の朝鮮では、「内地留学」を経験した人びとや、京城帝国大学を卒業した朝鮮人青年が増え、日本語を修得し／させられ、それによって日本および西洋の知識を吸収してゆく、複雑な言語的・知的背景を持つ知識人たちが登場した。こうした不均衡な構造の中で植民地朝鮮の知識人たちはつねに「内地」のアカデミズムやジャーナリズムに接していた。たとえば、日中戦争勃発直後、京城帝国大学法文学部の学生たちに最も読まれていた雑誌は『中央公論』や『改造』、『思想』などであり、(37)これらは戦時期日本の知識人たちが東亜協同体論や「世界史の哲学」を展開していた媒体でもあった。当時、これらの新刊は朝鮮語で発行されていた『朝鮮日報』などの新聞上でもリアルタイムに紹介されていた。朝鮮における三木清や尾崎秀実の東亜協同体論への関心は高く、たとえば、京城帝国大学哲学科出身の李甲燮《イガプソプ》は「東亜協同体理論」というタイトルで四回にわたって『朝鮮日報』（一九四〇年一月一日～六日付）に紹介する文章を書いている。こうした営みは直接的な交流とは言えない。しかし、書物を介した交流を思想問題において排することはできず、むしろ思想に関しては、書物からの影響が大きいと言わざるを得ない。ただ、だからといって朝鮮知識人が日本知識人の思想をそのまま受容していたわけではない。つねに接しているからこそ、彼らは日本知識人たちと対峙しながら言説空間を形成することができたのである。朝鮮知識人の近代の超克をめぐる議論を日本知識人の議論とともに読まなければならない理由はまさにここにある(38)。こうした朝鮮知識人と日本知識人の思想史脈(39)なるものを明らかにすることは、不可分に結びついている植民地朝鮮／帝国日本の思想連関への理解につながるだろう。戦時期日本の近代の超克をめぐる議論において植民地朝鮮はどのような形で不在／存在していたのか。また植民地朝鮮の知識人たちはそれにどう反応していたのか。これらを横断的に捉えることによって、戦時期における植民地朝鮮／帝国日本の〈知〉の構造を立体的に把握するための手がかりが得られるのではないかと考える。

第2節　研究の動向および課題

以上のことを踏まえて、本書では、植民地朝鮮と〈近代の超克〉という問いに向き合ってゆく。具体的には、植民地朝鮮／帝国日本における東亜協同体論や「世界史の哲学」をめぐる議論を、その関係性に注目しながら横断的に読み直してゆく。ここでは、本書の問題意識と関わる重要な先行研究を検討しておきたい。なお、各章の内容と関わる個別の研究についてはそれぞれの章において紹介する。

まず、日本における〈近代の超克〉に関する研究は膨大な蓄積があり、〈近代の超克〉と一言でいっても、取り扱う内容には論者によってかなりの偏差がある。すべてここで取り上げることはできないが、タイトルに「近代」「超克」が付いている単行本（日本）だけを挙げても、廣松渉『〈近代の超克〉論——昭和思想史への一断想』（朝日出版社、一九八〇年）、ハリー・ハルトゥーニアン『近代による超克——戦間期日本の歴史・文化・共同体』（梅森直之訳、上下巻、岩波書店、二〇〇七年）、子安宣邦『「近代の超克」とは何か』（青土社、二〇〇八年）、酒井直樹・磯前順一編『「近代の超克」と京都学派——近代性・帝国・普遍性』（以文社、二〇一〇年）、菅原潤『「近代の超克」再考』（晃洋書房、二〇一一年）、鈴木貞美『「近代の超克」——その戦前・戦中・戦後』（作品社、二〇一五年）などがあり、それぞれ示唆に富む議論が提示されている。そのうち、たとえばハリー・ハルトゥーニアンは、一九二〇年代から一九三〇年代にかけて、日本では目まぐるしく資本主義的近代化が進展し、それによって引き起こされる社会的・文化的諸問題に応答するイデオロギーがあらわれたと指摘した。世界史の中に日本の〈近代の超克〉をめぐる議論を位置づけ直し、〈近代の超克〉をめぐる思想的・文化的言説を近代内部の運動＝モダニズムとして捉える新たな視角を示した。また、鈴木貞美は、膨大な資料の解読を通じて〈近代の超克〉をめぐる戦前・戦中・戦後の言説を総括的に把握しようとしたものであり、一九世紀以降の西洋社会における〈近代の超克〉の系譜と、二〇世紀以降の日本社会における〈近代の超克〉の系譜を網羅的に検討する大著である。こうしたハルトゥーニアンや鈴木の共時的・通時的なパースペクティブから浮き彫りになるのは、〈近代の超克〉をめぐる議論が、「近代（性）」そのものの衝動によってあらわれるということである。

一方で、戦時期における京都学派の思想的動向を検討した廣松の研究は、もはや古典とも言える竹内好の論稿「近代の超克」（一九五九年）とともに戦後における〈近代の超克〉論研究の嚆矢として知られるものであり、韓国でもすでに翻訳されている。[40] その背景には、二〇〇〇年代以降の韓国における戦時期思想への注目とともに、当時の朝鮮知識人たちが強く影響を受けていた京都学派の「世界史の哲学」に対する関心の高まりがあっただろう。そのため、京都学派の「世界史の哲学」を中心に検討している廣松の研究が翻訳されたと思われる。しかし、廣松の研究も含めて右記の〈近代の超克〉に関する研究は、そのほとんどが近代の超克論の内容分析に集中しており、植民地朝鮮との関連は述べていない。この点について、イ・ギョンフンは次のように鋭利な指摘を行なっている。

西洋思想のみならず近代日本の哲学や歴史について幅広く洞察している著者〔廣松〕でさえ、植民地朝鮮の問題は見ていなかった。ところが、内鮮一体などとともに大東亜共栄圏の重要な前提であり、その内容を成す植民地は日本の近代およびその超克の論議と深く関連する、理論的かつ歴史的にもう一つの批判の枠組みであると同時に視角の位置であるべきだった。[41]

本書はこのような死角／視角の重要性に共鳴し、〈近代の超克〉をめぐる議論を、「理論的かつ歴史的にもう一つの批判の枠組みである」植民地朝鮮の問題とともに読み解いてゆく。こうした問題意識とも関連して、三木らの東亜協同体論や京都学派四人の「世界史の哲学」を、アジアへの／からの視点を交叉させ捉え直した米谷匡史の先駆的な一連の研究[42]は特記すべきであろう。米谷は、三木らの東亜協同体論や「世界史の哲学」における帝国主義批判の企図を再評価するとともに、それらの議論がアジアという他者に向かうときには限界を持つものであったことを鋭く指摘した。本書は、二〇〇〇年代初頭に米谷や洪宗郁などが中心となって開かれた「〈植民地／近代の超克〉研究会」の研究成果に負うところが大きい[43]。この研究会は本書の問題意識である日本知識人および朝鮮知識人の東亜協同体論や「世界史の哲学」を同時に読むことを目的として作られた[44]。近年、その成果として韓国で資料集『식민지 지식인의 근대 초극론（植民地知識人の近代の超克論）』（二〇一七年）が出版されている。朝鮮知識人の〈近代の超克〉をめぐる議論に光を当てた、今までにない画期的な試みである。

同資料集の第四章「日中戦争期における朝鮮知識人の「世界史の哲学」」の「解題」において、米谷は、日本知識人と朝鮮知識人の「世界史の哲学」を比較しながら、前者と後者の思想内容——全体主義批判——が相似していることを指摘したうえで、後者の場合は植民地朝鮮における同化政策や皇民化政策が強化される時期の批判的言説であったと述べている[45]。本書の問題関心との関連で気にかかるのは、はたして両者の間に思想的差異はなかったのだろうか、ということである。というのも、朝鮮知識人の全体主義批判が総督府の「内鮮一体」イデオロギーに対抗するものであったならば、彼らと同じく全体主義批判を行なっていた三木清が、後に見るように「内鮮一体の強化」を唱えたという事実をどう理解すればよいのだろうか。三木は全体主義批判をしながら、同時に「内鮮一体」を主張した。一見矛盾に見えるこの事象は、三木のたんなる「逸脱」を意味するのだろうか。それとも彼の思想の「連続」として捉えるべきものだろうか。よって、本書は、日本知識人の東亜協同体論や「世界史の哲学」を植民地朝鮮との関連で読み直してゆくが、彼らが実際に植民地朝鮮とどのように関わっていたのかを問うのでなく、彼らの思考の陰において植民地朝鮮がいかにアポリアとして散りばめられていたかを浮き彫りにする。

一方で、一九三〇年代半ば以降の植民地期朝鮮の思想状況に目を向ければ、当局の思想弾圧の強化により、朝鮮内の民族主義運動や社会主義運動は不可能に近い状況になっていた。そのため、韓国の思想史研究において――海外の民族主義・社会主義的な独立運動などを除けば――この時期は長い間空白のままであった。先述した「暗黒期」という表現はこの空白を埋める時代認識であったと言える。戦時期における植民地朝鮮の思想史研究は、日中戦争勃発以降、同化政策や皇民化政策のスローガンとして掲げられた「内鮮一体」をめぐる言説空間と密接に関わらざるを得ない。特に一九四〇年を過ぎてからは、朝鮮知識人たちは内鮮一体を唱える言説空間においてしか発言が許されなくなったが、その内容から「差別からの脱出」の意志を確認した宮田節子の研究[46]は、内鮮一体をめぐる議論を内在的に理解するうえで先駆的なものであり、その後の研究に大きな影響を与えた。本書との関連でいえば、前掲の洪宗郁の研究[47]は、宮田の研究成果を受け継ぎながら、民族文化の保持を訴える印貞植《インジョンシク》や金《キム》明植《ミョンシク》などの協和的内鮮一体論について再考する試みであった。既存の「抵抗」―「協力」の二元論的な枠組みを超え、転向社会主義者の内在的論理を明らかにしたうえで、解放後の連続性も視野に入れた大変重要な研究である。ただ、同書では主に戦時期の経済学者に焦点を合わせて議論を進めているため、本書で注目する歴史哲学を駆使した朝鮮知識人たちへの分析は見られない。

もっとも、戦時期朝鮮の知識人たちを捉えるためにこれまで用いられてきた「転向社会主義者」や「協和的内鮮一体論」といった概念装置は、その中の差異が見えにくくなるおそれがある。協和的内鮮一体論における主観的な「差別からの脱出」の意志や論理が戦時期の植民地朝鮮／帝国日本の〈知〉の構造の中でどう位置づけられるかを明らかにする必要があるのではないだろうか。そのさい、趙寛子が韓国近代文学の祖と言われる李光洙《イグァンス》の思想を分析しながら提示した「親日ナショナリズム」(48)なる概念は示唆的である。趙は、李光洙が朝鮮民族の文明化・主体化を実践する過程として民族のための親日の論理を形成したという逆説的状況を批判的に考察した。李光洙は一九三八年末に印貞植とともに「内鮮一体」をめぐる時局有志円卓会議に参加し、朝鮮民族の言語文化の保存をうたう内鮮一体を唱えている(49)。

本書では、文学・歴史・哲学などを行き来しながら言説実践を行なっていた、戦時期植民地朝鮮の批評家たち――玄永燮《ヒョンヨンソプ》、印貞植、徐寅植《ソインシク》、申南澈《シンナムチョル》、金南天《キムナムチョン》、朴致祐など――の思想実践を取り上げ検討する。金允植の一連の批評史研究(50)は、植民地期の文学・思想史研究の先駆的なものであり、本書で注目する批評家たちも含めて幅広く植民地朝鮮の文学者・思想家たちについて言及している。ただ、戦時期に活動していた徐寅植や申南澈、朴致祐など、歴史哲学者たちの批評は、同時代の日本知識人の議論を無批判に受容したものであると評価されるにとどまっている。一九九〇年代以降、戦時期に活動していた文学者たちを中心に、こうした批評家たちの議論も再注目されている。戦時期の批評家たちの思想を文学批評史の中に位置づけたソン・ジョンスの研究(51)や、一九三〇年代以降の転換期における植民地朝鮮の「伝統」をめぐる反近代の言説空間に着目した車承棋の研究(52)、また前掲の鄭鍾賢の研究(53)などがある。また、〈近代の超克〉をめぐる議論と同時代の植民地朝鮮の文学者の関係性について注目した金哲の研究(54)は日本でもすでに紹介されている。同研究は金南天を中心に近代の超克をめぐる議論が同時代の朝鮮においてどう受け入れられていたかを論じている。その中で、戦時期朝鮮の転向したマルキストたちがマルクス主義に取って代わる普遍的な思想として東洋主義を受け入れたことを指摘している。本書では、こうした戦時期朝鮮知識人たちの思想変容を支える、思惟構造や思考のメカニズムの連続性に注目して分析してゆく。

本書で取り上げる戦時期の批評家たちは一つの共通点を有している。それは、彼らが歴史哲学の視座に基づいて批評を行なったということである。転換期の歴史意識は必然的に歴史哲学的な問いを要請する。危機の克服を志向し、次なる時代の形を構想するためには人間の歴史に対する根本的な問い——歴史への存在論的、認識論的な問い——が先行しなければならない。近代以降、植民地朝鮮/帝国日本においてこれほどまでに哲学者たちが現実の歴史に深く関与した時代があっただろうか。一九三〇〜四〇年代には新たな歴史の建設のために歴史哲学の視座が求められていたのであり、〈近代の超克〉をめぐる議論は、歴史の動的過程への実践的把握にほかならなかった。

申南澈や朴致祐、徐寅植などは哲学を専攻しており、特に前者の二人は京城帝国大学哲学科を卒業していることから、韓国哲学史研究の中では西洋哲学を受容した第一世代として注目されてきた。だが、多くの研究が彼らを「哲学史」の中に位置づけ、哲学内容の把握に重きを置いているため、彼らの哲学的思考が同時代の歴史的状況とどのように結びついていたのかについてはそれほど関心が払われてこなかった。[55]また、「韓国哲学史」の研究枠組みの中でのみ注目されることも多く、そのため、同時代の日本哲学や日本思想史との関連はほとんど検討されてこなかった。こうした状況のなか、植民地期から解放期までの批評家や政治思想家の行跡を幅広く追い、近現代朝鮮史における「理念型社会主義」の思想を明らかにしようとした柳承完の研究[56]は注目に値する。同研究は申南澈や朴致祐など、実ることなく未完で終わった社会主義理論家たちの思想について総合的な分析を行なった。ただ、解放後の思想状況への分析に重きが置かれており、また解放前の東亜協同体論や「世界史の哲学」、日本知識人との関連性が充分問われていないという先行研究の課題は依然として残されたままである。

以上を踏まえて、本書では「植民地朝鮮」と「近代の超克」を並列し、日本知識人と朝鮮知識人の双方を視野に入れた一国史を超える思想連関を浮き彫りにすることをめざす。それは、日本知識人の〈近代の超克〉をめぐる議論に新たな光を与えることとなり、「抵抗」－「協力」に振り分けられてきた朝鮮知識人の思想的営為を、彼らが学び影響を受けてきた哲学や同時代の論壇の言説の受容、思考方法を踏まえたうえで、どのように「近代」あるいは「近代の超克」に向き合っていたのかについて改めて問い直すことにつながるだろう。その作業を通じて、個別の地域や事例、ディシプリンを越え、広く植民地における近代の意味や帝国主義・植民地主義の思想構造について再考し、近代の諸問題の解決をめざす現代のわれわれにとっても有効な問いを導き出すことが、本書の目的である。

第3節　本書の構成

序章の最後に、本書の構成について説明しておきたい。

本書は序章と終章を除いて七つの章から成っている。第1章では、戦時期における〈近代の超克〉をめぐる論議、とりわけ東亜協同体論を取り上げて検討する。戦時期の植民地朝鮮／帝国日本の思想空間がいかに連動していたかを捉える試みとして、日本発の東亜協同体論において朝鮮がどのように位置づけられていたのか概観しながら、植民地朝鮮における東亜協同体論の受容の様相を検討する。日中戦争期に植民地朝鮮は大陸ルートや兵站基地として再び注目される。また、東亜協同体を建設するうえで朝鮮の民族問題を解決することが重要視されていた。「内鮮一体」の実現は、東亜協同体に包摂される諸民族の模範となるべきものであったのである。同時期日本においては新秩序の主体たるべき「民族」を再定義しようとする議論が盛んに行われていたが、東亜協同体論においても、従来の偏狭な民族主義を乗り越え、民族と民族を結合するための思想原理が求められていた。この章では、そうした思想原理を模索していた東亜協同体論の内容について検討し、植民地朝鮮において東亜協同体論が内鮮一体論と連動する様相を把捉してゆく。その中で、玄永燮《ヒョンヨンソプ》（一九〇六～?）や印貞植（一九〇七～?）などによる内鮮一体論が当時の総督側との関係性の中でどのように位置づけられていたかを解明してゆく。

第2章・第3章では、戦時期日本の〈近代の超克〉論義が抱えていた構造的難題を浮き彫りにする。日本知識人たちの東亜協同体論や「世界史の哲学」の内容を検討しつつ、そこに植民地朝鮮がアポリアとして存在しながら解消されなかったことについて考察する。まず第2章では、第3章へつなげるための予備的考察として、高山岩男（一九〇五～一九九三）と三木清（一八九七～一九四五）の「世界史の哲学」の異同について確認する。一般には日中戦争への批判的な介入を試みた三木と「大東亜戦争」を理念的に肯定した高山岩男の相違が強調される傾向にある。この章では、両者の議論はその方向が違うにもかかわらず、日本の「世界史的必然性」を求めるという点において共通しており、それを支えていたのが彼らの日本史観であったことを明らかにする。第3章では、三木や京都学派四人の「世界史の哲学」に散りばめられているアポリアとしての「朝鮮」の痕跡を拾いつつ、三木と高坂正顕（一九〇〇～一九六九）の対談「民族の哲学」に注目し、その中で三木が朝鮮民族に言及していたこととそこに表れる両者の相違について考察する。また最後に、植民地朝鮮の知識人、徐寅植（一九〇六～?）の「世界史の哲学」との比較検討を通じて、三木らの「世界史の哲学」が共通して抱えていたアポリアを再確認する。

第4章～第6章では、同時代日本の議論に触発されながら植民地朝鮮において〈近代の超克〉をめぐる議論を展開していた朝鮮知識人の思想実践の可能性と限界について検討する。

まず第4章では、申南澈（一九〇七～一九五八?）の東洋論について分析する。一九三四年と一九四二年に発表された二つのテクストを取り上げ、彼の東洋論における連続と断絶を浮き彫りにするとともに、それが当局側への「協力」の論理として横滑りするありようを把捉する。申南澈の東洋論はたんに東洋の特殊性のみを強調するものではなく、東洋の媒介的特殊性を抽出し、東洋と西洋を弁証法的に統一させようとするものであった。このような東洋論は、戦時期日本の西田幾多郎や秋沢修二などの議論を参照しながら展開したものである。しかし彼による東洋と西洋の統一の試みは、道徳的な全体としての国家への〈自由なる個人〉の没入・合一の主張に帰着し、世界史的な建設をめざす「大東亜戦争」の肯定に転じた。この章では、普遍主義的思考ゆえに日本帝国主義への「抵抗」と「協力」の間で揺れ動いていた申南澈の思想実践について分析する。

第5章では、金南天（一九一一～一九五三?）の小説実践を取り上げる。批評家／小説家の二刀流であった金南天は、同時期の近代の超克をめぐる議論に強い関心を示しながら独自の小説実践を行なった。この章では、歴史哲学の視座に基づく彼の批評に注目しつつ、戦時期に発表された連作「浪費」「経営」「麦」のテクスト分析を行い、小説内で歴史の創造というモチーフがどのように表象されていたのかについて考究する。金南天は西田幾多郎の歴史哲学を援用しながら〈個人と社会の弁証法的な統一〉による転換期の克服をめざし、その問題を連作のモチーフとしていた。〈個人と社会の弁証法的な統一〉による転換期の克服というモチーフが彼の小説内でどう機能しているのかについてテクスト分析を行うことで、デカダンスやニヒリズムに陥らず、「一つの可能性」として歴史を捉えようとした金南天の小説実践のゆくえに迫る。

第6章では、これまで協和的内鮮一体論者に区分されてきた朴致祐（一九〇九～一九四九?）の政治哲学・歴史哲学に注目し、彼の東亜協同体論への関与について再考する。まず、朴致祐の方法的視座である「学」（theoria）と「思想」（ism）の弁証法を明らかにしながら、一九四〇年に発表された「東亜協同体論の一省察」を読み直してゆく。朴致祐はこのテクストにおいて「学」を強調し、人間の理性を擁護しようとしていた。これは、ファシズムやナチズムの擡頭によって非合理性の原理が歴史の建設を専有しようとしていることに対する危機感の表れであった。彼は科学的認識による歴史の「可能性」とそれによる結合を「協同体」の原理として主張し、「弁証法的な全体主義」を唱えた。彼の思想内容を解析するとともに、それが同時代の内鮮一体論に対峙するものであったことを明らかにする。

第7章では、三木清と朴致祐を並列し、日本知識人と朝鮮知識人の思想的異同の一端を探ってゆく。一九三〇年代半ば、三木と朴致祐はともにパトスとロゴスの弁証法的な統一をめざし、転換期の主体的把握を試みたが、戦時期になると、彼らの議論には微細かつ重要な差異が生じることになった。三木が〈合理的なもの〉と〈非合理的なもの〉の弁証法を方法としていたのに対し、朴致祐はあくまでも〈合理的なもの〉にこだわり、一切の〈非合理的なもの〉を排除し、近代的自由の完成を理想としていた。この章では、両者の齟齬が「神話」や「運命」をめぐる解釈において表れることを確認しながら、それが意味するものについて吟味する。

最後に終章では、序章で述べた問題意識との関連でそれまでの議論をまとめつつ、本書の意義や課題について確認を行う。

註

（1） たとえば、よく知られているように、戦時期植民地朝鮮の「暗黒期」認識は林鍾国『친일문학론――일제 암흑기의 작가와 작품』（平和出版社、一九六六年）を出発点として、「民族問題研究所」などを中心とする研究に引き継がれていった。戦時期の、いわゆる「親日」についての研究史的状況は、洪宗郁『戦時期朝鮮の転向者たち――帝国／植民地の統合と亀裂』（有志舎、二〇一一年、七―一一頁）などを参照。

（2） 朝鮮史研究会編『朝鮮史研究入門』名古屋大学出版会、二〇一一年、二四九―二五三頁。同書において並木真人は植民地期朝鮮の思想状況について論じながら、「抵抗」「改良」「協力」といったこれまでの研究枠組みが一九九〇年代以降に問い直されるようになったと指摘している。それらは、たとえば、抵抗・改良・協力の枠を超えて朝鮮人の政治運動を捉えようとする試みや、底辺民衆の心性ないし思想を剔抉しようとする試み、「抵抗」の範疇を対自的なものだけでなく即自的なものも含む形で拡大しようとする試みとして現れている。

（3）植民地期朝鮮をめぐる「植民地近代（性）」の議論は、Gi-Wook Shin and Michael Robinson ed., *Colonial Modernity in Korea* (Mass, 1999, Cambridge) に端を発する議論である。これらの議論は、西洋的な「近代」やそれを内面化した「近代主体」を批判的に捉えつつ、「抵抗」と「協力」に収まりきらないさまざまな局面に注目している。植民地近代論をめぐる研究史的状況については、松本武祝「〝朝鮮における「植民地的近代」〟に関する近年の研究動向――論点の整理と再構成の試み」（『アジア経済』第四三巻第九号、二〇〇二年九月）、板垣竜太「〈植民地近代〉をめぐって――朝鮮史研究における現状と課題」（『歴史評論』第六五四号、二〇〇四年一〇月）、三ツ井崇「朝鮮史研究における「植民地近代（性）」をめぐる議論の動向」（『歴史科学』第二〇六号、二〇一一年一〇月）などを参照。なお、韓国における植民地近代をめぐる議論については、정연태『한국 근대와 식민지 근대화 논쟁』（푸른역사、二〇一一年）などを参照されたい。

（4）尹海東『植民地がつくった近代――植民地朝鮮と帝国日本のもつれを考える』沈熙燦・原佑介訳、三元社、二〇一七年を参照。

（5）洪宗郁、前掲『戦時期朝鮮の転向者たち――帝国／植民地の統合と亀裂』、一一―一三頁。

（6）尹海東、前掲『植民地がつくった近代――植民地朝鮮と帝国日本のもつれを考える』第八章を参照。

（7）洪宗郁、前掲『戦時期朝鮮の転向者たち――帝国／植民地の統合と亀裂』、二七頁。たとえば洪宗郁は同書の問題意識について、「「転向」を考えるうえでは、まず、糾弾か容赦かという倫理的判断から離れて、思想の変容と屈折を内在的に理解するところから出発した。だが、植民地朝鮮における「転向」の問題は、「親日」の問題でもあるため、民族という主体をどう評価するかという根本的な地点にまで根をおろしているものだった。当時、韓国社会ではすでに民族主義批判の動きが現れていた。しかし、ただ単に脱民族主義を宣言することによって「親日」や「転向」を擁護するかのような態度は、もう一つの偏向に過ぎないという判断があった」と述べている。

（8）同右、三三頁。

（9）板垣、前掲「〈植民地近代〉をめぐって――朝鮮史研究における現状と課題」、四一頁。

(10) この点について、たとえば尹海東は前掲『植民地がつくった近代——植民地朝鮮と帝国日本のもつれを考える』に収録されている論文「韓国民族主義の近代性批判」において、植民地期から解放後までの民族主義の連続性について分析している。もちろん尹も申采浩などに言及し、民族主義を超える思考の断片を確認しているが、民族主義者と社会主義者が共有していた「民族主義」の批判と解放後への連続性の確認が論文の基本的な視座となっている。また、この議論では植民地期は一九二〇年代までが主に取り上げられており、戦時期の思想状況についてはほとんど触れていない。

(11) 鄭鍾賢『帝国大学の朝鮮人——大韓民国エリートの起源』渡辺直紀訳、慶應義塾大学出版会、二〇二一年、一二〇—一二一頁参照。

(12) 金在湧『협력과 저항』소명출판、二〇〇四年。

(13) 鄭鍾賢『동양론과 식민지 조선문학——제국적 주체를 향한 욕망과 분열』창비、二〇一一年。

(14) 尹大石『식민지 국민문학론』(역락、二〇〇六年)や同『식민지 문학을 읽다』(소명출판、二〇一二年)などがある。

(15) Nayoung Aimee Kwon, *Intimate Empire: Collaboration and Colonial Modernity in Korea and Japan*, Duke University Press, 2015, Bogart, Georgia.

(16) 尹大石「식민지 국민문학론——一九四〇년대 전반기 〝국민문학〟의 논리와 심리」尹海東ほか著『근대를 다시 읽는다 1——한국 근대 인식의 새로운 패러다임을 위하여』역사비평사、二〇〇六年、一八三頁。

(17) 尹海東、前掲『植民地がつくった近代——植民地朝鮮と帝国日本のもつれを考える』参照。尹は「植民地」の外部に「近代」を措定するのではなく、また「近代」を「植民地」の上位概念とするのではなく、近代それ自体の問題(「分裂」)が顕わになる場として「近代」を捉え、「植民地がつくった近代」というテーゼを主張する。

(18) 戦時期における被植民者の「協力」を捉え直すものとして、近年、地域横断的な比較研究が行われている。たとえば、高綱博文ほか編『グレーゾーンと帝国——歴史修正主義を乗り越える生の営み』(勉誠社、二〇二三年)などを参照されたい。

(19) 民族主義と社会主義の統一戦線としての性格を持っていた新幹会が解散した後、社会主義者は民族改良主義を厳しく批判しながら組織のボルシェヴィキ化を図った。世界的な資本主義の危機が「革命」の段階に達したという認識が広がったためである。韓国の社会主義運動については、Robert A. Scalapino/이정식著『한국 공산주의 운동사』(한홍구訳、改訂版、

돌베게、二〇一五年）参照。なお、このような朝鮮社会主義者の動向は、コミンテルンの指針とも合致するものであった。コミンテルン第一〇回拡大執行委員会（一九二九年七月）では当時の世界情勢を「戦争と革命の時代」と定義し、極左主義を打ち出した（黒川伊織『戦争・革命の東アジアと日本のコミュニスト――一九二〇―一九七〇年』有志舎、二〇二〇年、一三六頁）。

（20） Poole, Janet, *When the Future Disappears : The Modernist Imagination in Late Colonial Korea*, Columbia University Press, 2014, New York. 著者は植民地末期朝鮮の状況を、世界的にみられる近代化イデオロギーへの懐疑主義的な態度に加え、皇民化政策などによって民族の未来への想像が消えてゆく時期として捉えている。

（21） 金斗鎔「転形期와 明日의 朝鮮文学」（『東亜日報』一九三五年六月五日〜七日付）、朴勝極「文藝時論――転換期의 文学」（『朝鮮中央日報』一九三五年一一月二日〜八日付）などから当時すでに「転換期」もしくは「転形期」という言葉が使われていたことがうかがえる。また、本書で取り上げる申南澈「転換期의 人間」（『人文評論』一九四〇年三月号）、金南天「転換期와 作家」（『朝光』一九四一年一月号）などからもわかるように一九三〇〜四〇年代において「転換期」の歴史意識は植民地朝鮮の知識人たちにも共有されていた。

（22） 崔載瑞『전환기의 조선문학』노상래訳、嶺南大学校出版部、二〇〇六年、二五―二六頁。

（23） これまで、主に文学批評史の方面において一九三〇年代から解放までの時期を植民地朝鮮の文学・思想の「転換期」（もしくは転形期）と捉える卓越した視座が提示されてきた（たとえば金允植『한국근대문예비평사』改訂新版、一志社、一九七六年）。

（24） 橋川文三「歴史意識の問題」中島岳志編『橋川文三セレクション』岩波書店、二〇一一年（岩波現代文庫）、三頁。

（25） 上原専禄・加藤周一、対談「歴史感覚・歴史意識と歴史学」『思想』一九五七年五月号、二四六頁。

（26） フリードリッヒ・マイネッケ『歴史主義の立場』（中山治一訳、創元社、一九四二年）、同『歴史的感覚と歴史の意味』（同訳、創文社、一九七二年）参照。

（27） たとえば橋川文三は、「歴史意識」をゲーテが言った「個体的なるもの（Individuum）」、イデーへの歴史的意識として捉え、それが歴史主義の母体であると指摘している（橋川、前掲「歴史意識の問題」、五頁）。

(28) 高山岩男「歴史主義の問題と世界史」高山岩男著、花澤秀文編・解説『世界史の哲学』こぶし書房、二〇〇一年、四〇〇頁(初出は、『思想』一九四二年二・三月号)。

(29) 朴致祐「아카데미 철학을 나오며」윤대석、윤미란編『박치우 전집――사상과 현실』(以下『朴全集』と略)仁荷大学校出版部、二〇一〇年、一五頁(初出は、『朝光』一九三六年一月号)。

(30) ヨーロッパにおける全体主義の歴史については、エンツォ・トラヴェルソ『全体主義』(柱本元彦訳、平凡社新書、二〇一〇年)などを参照。

(31) 戦時期日本の全体主義議論については、福家崇洋『日本ファシズム論争――大戦前夜の思想家たち』(河出書房新社、二〇一二年)を参照。同書は、これまであいまいにされたまま論じられてこなかった日本の全体主義の議論に着目し、概念史研究を試みている。日本のファシズムと全体主義を同一視するのではなく、全体主義をめぐる多様な議論に注目する画期的な書である。

(32) 一般に狭義の「近代の超克」は『文學界』の特殊記事として掲載された「知的協力会議」のシンポジウムのことを指す。シンポジウムを経て、一九四三年に単行本『近代の超克』が創元社から刊行された。竹内好の区分によれば、この座談会に参加したのは『文學界』グループと「日本ロマン派」、「京都学派」であった(竹内好「近代の超克」『日本とアジア』筑摩書房、二〇一〇年(ちくま学芸文庫)、一七四頁、初出は『近代日本思想史講座　第七巻』筑摩書房、一九五九年)。なお、当時『文學界』の同人であった三木清は軍の報道班として徴用されていたため参加できなかった。

(33) 同右、一六〇頁。また、竹内好は「思想としての「近代の超克」は、その題の下に行われたシンポジウムだけからは抽出されない」(一七一頁)と述べている。

(34) スーザン・バック＝モース『ヘーゲルとハイチ』岩崎稔・高橋明史訳、法政大学出版局、二〇一七年参照。

(35) 尹海東、前掲『植民地がつくった近代――植民地朝鮮と帝国日本のもつれを考える』、八三頁。

(36) 駒込武『植民地帝国日本の文化統合』岩波書店、一九九六年参照。

(37) 一九三八年に一一月に京城帝国大学在学生を対象に行われた調査によれば、法文学部学生たちが最も読んでいた雑誌は『中央公論』であり、その次は『改造』、『エコノミスト』、『日本評論』、『文藝春秋』、『思想』、『革新』の順になっている。

『中央公論』や『改造』、『思想』などは、本書で取り上げる東亜協同体論や「世界史の哲学」が主に議論されている場でもあった。一方、最も読まれていた新聞は『京城日報』であり、『朝鮮日報』よりも『大阪朝日新聞』や『大阪毎日新聞』のほうがより多く読まれていた（정근식ほか『식민권력과 근대지식——경성제국대학 연구』ソウル大学校出版文化院、二〇一一年、五五四頁の表XI－二九、三〇三参照）。もちろんこうした統計結果は京城帝国大学の学生の構成を考慮して受け止めなければならない。ちなみに右の統計調査が行われた一九三八年の法文学部卒業者の構成は、日本人が三八人であったのに対し、朝鮮人は二九人であった（同書、五五五—五五六頁の表XI－三三参照）。

(38) 朝鮮知識人と日本知識人の思想を横断的に読むことについて、中野敏男が、戦時期における三木清の思想について分析しながら三木とともに『文學界』同人であった李光洙に言及し、「一方で、この李光洙が植民地離脱後の韓国で「親日派の中心人物」として糾弾され続け、他方で、三木清が「戦後」の日本で戦時ファシズムへの抵抗の一形態として記憶されるということ、このことに戦後東アジアのポストコロニアルな状況がしっかり映し出されていることは間違いない」と言い、「朝鮮人を日本人にしたい李光洙」と「日本人を主体にしたい三木清」が、帝国主体形成という観点から見ると同一の軌道の上にあった」と指摘したことは示唆的である（中野敏男「総力戦体制と知識人——三木清と帝国の主体形成」小森陽一ほか編『岩波講座 近代日本の文化史7——総力戦下の知と制度』岩波書店、二〇〇二年、二〇七頁）。

(39) 山室信一『アジアの思想史脈——空間思想学の試み』人文書院、二〇一七年、三五四頁。山室は「思想史脈」について次のように説明している。「出来事や現象の「繋がり」に着目して歴史を捉える視点を、私は「連鎖視点」と呼んでいます。その「連鎖視点」によって思想の水脈をたどる歴史記述が「思想史脈」ということになります」。

(40) 廣松渉『근대 초극론』金杭訳、민음사、二〇〇三年。同書が出版されてから四年後、『文學界』の「近代の超克」座談会や『中央公論』の「世界史の哲学」座談会も翻訳・出版された（이경훈ほか訳『태평양 전쟁의 사상』이매진、二〇〇七年）。

(41) 이경훈「"근대의 초극"이라는 근대 이데올로기、히로마쓰 와타루 지음、김항 옮김、『근대 초극론』、민음사」『문학과 사회』第一六巻第三号、二〇〇三年八月、一四四三頁。

(42) 米谷匡史「「世界史の哲学」の帰結」（『現代思想』一九九四年一月号）、同「戦時期日本の社会思想——現代化と戦時改革」（『思想』第八八二号、一九九七年一二月）、同「三木清の「世界史の哲学」——日中戦争と「世界」」（『批評空間』Ⅱ

期一九号、一九九八年一〇月)、同「植民地／帝国の「世界史の哲学」」(『日本思想史学』第三七号、二〇〇五年九月)、同『アジア／日本(思考のフロンティア)』岩波書店、二〇〇六年など。なお、近年、中島岳志『アジア主義――西郷隆盛から石原莞爾へ』(潮文庫、二〇一七年)や嵯峨隆『アジア主義全史』(筑摩書房、二〇二〇年)など、近代日本の「アジア主義」の系譜の中で三木清などの東亜協同体論を捉え直す試みもなされている。

(43) 同研究会によって金明植「建設意識と大陸進出」、印貞植「東亜の再編成と朝鮮人」、車載貞「東亜の新秩序と革新」、徐寅植「文化における全体と個人」、朴致祐「東亜協同体論の一省察」(以上、崔真碩訳「資料と証言Ⅰ　日中戦争期・朝鮮知識人の東亜協同体論」『Quadrante』東京外国語大学・海外事情研究所、第六号、二〇〇四年三月に収録)、金明植「内鮮一体の具体的実現過程」、印貞植「内鮮一体の文化的理念」、玄永燮「「内鮮一体」と朝鮮人の個性問題」、金明植「「氏制度」創設と鮮満一如」、印貞植「「内鮮一体」と言語」、金漢卿「共同運命への結合とその還元論」、金斗禎「興亜的大使命として見た「内鮮一体」」(以上、崔真碩・趙慶喜訳「資料と証言Ⅱ　日中戦争期・朝鮮知識人の内鮮一体論」『Quadrante』東京外国語大学・海外事情研究所、第七号、二〇〇五年三月に収録)が日本に翻訳・紹介されている。

(44) 〈植民地／近代の超克〉研究会企画、洪宗郁編『식민지 지식인의 근대 초극론』ソウル大学校出版文化院、二〇一七年、五頁。

(45) 同右、四四八頁。米谷は朴致祐の「東亜協同体論の一省察」(『人文評論』一九四〇年七月)を紹介しながら次のように述べている。「当時、三木清や田辺元などの日本の知識人たちもまた否定性と媒介に基づいた弁証法を通じて全体主義やファシズムを批判した。しかし、朴致祐がこの論文を発表したときは日本の全体主義やファシズムが朝鮮において同化政策や皇民化政策を強めていった一九四〇年秋である。朴致祐は「血を異にする他民族」、「円周を異にする他者」である植民地、周辺の位置において全体主義やファシズム批判を鋭く提示したのである」。

(46) 宮田節子『朝鮮民衆と皇民化政策』未來社、一九八五年。

(47) 洪宗郁、前掲『戦時期朝鮮の転向者たち――帝国／植民地の統合と亀裂』。

(48) 趙寛子『植民地朝鮮／帝国日本の文化連環――ナショナリズムと反復する植民地主義』有志舎、二〇〇七年、第二章「〈親日ナショナリズム〉の形成・破綻・反復」を参照。

(49) 「時局有志円卓会議」『三千里』一九三九年一月号、四三頁。李光洙は次のように述べている。「内鮮一体が万が一朝鮮の文化を抹殺してしまう結果をもたらすのであれば、それはとても不幸なことだと思います。〔改行〕朝鮮語を廃止しようと言う者もいるが、そういう政策は朝鮮人の感情を却って悪化させ、反対の効果を生むのではないかと憂慮しています」。

(50) 金允植、前掲『한국근대문예비평사』や同『한국근대문학사상사』（한길사、一九八五年）など。

(51) 손정수『개념사로서의 한국근대비평사』역락、二〇〇二年。

(52) 車承棋『반근대적 상상력의 임계들——식민지조선 담론장에서의 전통・세계・주체』푸른역사、二〇〇九年。

(53) 鄭鍾賢、前掲『동양론과 식민지 조선문학——제국적 주체를 향한 욕망과 분열』。

(54) 金哲「同化あるいは超克——植民地朝鮮における近代超克論」酒井直樹・磯前順一編『「近代の超克」と京都学派——近代性・帝国・普遍性』以文社、二〇一〇年。

(55) 近年の韓国哲学史研究については、이규성『한국현대철학사론——세계상실과 자유의 이념』（梨花女子大学校出版部、二〇一二年）を参照。申南澈や朴致祐の体系的な哲学研究については、봉기『신남철의 철학사상 연구』（全南大学校博士学位論文、二〇〇九年）、위상복『불화、그리고 불온한 시대의 철학——박치우의 삶과 철학사상』（図書出版道、二〇一二年）などがある。なお、京城帝国大学法文学部哲学科を中心とする近現代韓国の西洋哲学の受容については김재현『한국 근현대 사회철학의 모색』경남대학교출판부、二〇一五年を参照。

(56) 柳承完『이념형 사회주의——박헌영、신남철、박치우、김태준의 사상』선인、二〇一〇年。

第1章 〈民族〉という陥穽——「東亜協同体」-「内鮮一体」論と植民地朝鮮

第1節 戦時期における「東亜協同体」-「内鮮一体」論の擡頭

一九二〇～三〇年代は世界各地で「転換期」という言葉が声高に叫ばれた時代であった。第一次世界大戦、そして世界恐慌を経て資本主義の矛盾が露呈し、自由主義や個人主義といった「近代」を象徴する価値理念の修正、あるいは「超克」が一つの時代的課題となった。こうしたなか、アジアでは、帝国日本が「東亜」を掲げる新秩序構想を唱え、中国大陸への侵略を強めてゆく。一九三一年には満洲事変が勃発、翌年に満洲国が成立し、さらに一九三七年七月の盧溝橋事件をきっかけに日中全面戦争に突入した。初期の予想とは異なり、日中戦争が長期化の局面に入ると、戦争の目的が「東亜永遠の安定を確保すべき新秩序の建設」にあり、そのための「日満支」の協力や「国際正義の確立、共同防共の達成、新文化の創造、経済結合」の実現を訴える「東亜新秩序」構想（第二次近衛声明、一九三八年一一月三日）が打ち出された。[1] 日本帝国主義政策の一環として出されたこの声明を契機に、その後、大アジア主義や経済ブロック論、東亜連盟論、東亜協同体論など、さまざまな構想が提示されたが、そのうち、近衛内閣のブレーン集団である昭和研究会の革新的知識人たちによって提唱された東亜協同体論は、日本帝国主義に対する軌道修正の主張を内包するものとして、同時期の日本内地のみならず、植民地朝鮮の多くの知識人たちにも注目された(2)。

一九三〇年代以降、国際社会の中で日本が孤立するなか、朝鮮の外部において活動していた抗日勢力はそれを好機と捉え、運動の活性化に向けて動いてゆく。とりわけ中国においては、国民党、共産党の保護・支援のもと、金九《キムグ》らの大韓民国臨時政府や金元鳳《キムウォンボン》らの民族革命党などが左右イデオロギーの葛藤を抱えつつ、一九四〇年代に入ってから合作し、終戦に至るまで抗日ナショナリズムを展開していった。

朝鮮内部においては朝鮮総督府による直接統治のもと、抵抗ナショナリズム運動は屈折し、厳しい状況に直面していた。一方では、一九二〇年代以降、李光洙《イグァンス》などによる実力養成論を基盤とした統治側への妥協的ナショナリズム＝改良主義的な民族主義が展開されるが、一九三七年に関連団体である修養同友会の関係者が多数検挙されるなど、右派系民族主義も転向を強いられてゆく。他方、一九二七年に朝鮮共産党系の社会主義者と非妥協的民族主義者を中心に左右合作運動として結成した新幹会が一九三一年に解消し、一九三五年には朝鮮プロレタリア芸術家同盟（ＫＡＰＦ）が解散するなど、民族主義や社会主義による抵抗ナショナリズム運動が当局側の強圧により徐々に後退させられていった。こうした状況のなか、朝鮮軍司令官などを歴任し、満洲事変当時は陸軍大臣を務めていた南次郎が一九三六年八月に第八代朝鮮総督に就任した。南は日中戦争の勃発とともに強力な戦時体制を構築するための支配目標として「内鮮一体」を掲げ(3)、植民地朝鮮の動員・同化政策を強化してゆく。こうして戦時期に大量の転向者＝対日協力者が生まれることになる。

朝鮮における東亜協同体論の展開は、こうした日中戦争期の「内鮮一体」をめぐる政治的動向と連動するかたちで行われた。たとえば、大衆的な総合雑誌『三千里』一九三九年一月号の冒頭に掲載された「碧血で歴史を綴る」の中で、南は「日満支単位の新東亜協同体」における帝国日本の「優越」な地位を確認し、「東亜新秩序」の実現のためには「内鮮一体」が必要不可欠であると強調した。続く、時局有志円卓会議の記録[4]においては、時局に呼応すべく「内鮮一体論」、「国内革新問題」、「朝鮮人の今後の進路」、「東亜協同体に対する我々の任務」が議題として提示された。同号には「東亜協同体と朝鮮」という小特集も組まれ、金明植《キムミョンシク》や印貞植《インジョンシク》、車載貞《チャジェジョン》といった社会主義系知識人たちが「建設意識と大陸進出」、「東亜の再編成と朝鮮人」、「東亜新秩序と革新」をテーマに東亜協同体の実現と、そのための「内鮮一体」について論じていた。

これまで、戦時期朝鮮内における知識人たちの思想行動は、主に二つの大きな流れの中で捉えられてきた。一つは、尹致昊《ユンチホ》や李光洙などの（改良）民族主義者による活動であり、もう一つは、いわゆる（転向）社会主義者による活動である。戦時期の東亜協同体論に関与した知識人の多くは後者の社会主義系知識人であったが[5]、このグループはさらに玄永燮《ヒョンヨンソプ》などに代表される「徹底的内鮮一体」論者と、印貞植や金明植などの「協和的内鮮一体」論者の二つに分けられる[6]。とりわけ、朝鮮の文化的特殊性の保持を主張した「協和的内鮮一体」論者は、一九九〇年代以降、民族主義批判の思潮とともに戦時期朝鮮の思想状況が再び注目されるようになり、「抵抗」と「協力」のはざまで行われた思想実践として再評価されてきたが[7]、同時に、こうした評価が「過大」であるという批判もなされてきた[8]。

一方、よく知られているように、戦時期日本の東亜協同体論は朝鮮を直接対象とするものではけっしてなかった。そのため、日本知識人の東亜協同体論における朝鮮の位置づけについてはほとんど考察されてこなかった[9]。松田利彦が的確に指摘するように、日中戦争期に入ってから帝国日本のフロンティアは中国大陸に移り、同時期日本の言説空間において朝鮮問題が取り上げられることはきわめて稀であった[10]。東亜協同体論を担っていた多くの日本知識人の主たる関心はあくまでも中国問題にあり、「内鮮一体」は自明とされるのみで、具体的に議論すべき対象とはならなかった。当時のこのような状況について、たとえば文芸評論家の花田清輝は「東洋連邦だとか、東亜協同体だとか、アジアにおける民族共同社会だとか――名前はいろ〳〵ちがふが、要するに日満支一体化の実現が唱へられてゐる。〔…〕しかし、それに反して、今日まで日本民族政策の重要な一課題であつた内鮮の一体化といふことが、殆んど忘れられたやうに閉却されてゐるのは、いつたいどういふ訳であらうか」と指摘していた[11]。ところで、朝鮮知識人たちは、戦時期の「東亜」を掲げる新秩序論を積極的に受容し、その中で朝鮮問題を改めて位置づけ直そうとした。特に東亜協同体論における「民族」の論理は、植民地朝鮮で展開された「内鮮一体」論にも転用されていた。

本章では、植民地朝鮮／帝国日本の共時性に注目し、戦時期の東亜協同体－内鮮一体論の展開を横断的に捉え直してゆく。具体的には、まず東亜協同体論における植民地朝鮮の位相について確認しつつ、朝鮮知識人の東亜協同体－内鮮一体論との連関を、これまであまり取り上げられてこなかった「民族」の論理に焦点をあて、分析してゆく。

第2節　昭和研究会・東亜協同体論・植民地朝鮮

周知のように、日中戦争期における東亜協同体論の発源地となったのは昭和研究会であった[12]。後藤隆之助を中心に近衛文麿のブレーンをめざす政策集団として発足した昭和研究会は、「政治、経済、外交、農業、労働、教育、文化、思想、国土計画といったさまざまな部門の政策を研究し、そこに参加した人々の多くが戦後も各界で活躍したことにより、戦前のみではなく戦後期にも多大の影響をもたらした[13]」と評価されている。では、近現代日本の歴史において大きな役割を果たした、昭和研究会を中心に発せられた東亜協同体論において、朝鮮はどのように位置づけられていたのだろうか。

一九三七年七月に日中全面戦争の発端となった盧溝橋事件が起きてから三ヶ月後の同年一〇月、昭和研究会の後藤隆之助や酒井三郎などは京城に向かい、朝鮮総督府の人びとに会ったその足で咸興、羅南、清津、羅津などを視察した。[14] 酒井の回想によれば、「日本の大陸政策を顧みるには、北支へ行く前に朝鮮、満洲を見る必要がある」[15]と考えたからである。その後、同年一二月に日本軍によって南京が陥落すると、翌年一月一六日には「国民政府を対手とせず」声明が発表された。ところが、占領地に樹立した傀儡政権は中国人民の支持を得られず、また国共合作などによって戦況は膠着状態に陥り、同年一一月三日、ついに「国民政府を対手とせず」を修正した「東亜新秩序」声明が発表される。これを機に、昭和研究会を中心とする革新的知識人らによって、戦争の解決と国内変革をめざす東亜協同体論が活発に展開されるようになった。[16]

この頃の昭和研究会には政治機構改革研究会や東亜ブロック経済研究会、世界政策研究会など、さまざまな専門研究会が設けられていたが、そこで朝鮮問題が中心的に議論されることはほとんどなかった。また同時期の日本の言説においても、内鮮一体の実現が建設されるべき東亜新秩序の前提としてわずかに言及されるのみであった。[17] ほぼ唯一、朝鮮問題を正面から取り上げている資料として、東亜政治研究会[18]によって一九三九年七月に作成された『帝国の朝鮮統治策――東亜新秩序建設の見地より』がある。その目次は、「序論　朝鮮の併合」、「第一節　朝鮮の統治機構」、「第二節　朝鮮の統治政策」、「第三節　大陸政策の進展と朝鮮の地位」、「結論　東亜新秩序の建設と朝鮮の統治」であり、「朝鮮の併合」の歴史を振り返ることから始まり、朝鮮に対する支配政策の概観を経て、東亜新秩序の建設における朝鮮の地位の確認に至る構成となっている。

同報告書では、「大陸政策の進展上における朝鮮の地位」が、「朝鮮自体が大陸政策の対象であつた時代」から「政策の対象が満洲に移り、朝鮮が第二線的地位にあつた時代」に移り、また日中戦争の開始によって、「政策の対象が更に支那に移り、朝鮮の「大陸ルート」、「兵站基地」としての地位が確認された時代」に変わったと説明されている。[19]また、日中戦争の目的は「東洋永遠の平和と物質的・文化的繁栄を築き上げること」にあり、そのために「日満支三国の連繫体制を確立すること」が主要な問題となるが、「朝鮮統治の問題」は、それを実現するための日本の「内面的な問題」として捉えられていた。[20]朝鮮は「帝国領土」の一部でありながら、「東亜新秩序国とその圏外国」、すなわち「隣邦満洲国及び支那」および「ソヴエット」との「接続点」を成しているため、新秩序の維持・発展のために、将来その重要性が増大すると述べられていたのである。[21]

さらに同報告書において戦時期の朝鮮は経済的・軍事的な側面からのみ注目されていたわけではなかった。結論部においては、「朝鮮民族問題の解決」が「重要」であるとして次のように強調される。

> 施政開始以来の朝鮮民族の各方面にわたる著しい向上発展、今次の事変に対するその真剣なる協力貢献、新秩序圏内において満洲・蒙古・支那諸民族が新体制に相応した民族自治を享有すべきことの心理的影響等を考慮するならば、朝鮮民族問題の解決は当然新秩序建設上の重要課題でなければならない。[22]

ここでは、植民地朝鮮が、日中戦争期に重要視された「大陸ルート」や「兵站基地」としてばかりでなく、その「心理的影響」からも注目されていた。引用部にあるように、「朝鮮民族問題の解決」は、帝国日本が建設すべき新秩序において、いわば模範を示すものでなければならなかった。朝鮮の民族問題解決は、新体制における「民族自治」に「心理的影響」を与えうるとされている。同報告書では、そのために日本が取るべき策として、「立法・行政及び司法の各部面において内地と同一の形態を備へ、内地国民が享有すると同一の権利を与へ、また内地国民が負担すると同一の義務を課」すなど、日本との「完全な同化・統一」が唱えられた。[23]

このように戦時期日本の東亜協同体論においては、わずかながら「朝鮮民族問題の解決」が重要であると認識され、またそのための「内鮮一体」が強調されていた。だが、そのような議論においてすら、いかに「朝鮮民族問題」を解決するか、つまり、内鮮一体の実現をめぐる具体策はほとんど論じられなかった。戦時期の日本知識人の関心は新たなフロンティアとして浮上した中国大陸に移っていたのである。

一方で、一九三〇年代後半から四〇年代にかけて、世界の新秩序建設を謳う日本では、従来の民族主義を乗り越えるべく、「民族」をどう規定するかをめぐって活発な議論が行われていた。[24] 東亜協同体論でも、新秩序建設の主体たるべき「民族」をめぐる議論が展開されていたが、それは民族一般についての議論であり、けっして朝鮮民族に直接言及するものではなかった。[25] だが、そこに見られる「民族」の論理は、その後、同時期の植民地朝鮮に受容され、東亜協同体‐内鮮一体論において転用されてゆく。まず、東亜協同体論における「民族」の論理について確認しておこう。

一九三九年に刊行された『東亜協同体思想研究[26]』の最初を飾る「東亜思想の根拠」の中で、日中戦争勃発直後に発表した「日本の現実」がきっかけとなって昭和研究会の文化委員会委員長を務めていた京都学派哲学者の三木清（一八九七〜一九四五）は次のように述べている。

> 支那事変の当初から私は種々の機会にこの事変が偏狭な民族主義の超克の契機となるであらうといふことを繰返し述べてきた。そのことは今や東亜協同体の思想の出現によつて実証されるに至つたかのやうに見える。東亜協同体は云ふまでもなく民族を超えた或る全体を意味してゐる。[27]

三木はここで、東亜協同体が民族主義を超えるものでなければならないとしながら、その後、「日本の国内に向かつては民族主義を唱へつつ支那に対してはその民族主義を否定するといふが如き矛盾を犯してはならない」[28]と述べ、あくまでも民族主義を擁護する姿勢を見せていた。つまり、三木にとって「民族主義」は否定され、また肯定されなければならず、ゆえに、「超克」されるべきものであったのである。こうした一見矛盾するような「民族」の肯定／否定の論理は、戦時期の東亜協同体論に共通して見られるものであった。

たとえば、一九四〇年六月、昭和研究会事務局によって『東亜新秩序建設の理論と方策』が刊行された。最初の「例言」には、東亜政治研究会の小委員会が討論・研究した成果が同書であることが書かれており、参加メンバーについては「岡崎三郎、尾崎秀実、小泉吉雄、和田耕作、事務局員数名であつて、のちに橘樸、平貞蔵が加はつた」と記されていた。同書では東亜の新秩序建設のための当面の課題が政治的な観点から述べられたが、特に「民族主義」の問題をどうするかが一つの大きな論点であった。「第二部　新秩序建設の当面課題」では、新秩序を確立するための「基本的な重点」として「東亜の共同防衛」、「経済的結合」、「政治的連繫」、「民族的提携」が挙げられており、基本的には一九三八年一二月二二日に発表された近衛三原則（①善隣友好、②共同防共、③経済提携）を継承しながらその具体案を模索していた。たとえば「政治的連繫」を述べる箇所では、民族主義の問題に触れ、次のように説明している。

日満支三国の政治的構成が将来有機的協同体化の方向にむかふことは疑ふ余地はない。しかしながら支那における熾烈な民族主義運動が歴史的には必然的な要求であることをわれ〳〵は率直にみとめ、当面の形態としては各民族の自主性を保持する連盟的関係を樹立すべきであらう。たゞし東亜の共同防衛は緊急の任務なるをもつて軍事および外交に関してはなるべく一元化をはかるべきである。[29]

同書は、東亜諸民族――とりわけ中国の民族主義――の要求と「日本の大陸政策」との関係を究明することに徹し、東亜の民族主義は日本が主導する「東亜諸民族の解放運動」と矛盾するものではなく、合致するはずだと唱えていた[30]。そのうえで、引用部のように、民族主義の歴史的必然性を認めつつ、緊急の任務として「軍事および外交」における一元化を主張していたのである。しかし、こうした東亜協同体論は、諸民族の対等な関係に基づく協同体をめざすものではない。建設されるべき「東洋的協同体国家」は、あくまでも日本を中心とした「有機的階層的関係」から成るものでなければならず[31]、その基礎となるのが「過去五千年にわたる文化的一元性」であるとされていた[32]。

さらに朝鮮との関連で特に注目されるのは、同書の「付録」として作成された「東亜新秩序のための文化工作」において、中国専門家の橘樸[33]（一八八一～一九四五）が次のように述べている箇所である。

日本部を東京におき、べつに朝鮮をその中の一地域とし、京城に支部を設けある程度の自主性を附与する。これは朝鮮人民の多年の要望にかへりみ、またはその民族文化の特殊性に徴して当然のことゝおもふ。たゞし、たがひに源流を同じくする日鮮の両民族は結局帰一すべきであるといふ併合以後の国是をゆるがすことは絶対にゆるされない[34]。

引用部は、東亜協同体における「民族又は国家別的機関」について、橘樸が自身の構想を述べているところである。ここで言われている「併合以後の国是をゆるがすこと」とは、すなわち朝鮮の独立であろう。彼の構想において、朝鮮には日本の一地域として「ある程度の自主性」――「民族文化の特殊性」、すなわちエスニシティは認められるが、民族の政治的独立は許されない。

また、右の引用部では橋の奇妙な言辞が見られる。彼は「民族文化の特殊性」なるものを認めながら、「日鮮の両民族は結局帰一すべきである」と述べていた。ここから、彼が戦時期に再び脚光を浴びていた、近代日本の帝国主義的膨張を正当化する過程で生み出された「日鮮同祖論」――もしくは「同根同祖論」――に影響されていたことが容易に想像できる。[35]だが、そもそも異なる民族が「帰一」するという、一見矛盾する論理がどうして可能になるのだろうか。この問いは、東亜協同体論が抱える根本的な課題につながる。東亜協同体論は、民族（主義）を肯定し否定する弁証法的な論理を唱えることによってこの課題を解決しようとした。その際、民族を否定し、超克してゆく契機として、朝鮮においては「日鮮同祖論」の神話が、東亜においては「五千年にわたる文化的一元性」が用いられていたのである。

もう一つ、東亜協同体論における民族の論理について検討するために、一九三九年一月に作成された『東亜協同体の理論』[36]に注目したい。同書の「第二章　東亜協同体の民族論的基礎構造」では、新しき世界秩序が「国際資本主義の行き詰まり、今日の段階における共産主義インターナショナルの文化の荒廃性への反撃として生まれる」と述べ、資本主義と共産主義を克服しうる「民族主義」、「国民主義」に着目していた。[37]ここで言及されている民族主義は、従来の「非国際主義」を意味する民族主義ではなく、「国際主義」としての、いわば新しい民族主義である。この新しい民族主義は、「絶対的なる排他主義」ではなく、「更らに高度の発展的本能を持つもの」[38]として規定されるが、同書は、それを導く「民族理論」を明らかにしない限り、「民族国家と民族国家との協同体である、東亜協同体の理念は明かにならない」と強調し、結論部では次のように論じる。

東亜協同体の紐帯は、ここに至つて極めて明白となる。それは今日の歴史的な諸条件によつて必然的に生まれざるを得なかつた次代の新しき世界観を共通に持つ、民族全体社会と民族全体社会との相互発展のための協同なのである。それは新しき世界観による結合なのである。新しき世界観から生まれる政治と経済と技術と文化の協同であり、結合と、発展なのである。〔…〕それは歴史の諸条件が規定する一つの必然であると言へる。排他的なる人種論的民族主義と異なる、真の発展的なる民族文化はそこに初めて築かれるのである。民族主義と個人主義に対立する意味で、全体主義であり、全体主義は高度の全体への融合と純化とを生命的発展として持つもの故、民族主義は征服と侵略にあらざる生活空間の拡大協同を完成し得るのである。(39)

ここでは、「排他的なる人種論的民族主義」が斥けられ、開かれた全体主義としての民族主義が唱えられている。「血縁、地縁、言語、運命」などは協同体の本質ではなく、また民族は、「固定的な、静的な存在ではなく、歴史的な、動的なものを条件として、成生される」ものであるとされる。(40) こうした「民族全体社会」と「民族全体社会」との発展的「融合」が、東亜協同体にほかならない。一般に、戦時期日本の帝国主義体制は「日本ファシズム」などと呼ばれ、思想的には国体論を中心とした排他的な右翼思想が検討されることが多い。だが、戦時期の革新思想として登場した東亜協同体論は、ファシズムやナチズムに代表される人種主義的な全体主義を乗り越えるための構想であった。従来の閉鎖的な民族概念を捉え直し、解放的な民族概念をもって東亜協同体を実現しようとしたのである。東亜協同体論が革新的勢力によって提起され、観念右翼の偏狭な日本主義や現状維持派に批判的に受け止められていたのはそのためである。(41)

繰り返すが、東亜協同体論における朝鮮への言及はわずかなものにすぎず、朝鮮問題の具体的な解決をめぐる議論はほとんど展開されなかった。その限りにおいて、朝鮮問題は、戦時期日本の知識人たちの関心の「外部」に置かれていたと言わざるを得ない。だが、戦時期に提出されたこのような革新思想に、転向を余儀なくされ、現状打破の糸口をみつけようとした多くの植民地朝鮮の知識人たちが呼応し、改めて朝鮮問題を喚起させようとした。彼らは東亜協同体論における弁証法的な民族の論理を転用し、民族を「発展する」ものとして、つまり歴史的な存在として動的に捉えることによって、「内鮮一体」を実現し、差別からの脱出を企図したのである。次節では、東亜協同体論における民族の論理が植民地朝鮮においてどのように吸収されていったかについて、当局側の論理との関係性の中で捉え直してゆく。

第3節　変奏する東亜協同体論——朝鮮知識人の「共鳴」

東亜協同体論に関与した朝鮮知識人たちは、そのほとんどが社会主義運動に関わった、あるいはマルクス主義の思考回路を経てきた人びとであった。一九三〇年前後の朝鮮では社会主義の影響のもと、労働争議・小作争議が急増するが、一九三〇年代初頭を過ぎると、当局側の厳しい検挙体制が敷かれるなか、治安維持法違反の嫌疑で逮捕され、転向する人びとが徐々に増えていった。しかしその後、ナチズムの擡頭に対抗するかたちで、一九三五年のコミンテルン第七回大会において「反ファシズム人民戦線戦術」が採択されると、李載裕《イジェユ》グループや、李舟《イジュ》河《ハ》・李康国《イガングク》・崔容達《チェヨンダル》を中心とする元山グループなど、転向した者をも受け入れることで勢力の拡大を図ろうとする新たな動きが現れた[42]。だが、一九三六年一二月から施行される思想犯保護観察制度によって、当局側が積極的に転向を促す、いわゆる「保護の時代」に変わってゆく[43]。そして、一九三七年から始まる日中全面戦争は、朝鮮の社会主義者の「大量転向」を促すこととなった。日中戦争勃発後、ソ連や欧米など反ファシズムを掲げる陣営と日本やドイツ、イタリアなどの勢力との対立構図が明らかになるにつれ、当初、朝鮮の社会主義者たちは日ソ開戦に対するかすかな期待を持っていた。しかし、その後に日本は勝利を続け、さらに勢力を拡大してゆく。また、一九三八年一一月に「東亜新秩序」声明が発表されてから約一年後の一九三九年八月に結ばれた独ソ不可侵条約は、朝鮮社会主義者がわずかながら持っていたソ連への期待をも動揺させる出来事であった。洪宗郁は、こうした状況の中で、彼らが「自己を表現できる途」を確保するための契機となったのが「東亜新秩序」構想とそこから派生する思想課題であった」と指摘している。[44]

植民地朝鮮の社会主義者が東亜協同体論に関与した理由を思想的文脈において探ろうとするとき、まず注目しなければならないことは、東亜協同体論が自由主義や資本主義を克服するために「社会」に重点を置いていたということである。たとえば『新日本の思想原理』（昭和研究会事務局、一九三九年一月）では、自由主義の問題点を「個人が先のもので社会は後のもの」であると説明し、それに代わるべき「協同主義」は、「社会が先のものであつて個人は後のもの」であると論じていた。[45]また、東亜協同体論が自由主義のみならず、ファシズムに代表される全体主義をも乗り越えようとしていたことも、アンチ・ファシズムを掲げていた朝鮮の社会主義者たちにとって活路を見出すきっかけになったと考えられる。

1 「徹底的内鮮一体」論のパラドクス

従来、朝鮮における東亜協同体論の展開については、主に「協和的内鮮一体」を唱えた転向社会主義者たちが注目されてきたが、同じく転向社会主義者でありながら、『朝鮮人の進むべき道』（緑旗連盟、一九三八年）や『新生朝鮮の出発』（大阪屋号書店、一九三九年）などを著し、朝鮮語廃止論といった「徹底的内鮮一体」を唱えたことで知られる玄永燮[46]（一九〇六〜?）については同文脈の中ではあまり取り上げられてこなかった。[47]

ところが、協和的内鮮一体論者のみならず、玄永燮もまた東亜協同体建設の前提として内鮮一体の問題を捉えていた。玄永燮は一九三九年七月に「事変の人類史的意義と内鮮一体の東亜協同体完成への寄与――事変第二周年を迎へて考ること」という文章を書いているが、その冒頭では、日本の戦争目的が「東洋から白人の不当な圧迫を制切」するところにあるとしながら次のように述べている。

真に自己を愛する者は目前の物質的欲求に眩惑されないで永遠の姿を見る。我々日本人は天壌無窮を信ずるのであるが、本能的にロマンチストである性格の然らしめる所であり、理想精神に燃えてゐるからである。七千万の大和民族が救はれる為には全人類はどうでもよいと考へてない日本は永遠に勝利するのである。[48]

徹底的内鮮一体論者で知られる玄永燮は、西洋中心主義を転倒させた東洋主義を主張し、朝鮮民族の「日本人」への徹底的な同化を唱えていた。こうした姿勢は、今日的な視点からすれば批判的に捉えるべきものであろう。ただ、彼の主張が当時の当局側にどのように受け止められていたのかについては、より慎重な検討が必要である。

まず注目したいのは、玄永燮が日本主義を「物質的欲求に眩惑されない」ものと解釈し、資本主義批判を試みている点である。主観的には、彼はあくまでも社会主義の延長上に徹底的な日本主義を唱えていた。また、右の引用からもう一点読み取れるのは、「我々日本人」と「大和民族」を区分していることである。朝鮮人を含む「日本人」は「天壌無窮」を信じるがゆえに、「七千万の大和民族」のみが救われることを望んでいない。彼にとって日本主義は、日本が異なる民族を包含しているからこそ、「大和民族」に限られる偏狭なものであってはならなかった。

さらに玄永燮は「東洋の新秩序は世界の再建と必然的関係があるとすればどうなるか、国家も国民も変貌する。日本の全体の姿が変るであらう」とも主張しており、[49] 東亜協同体論に見られる国内変革の思想を受け継いでいた。

彼によれば、内鮮一体を経て東亜協同体を実現すべき日本はそれまでの日本であってはならず、「国家」も「国民」も変わるような、新しい日本でなければならなかった。現状の日本に同化するのではなく、同化によって日本を作り直し「全人類が模範とするに足るもの」としての「国民協同体」を完成すべきだと強く求めていたのである。[50] しかし、玄永燮のこうした変革思想はあくまでも「国体」をもって行われるものであり、それゆえ、朝鮮人が現状の「内地人」に成りきらなければならないという自家撞着に陥ってしまう。すなわち、世界の模範となるべき日本の「国民」は「皇室を中心として私心を棄て丶何時でも喜んで生命を捧げることが出来る」存在であり[51]、そのために「半島人が異常なる決意を以て、内地人――一切の意味に於て日本人であるが――を模倣しなければならぬ」とされ、また「朝鮮語に罪なしとか、半島人の衣服の何処が悪いか式の態度では百年河清を待つに等しい」[52]といった徹底的内鮮一体論を繰り広げてゆくのである。ここに、観念右翼さながらの日本主義者である玄永燮の思考の限界が表明されていると言ってよい。

こうした完全なる同化を唱える玄永燮の主張を手放しで受け入れてはならないことは言うまでもないが、しかしその中に、逆説的にも、同時代日本の言説空間に対する鋭い指摘が含まれていたことは注目すべきである。彼は、「新日本人である半島人、台湾人、内地人の生活一体化」が進められていない現状について触れ、内鮮一体の問題が取り上げられるのは「一億同胞が真に団結して兄弟の如き友愛を持ち始めようとする動向の現はれ」であるとしたうえで[53]、「内地の論壇」に言及しながら次のように力説する。

> 今更内鮮一体でもあるまいと云ふ論者があるが、斯かる論者は内鮮問題に関して血涙を流したことのない皮相的観察者の言でしかない。内地の論壇が現実的となり国内革新に真剣であるならば、必ず「国民思想」の如く内鮮一体問題を真面目に取上げる筈である。「改造」や「中央公論」が内鮮一体問題を無視してゐるの

は今だに自由主義的幻想に取憑かれてゐるからである。
理想の実現は遅々たるものであつて、古代に於て同根同祖であつたにせよ、言語、風俗、人生観を随分異にして生きて来た内鮮人は二三十年間に完全に一体になる筈もなければ百年後でも多少の問題性を有するのであつて、内鮮人共に異常なる努力と八紘一宇を先づ内鮮一体に依つて全世界に証明すると云ふ格別の覚悟を持たなければならぬであらう。(54)

玄永燮は東亜協同体の建設を叫びながらその前提となるべき内鮮一体の問題について日本内地で議論されないのは「自由主義的幻想」に取りつかれているからだと咎めたてる。「内地の論壇」では自由主義の産物である民族主義にいまだ「幻想」を抱き、それゆえに「内鮮一体」、すなわち真の全体主義を真剣に考えていない、という指摘である。玄永燮は一九四〇年三月に発表した「「内鮮一体」と朝鮮人の個性問題」においても、東亜協同体論者や協和的内鮮一体論者は「異体同心」を主張するにとどまっているが、「一心同体」、つまり「徹底一体論」こそ必要なのだと力説していた。(55)

玄永燮の指摘のように、同時期の『改造』や『中央公論』で展開された東亜協同体論では東亜新秩序の建設と国内改革を唱えるものの、内鮮一体の問題は取り上げられなかった。たとえば昭和研究会の初期から核心的メンバーとして活動し、東亜協同体論の先駆けとなった論稿「東亜協同体の理論」(『改造』一九三八年九月)などを発表した政治学者の蠟山政道は、玄永燮の右の文章の直前に発表された「国民協同体の形成」(『改造』一九三九年五月)においては総力戦体制を担うべく「国民協同体の形成」をも主題化していたが、朝鮮問題には触れていなかった。こうした傾向は、同じく『改造』や『中央公論』で活躍していた三木清や尾崎秀実のような代表的な東亜協同体論者たちにも同様に見られるものであった。

ただし、玄永燮にとっては、東亜協同体の前提とされる内鮮一体の問題は「真面目に取上げ」なければ実現が困難なものであった。前掲の「事変の人類史的意義と内鮮一体の東亜協同体完成への寄与」には、「言語、風俗、人生観」を異にする朝鮮民族と日本民族が同化するのは容易ではないという玄永燮の見解が表れている。だが、そうした判断は、「百年後でも多少の問題性を有する」ために、すぐにでも徹底的な同化を始めるべきだという思考に移り変わり、朝鮮人の「自己拋棄」[56]＝徹底的内鮮一体論につながっていた。

こうした玄永燮の主張は戦時期に総督府側が推進していた内鮮一体政策を徹底的に進めようとするものであった。戦時期に入ってから朝鮮では内鮮一体がスローガンとして掲げられ、東亜協同体の完成において朝鮮問題の解決は不可欠と機会あるごとに強調されるようになった。東亜協同体論が日本の論壇を席巻した翌年、一九三九年の新年挨拶で、南総督は日本の大陸政策における朝鮮の地理的重要性を主張するとともに、「内鮮一体の実果に基づいた雄偉勁烈な協同興亜の大思想、大精神が我が半島から湧起し、機運の先頭に突進」することが「時務の命題」であると謳っていた[57]。また、朝鮮における総動員体制を担うべく一九三八年六月に組織された国民精神総動員朝鮮連盟の役員総会[58]（一九三九年五月）の席上でも、南は「内鮮一体の強化具現こそは東亜の新建設の核心をなすものであつてそれが出来ないでは満洲国を兄弟国とし、支那と連携するなどと云ふ様なことは言へないのであります。内鮮は融合に非ず握手に非ず、心身共に真に一体となるものでなければなりませぬ[59]」と述べていた。このような総督府側の主張は一九四〇年代に入ってからも継続されてゆく。たとえば一九四一年に朝鮮総督官房文書課が発行した『興亜国策と朝鮮』では、戦時期における内鮮一体政策を讃えながら、「国の内外を問はず東亜新統一体のあらゆる成員に対して八紘一宇共存同栄の道義精神を布覆すべき時にあたり、朝鮮施政の理想であり実果である「内鮮一体」の具像化が既に先蹤的なる意義を顕はして居ることを認取さるべきであらう[60]」と記していた。総督府側は、東亜新秩序論が興隆する時局において、朝鮮問題をその中心に据え直そうとしたのである。

だが、ここで注意しなければならないことは、当局側にとって玄永燮の徹底的内鮮一体論が過激なものに映っていたという点である。一九三八年七月に行われた南次郎との面会において玄永燮は「朝鮮人が完全なる日本人になるためには、〔…〕内鮮一元化から始めないといけないのであり」、そのために「朝鮮語使用全廃」が必要だと要求した。しかしそれに対して南は、「朝鮮語を排斥するのは不可能なことだ。可能な限り国語を普及するのはできるが、この国語普及運動も朝鮮語廃止運動として誤解されることも度々あるが、それは不可能なことだ」と返した。(61)徹底的な日本主義は皮肉にも朝鮮総督に宥められたのである。当時、内鮮一体論を展開した多くの朝鮮知識人は過激な徹底的内鮮一体論ではなく、民族性の保持を謳う協和的内鮮一体論を唱えていた。(62)たとえば、総督府の朝鮮語新聞を発行する毎日新報社の社長などを務めた崔麟《チェリン》は、総督との夕食会において朝鮮語と朝鮮文化が「不可分」の関係にあると述べ、「朝鮮文化を永く保存することが上策である」と伝えたところ、南も「国語普及を奨励すると言うと、逆に朝鮮語はなくすと一般は誤解しているようだが、全くそのつもりはない」と答えたという。(63)また、転向者を中心に一九三六年に創立された大東民友会の安浚《アンジュン》、車載貞、李承元《イスンウォン》、李覚鍾《イガクジョン》も南総督との会見において「内鮮一元化」が朝鮮民衆に対する「日本の文化的征服」、「朝鮮民族の消滅」をもたらすものと誤解されないようにと要望し、「風俗習慣の他、生活様式上の差異条件は全体的な国民生活の向上発展を阻害しない限り、その単一化を強要しない」ようにと訴えた。(64)これに対し、南は唖然として「断章摘句で解釈するのは私の本意を理解していないため」だと応えている。(65)こうした南の態度は太平洋戦争期に入ってからも貫徹された。一九四二年四月一四日の総督府の局長会議席上の訓示では、「国語奨励が朝鮮語廃止を意味しない旨を闡明し、この運動に対する無用な誤解を警告」し、「実際問題として、大半以上国語が解得できない今日においては、国語奨励を朝鮮語廃止だと誤解するような急激且つ無理な強制に進まないための用意が肝要である」と述べていた。(66)

ところが、南は玄永燮の徹底的内鮮一体論を表立って否定していたわけではなかった。一九三八年七月に開かれた会見において、玄永燮は「内鮮一体の世界史的意義」と題する発表を行なったが、それに対して南は「国語は普及させるが、朝鮮語を廃止する必要は少しも考慮しない。国語が普及すれば自然に問題が解決する」と、一方では協和的内鮮一体論を擁護しつつ、他方では廃止せずとも「国語」の普及が進めば問題が解決されると仄めかしたのである。(67) だが、これによって玄永燮が納得したわけではなく、彼はその後も「国語普及ではなく常用こそは絶対に必要だ」(68)などと述べ、そのための朝鮮語廃止論を主張し続けた。

このように南は基本的には協和的内鮮一体論の立場に同調しながら徹底的内鮮一体論者を宥めていた。では、なぜあいまいな姿勢を取っていたのだろうか。

南は、前掲の国民精神総動員朝鮮連盟役員総会席上で、内鮮一体の目標を朝鮮人が「忠良なる皇国臣民」、すなわち「真の日本人」になることだと主張し、そのときの日本人とは「天皇中心主義の万民扶翼の皇道に徹するに在る」と述べていた。(69) そして、このような内鮮一体の到達すべきところは「内鮮無差別平等」であるが、しかしそれはすぐさま実現できるものではなく、「永久継続的」な目標だと強調した。

韓国併合以来今日迄僅かに三十年、内地の如く三千年来伝統の歴史を持つて来た国民性とは人情風俗、習慣等に異なつた点が尠くない、然れ共歴史の示す処は同性同根に近く而も千数百年前には百二十三年の永きに亘り内鮮一体の状態に在つた故に現下の内鮮一体は復古したものとも云ひ得るのであります。従つて唯此の時局を乗り切ると云ふが如き左様な単純なる短い目標ではなく永久継続的のものである。(70)

玄永燮のみならず、朝鮮総督さえも朝鮮統治がわずか「三十年」にすぎず、「内鮮」に「異なつた点が尠くない」ことを了解していた。そこで持ち出されたのが、「千数百年前には百二十三年の永きに亘り内鮮一体の状態に在つた」という古代日本の伝説・神話であった。「現下の内鮮一体」は、その「復古」を意味するが、しかしその実現は「単純なる短い目標」ではなく、「永久継続的」なものだとされたのである。注目すべきは、こうした南の言辞に表れる「内鮮一体」をめぐる理念的トリックである。つまり、南は朝鮮人が違う民族であることを認めつつ[71]、古代の内鮮一体の神話を召喚することで、未来の内鮮一体へ発展させようとしている。こうした論理は、民族は歴史的なもの、すなわち変化し「発展するもの」という思考に支えられている。あるべき本来の姿に合わせて「発展するもの」として民族が捉えられているのである。しかし南は、玄永燮の徹底的内鮮一体論のような急進的な変化は受けつけない。彼にとって内鮮一体は、朝鮮人が日本人との差異を持ちながら一体へと向かう「永久継続的」な過程でなければならなかった。それがまさに過程であるからこそ、異民族への支配を可能にする論理は永久に正当化されうるのである。朝鮮人は、永久に「真の日本人」になろうとしなければならない。南は、朝鮮人に対しては変化し発展する民族像を描くが、「三千年」の伝統を持つ「内地」の人びとに対しては変わり得ぬもの、すなわち民族の原型である静的で純粋なイメージを付与する。「三千年」に追いつかなければならない「三十年」というレトリックにこそ、帝国日本の植民地朝鮮支配が含んでいる根源的矛盾が鮮明に表れていると言えよう。

ところで、現実には、総力戦体制下の朝鮮における戦時動員のために内鮮一体を振りかざす同化政策は強化されていった。周知のように、一九三八年二月に陸軍特別志願兵令が公布され朝鮮人の兵員動員が始まり、また同年三月には第三次朝鮮教育令が公布され、「内鮮教育の一元化」が図られるようになる。一九三九年一一月には「朝鮮民事令中改正の件」や「朝鮮人の姓名に関する件」といった創氏改名に関する制令が公布され、日本的な家制度が朝鮮人に導入された。だが、こうした内鮮一体の理念のもと行われた諸政策は、あくまでも朝鮮の人的・物的動員を促すためのものであり、階層的な差異を解消するものではなかった[72]。「内鮮」の「一元化」とは、むしろ階層的な差異を固定化するメカニズムの構築にほかならなかった。それは、民族を肯定し否定するという、成し遂げ得ぬ至難の過程としてイメージされる「発展」の幻想において成立すべきものであっただろう。

アジア・太平洋戦争へと戦域が拡大し、「大東亜共栄圏」が叫ばれる一九四四年の小磯国昭総督期においても、「二千八百万朝鮮同胞が揃って今直に、生まれながらに忠良なるやまと民族と同様の資格を附されるには未だ民度にも精神にも相当の開きがあり」と言われ、「兄分」たる「内地人」と「弟分」たる朝鮮人の差は縮まることはない[73]。たとえ「大東亜戦争」を戦い抜き、「弟」が「名実共に栄養ある大東亜の中核的指導者」の地位を獲得し得たとしても、「家族」(国家)内の「兄」と「弟」の上下関係は変わらない。「兄」は「愛情と理解を以て弟分たる朝鮮同胞の指導誘掖」を続けてゆくものとされていたのである[74]。

2 「協和的内鮮一体」論のパラドクス

このような当局側の内鮮一体をめぐる理念的トリックにもかかわらず、東亜協同体–内鮮一体論は、絶望の底に打ち沈んだ多くの朝鮮社会主義者に民族や社会を生かす一縷の希望に映った。たとえば、代表的な協和的内鮮一体論者である印貞植[75](一九〇七〜?)は一九三八年一二月に開かれた時局有志円卓会議において、「すべての朝鮮人の幸福と繁栄の為」に「現実を冷静に把握し肯定して、このような現実の下、可能な最大の幸福を求める」と述べていたが、すでに状況は現実の肯定なしには何も始められないと捉えられていた。続けて印貞植は、内鮮一体は「現実的条件」として歴史の必然性を持つものであると説明し、日本の大陸政策の遂行における朝鮮の兵站基地としての重要性を確認した。そして、こうした「現実」において、「朝鮮人に真心をもって日本帝国を愛するようにさせなければならないことが国策上の必要的要求」になると述べ、そのために「政治的に内地人と同等の義務を負担させる」と同時に「戸籍問題、教育問題、関税問題」など、「公民的権利においても同等のものを保障しなければならない」と強調した[76]。このような主張は、たとえば、内鮮一体の徹底を訴えつつ、朝鮮人の政治的・経済的な地位向上を唱えた三木などの東亜協同体論者の主張と相通じるものであった[77]。

さらに印貞植は日本主義を読み替え、日本の革新勢力に言及しながら、革新主義の特徴が「反共」と「反資本」にあり、その究極的な理想が「ただ天皇のみを推戴し、天皇との間にだけ差別と不平等を肯定」するものだと唱えた。

資本家的搾取と資本家的植民地観念を根絶し、共存共栄を基調とする社会を皇室中心に再建しようとするのが日本主義の根本理想です。このように革新勢力は反資本的であり、また反搾取的であるがゆえに、この革新勢力の擡頭の必然性において内鮮一体の必然性を見るのであります。なぜなら、殖民地としての朝鮮を完全に止揚し、朝鮮民族と大和民族を合して一つの高級の概念を持つ、新日本民族に統一することができるからです[78]。

印貞植は日本主義の根本理念である「皇室中心」を、「天皇」を除くすべての完全なる「平等」と読み替えている。そうすることで「殖民地としての朝鮮」は止揚され、「内鮮一体」が実現されると述べていたのである。注目に値するのは、印貞植も玄永燮と同様に「大和民族」と「新日本民族」を区分していたことである。「内鮮一体」はたんに朝鮮民族が「大和民族」に同化することではない。それは「新日本民族」への発展を意味する。彼にとって「新日本民族」の統一は「朝鮮人がその民族的な固有性全般を喪失する」ことではなく、朝鮮民族の「固有な言語、文化伝統、民族精神等」を維持しながら「新日本民族の生活の一部面」になることであった[79]。彼の主張が協和的内鮮一体論と言われる所以である。これに対し、同席していた玄永燮は、「あまりに個性を堅守してその結果内鮮一体の理想を障害することがあればいけないので、言語風俗までも融合一体することが必要」だと応手していた(80)。

「協和的」か、それとも「徹底的」かの違いはあれ、印貞植と玄永燮が「内鮮一体」を唱えていることには変わりはない。また両者はともに現状の「大和民族」ではなく、新たな「日本民族」や「国民」のつくり替えをめざしていたが、こうした論理は、内鮮一体を唱えていた当時の朝鮮知識人の多くに共通して見られるものであった。たとえば、戦時期に国民精神総動員朝鮮連盟などに関わった文芸批評家の金文輯《キムムンジブ》(81)（一九〇七～?）は、「内鮮一体具現の方法――「朝鮮民族」の発展的解消論序説　上古への帰還」（一九三九年九月）の中で、滑稽にまで思えるほどの単純な数式を用いて内鮮一体を次のように説明していた(82)。

$$\left.\begin{array}{l}A+b=\text{朝鮮民族}\\A+c=\text{大和民族}\end{array}\right\}\ \text{但}A=7\text{、}b\text{及}c=\text{各々}3$$

この数式を提示した後、金文輯はAが「ツングースの血」であり、bとcが「移入混和した血液」だと付け加えた。つまり、「朝鮮民族」と「大和民族」は一〇分の七が同じくツングースの血を引いていて、残りの一〇分の三が異なる血で構成されているため、内鮮一体は新たな「大日本民族」にほかならないと主張していたのである(83)。ここで着目したいのは、こうして提示される「朝鮮民族」と「大和民族」の共通の分母が日本でも朝鮮でもなく、「ツングース」であるという点である。そしてそれによって「日鮮」がともに飛躍するところに「大日本民族」が成立するという論理が立てられていることである。

金文輯は「朝鮮民族」と「大和民族」が「ツングース血液」を引いているのであれば、「原産地である満洲国の民族とはどのような関係があるのか」と自問する。もしも「ツングース血液」を受け継いでいるのだと仮定すれば、「一体」への発展が可能なのは「内鮮」だけではないはずであり、そればかりでなく、そもそも民族なるものの根拠も揺らいでしまう。しかし金文輯は、もしそこまで遡って「満洲族」との「倫理的関係」があるとすれば、「猿をお祖父さんだと呼ばなければならない」と自答する。[85] ある意味、起源説の矛盾を突く発言だとも言えるが、金文輯の場合はそのような意図で述べていたわけではなく、「ツングース」系の諸民族との差異を設け、もっぱら「内鮮民族」の一体のみを強調していた。[86] こうした差異は、いつでもそのまま東亜新秩序における階層的な差異――「日本人」としての朝鮮民族と満洲族などの間の差別――に変換可能なものである。

では、なぜ「朝鮮民族」と「大和民族」は「血液的倫理的関係」があると言えるのか。金文輯がその理由として挙げていたのは日鮮同祖論であった。「血液的関係」の根拠は述べられないまま、上古時代における言語や文化の類似性が注目され、内鮮一体への道は「上古」の『古事記』や『日本書紀』の世界への帰還であると述べられた。[87] 彼にとって内鮮一体への帰還は、朝鮮人の「滅絶」ではなく、むしろ「弁証法的拡大強化」、つまり「発展」による解消であった。[88] こうして内鮮一体をめぐる誤読の可能性は葬られ、金文輯は神話の世界に安着する。

一方、印貞植はどうだったのか。内鮮一体によって生成する「新日本民族」は神話から自由になれるのだろうか。

内鮮一体の過程は、「朝鮮民族」という偏狭な意味の民族の概念、即ち歴史的にも地域的に分裂した後の民族が、より広大で自然的な、歴史的地域的分裂以前の状態の民族――言い換えれば、通古斯的民族の再現過程においての一分野を形成するものであり、また今日の支那事変は、この再現過程を促成し、具体化する歴史的な大運動を意味するものでなければならない。またこの通古斯的な歴史的大運動において、統一の中心になる核心的勢力は勿論大和民族である。これは過去が決定するのではなく、現実が決定する。もし過去が決定するのであれば、蒙古民族がその中心として選択されなければならないだろう。現実の多岐化した通古斯系統の諸民族の中で大和民族のみが最も発達し、最も強大で創造力の豊富な民族であるため、当然この歴史的大運動において中心的核心の地位を占めるようになったのである。(89)

印貞植もまた金文輯と同様に内鮮一体の根拠を「通古斯的民族」、すなわち「ツングース」に見出し、その再現過程として「内鮮一体」を捉えていた。また、過去ではなく「現実」を重んじることで、「蒙古族」ではない、「大和民族」を中心とする新秩序を構想していた。ここから、金文輯と同じく、東亜の新秩序における帝国主体への欲望を読み取ることができよう。だが、彼は内鮮一体の契機を現実に求めることにより、先述したような「すべての朝鮮人の幸福と繁栄の為」の協和的内鮮一体論を紡ぎ出していた。金文輯がもっぱら観念的な内鮮一体を語りながら、古代日本に帰還しようとしていたのに対し、印貞植は、現実の重視によって、「通古斯系統の諸民族の中で大和民族のみが最も発達し」たことを承認すると同時に、「大和民族」と「朝鮮民族」の偏狭な民族主義を超える全体主義の発現＝「内鮮一体」を成し遂げ、「朝鮮人の幸福と繁栄」を図ろうとしたのである。彼にいわせれば、内鮮一体の具体的な運動は「同根同祖という歴史的要因」と「経済的かつ政治的にその全運命を同一」にするという「現実的要因」の統一過程であった。(90)こうした過程を成し遂げるための「皇民化」とはあくまでも「精神の問題」であり、それゆえ「形式」にすぎない朝鮮語などの文化的な特殊性の保存とは矛盾しないものとして捉えられた。(91)これが、彼の唱えた協和的内鮮一体論の内実である。

印貞植は内鮮一体を受け入れながらも、朝鮮の特殊性を主張し、朝鮮民族と大和民族の両者を止揚した「新日本民族」をめざしていた。こうした彼の協和的内鮮一体論は、「植民地帝国の秩序を超えていく可能性を持ちながらも、実際は解体の方向ではなく統合の原理として働いてしまった[92]」などと評価されてきた。たしかに、印貞植は通古斯時代に回帰（発展）するために現実の契機が必要であると述べており、朝鮮の経済的かつ政治的な地位の向上を訴えながら、文化的な特殊性を保持しようとした。印貞植の主観的な立場に立つならば、それはある種の賭けであっただろう。

しかし、その賭けは失敗に終わるのが予定されているものではなかったのだろうか。彼が「大和民族」を止揚しなければならないと説くときに挙げるのはその「島国的根性」であったが[93]、これは、偏狭な民族主義を乗り越えることが朝鮮民族のみならず、大和民族にも適用されるべきだという主張につながる。しかし、そうしてめざされる「新日本民族」は、「全体主義的統一過程」を意味し、「現実的経済的運命の共通を最大の推進力として、固有の淵源を探りながら血の純粋性を求めて恒常後方を回顧し前方を向いて前進すること」を経たものである。つまり、「血」を媒介する神話への回帰にほかならない[94]。また、印貞植の協和的内鮮一体論は、日本の朝鮮に対する支配を「永久継続的」なものとするために好都合なものではなかったのだろうか。当局側にとって朝鮮人は一民族としての特殊性を持ちながら「内鮮一体」に回帰・発展すべき存在であったが、しかしそれは完全なる内鮮一体であってはならず、つねに階層的な差異を再生産してゆく過程でなければならない。こうした内鮮一体をめぐる理念的トリックに、印貞植の民族の論理は見事に連鎖するのである。彼が「偏狭で抽象的な内容の朝鮮「民族」は統一的かつ具体的な通古斯「民族」へ包摂されつつある[95]」と民族主義を否定しながら朝鮮の民族的な特殊性を保持しようとするとき、しかし、にもかかわらず、「朝鮮の文化的後退性[96]」を指摘し「発展」としての内鮮一体を欲望するとき、それは、当局側による民族の肯定／否定の論理の補助線として機能してしまうのである。だからこそ、南次郎が玄永燮の「朝鮮語全廃」の主張を退けながら「国語普及」は「朝鮮語全廃」ではないと断じたときの構図が、印貞植が当代の朝鮮文学者に対して、「国語使用」は「朝鮮語不使用」ではないことを説くときにも同様に見られるのではないか[97]。印貞植が朝鮮語を使用すべきだとする理由は、「朝鮮の広大な民衆を皇民として訓練し滋養する偉大な事業においてまだ不可欠で重要な役割[98]」を果たすから、とされていた。

玄永燮の徹底的内鮮一体論は、朝鮮民族の完全なる同化を唱えるものであり、その限りにおいて民族性の放棄を促す思考であると言わざるを得ない。そのまま首肯すべきものでないことは言うまでもないだろう。しかし、このような徹底的内鮮一体論は、それが原理的に徹底した日本主義を主張するがゆえに、意図せぬかたちで、内鮮一体政策に対するラディカルな批判に反転し得る一面を持っていた。他方で、協和的内鮮一体論は、それ自体は民族性を保持し、朝鮮民族の地位向上を訴えるものであったにもかかわらず、逆説的にも当局側の論理を補完していた。

当局側にしてみれば、内鮮一体は早急に進めるものではなく、「永久継続的」に取り組むべき課題であり、そのため、（独立論に発展しない限り）協和的内鮮一体論よりも、むしろ徹底的内鮮一体論のほうが朝鮮人社会を刺激し、永久の支配に必要な民族的差異を消し去ろうとする、過激なものとして映っていたのではないだろうか。だからといって、徹底的内鮮一体論を排除するわけにはいかない。それはむしろ確固たる内鮮一体の神話を脅かしかねない。よって、当局側に残されたのは、徹底的内鮮一体論も、そして協和的内鮮一体論も「「内鮮一体然るべし」との結論は同一」であり、それは「天皇を中心とする信念」から成るものでなければならないという宥和策のみであったのだろう[99]。このように、民族の肯定と否定のはざまで「発展」としての内鮮一体を夢想させるという皮肉に満ちた状況こそ、戦時期の植民地朝鮮／帝国日本が抱える根源的矛盾の縮図にほかならない。

註

（1）JACAR（アジア歴史資料センター）Ref.B02030029900、「外務大臣（其ノ他）ノ演説及声明集」第三巻（A-1-0-0-12_003）（外務省外交史料館）。

（2）東亜協同体論が特に知識人を中心に植民地朝鮮で受容されたのに対し、石原莞爾を中心に唱えられた東亜連盟論は朝鮮人社会運動家たちに影響を与えた。東亜連盟運動と朝鮮（人）との関係については、松田利彦『東亜連盟運動と朝鮮・朝鮮人――日中戦争期における植民地帝国日本の断面』（有志舎、二〇一五年）に詳しい。また、東亜協同体論が盛んに唱えられていた一九三八年夏から一九三九年末までの間には、東亜協同体に関する論文一〇〇編以上、単行本一二巻が出版されている（趙寛子「植民地帝国日本と「東亜協同体」――自己防衛的な思想連鎖の中で「世界史」を問う」『朝鮮史研究会論文集』第四一集、二〇〇三年一〇月、三一頁）。戦時期日本の社会思想と朝鮮およびアジアとの関係については、米谷、前掲『アジア／日本（思考のフロンティア）』などを参照されたい。

（3）「道知事会議ニ於ケル総督訓示」一九三八年四月一九日、朝鮮総督府官房文書課編纂『論告・訓示・演述総攬』、一七二頁。

（4）この会議は「内鮮一体の具現化問題」をめぐって一九三八年一二月一四日に京城府民館で開かれた。李光洙や玄永燮、印貞植など多数の知識人（一七名）が参加した。

（5）たとえば、同時期に尹致昊は東亜協同体論を「マルクス主義を隠すための煙幕」として捉え、自身の思想と一線を画していた（김상태編訳『윤치호 일기 1916～1943――한 지식인의 내면세계를 통해 본 식민지시기』역사비평사、二〇〇一年、四三一頁。一九三九年二月一日の日記）。なお、一九三〇年代以降の朝鮮における社会主義者の「転向」については、전상숙「전향、사회주의자들의 현실적 선택」（방기중編『일제하 지식인의 파시즘체제 인식과 대응』혜안、二〇〇五年に収録）などを参照されたい。

（6）玄永燮は「「内鮮一体」와 朝鮮人의 個性問題」（『三千里』一九四〇年三月号）の中で「内鮮一体」論を「徹底内鮮一体」論と「協和的内鮮一体」論に区分した。その後の研究においても基本的にこの区分は継承されてきた。

（7）たとえば、次のような研究を挙げることができる。浮葉正親「植民地期朝鮮の農業学者・印貞植の変革思想――あるマルキストの転向における内的論理と抵抗の心性」（『名古屋大学日本語・日本文化論集』第八号、二〇〇〇年）、崔真碩「朴致祐における暴力の予感――「東亜協同体論の一省察」を中心に」（『現代思想』、二〇〇三年三月号）、趙寛子、前掲「植民地帝国日本と「東亜協同体」――自己防衛的な思想連鎖の中で「世界史」を問う」、米谷、前掲「植民地／帝国の「世界史の哲学」」、洪宗郁、前掲『戦時期朝鮮の転向者たち――帝国／植民地の統合と亀裂』など。

（8）たとえば、이준식「파시즘 국제 정세의 변화와 전쟁 인식」방기중編、前掲『일제하 지식인의 파시즘체제 인식과 대응』、趙景達「日本帝国の膨張と朝鮮知識人――東亜協同体論と内鮮一体論をめぐって」石田憲編『膨張する帝国 拡散する帝国――第二次大戦に向かう日英とアジア』（東京大学出版会、二〇〇七年）など。

（9）こうした状況のなか、永島広紀の研究は昭和研究会によって作成された『東亜新秩序建設の理論と方策』（生活社、一九四〇年）などを取り上げ、東亜協同体論における朝鮮の位置づけについて言及しているという点で先駆的である（永島広紀『戦時期朝鮮における「新体制」と京城帝国大学』ゆまに書房、二〇一一年、七二―七四頁）。

（10）松田、前掲『東亜連盟運動と朝鮮・朝鮮人』、二七頁。

（11）花田清輝「民族政策の理想と現実――「内鮮一体化」問題を中心に」『東大陸』第一六巻第一二号、一九三八年一二月、四〇頁。

（12）従来、東亜協同体論は蠟山政道や三木清らの昭和研究会グループ、山崎経済研究所の『評論』誌に拠った山崎靖純、『解剖時代』誌に拠った杉原正巳などの三勢力によって提唱されたと考えられてきたが、米谷は、山崎が昭和研究会に参加しており、また杉原は社会大衆党の亀井貫一郎のブレーンであったと指摘し、実質的には昭和研究会と社会大衆党の合作であったと説明した（米谷、前掲「戦時期日本の社会思想――現代化と戦時変革」、九一頁）。亀井貫一郎も昭和研究会に参加していたことを考慮すれば、東亜協同体論は昭和研究会を中心に発信され、拡大されていったと言ってよいだろう。

（13）山口浩志「昭和研究会の組織と参加者」『日本歴史』第八一一号、二〇一五年一二月、五八頁。

（14）酒井三郎『昭和研究会――ある知識人集団の軌跡』中央公論社、一九九二年、八三頁。同書では「羅新」と記されているが、「羅津」の誤植ではないかと思われる。

(15) 同右。
(16) このような東亜協同体論の性格を、米谷は前掲「戦時期日本の社会思想――現代化と戦時変革」において「戦時変革」というキーワードを用いて説明している。
(17) たとえば、戦時期の「東亜民族」論を牽引していた高田保馬は『東亜民族論』(岩波書店、一九三九年、二七―二八頁)において、「満洲国」の旅行中に出会った「半島同胞」が「日本民族は憎いけれども、自分達を幸福にする道は日本民族にくつついて、それと共に進むより外ない」と語ったと述べ、朝鮮人の「福利」を図ることを主張し、中国との「親善」、「協力」のためにこの「半島同胞」の「言文」が示唆を与えていると述べていた。
(18) 一九三九年二月七日に作られた「東亜政治研究会テーマ草案」に付されている「東亜政治研究会委員」によれば、委員は尾崎秀実や佐々弘雄、平貞蔵、蠟山政道、笠信太郎などの一五名であった。
(19) 昭和研究会事務局『帝国の朝鮮統治策――東亜新秩序建設の見地より』一九三九年七月(『昭和社会経済史料集成 第三四巻(昭和研究会資料四)』大東文化大学東洋研究所、二〇〇七年八月、二五五頁)。
(20) 同右、二五九頁。
(21) 同右、二五九―二六〇頁。
(22) 同右、二六〇頁。
(23) 同右、二六〇―二六一頁。
(24) たとえば一九三六年に刊行された松原宏『民族論』(三笠書房)の冒頭では、「民族の問題が今日の世界に於ける最も重大な実際問題であるのは今更多言を要しない。特に最近の世界情勢と、更に日本に於ける社会事情とから云つて、一層その重要さがのつぴきならぬものとなつてゐるのである」(「序」、一頁)と述べられていた。同時期日本の社会科学者による民族論の展開については、朴羊信「１９３０年代 日本의 〝民族〟概念과 政治의 交錯」(『韓日民族問題研究』第一〇号、二〇一〇年六月)や、Seok-Won Lee, *Japan's Pan-Asian Empire: Wartime Intellectuals and the Korea Question, 1931–1945* (Routledge, 2021, New York) に詳しい。
(25) 松田、前掲『東亜連盟運動と朝鮮・朝鮮人』、二七頁。

(26) 日本青年外交協会編纂『東亜協同体思想研究』一九三九年。同書の冒頭論文である三木清の「東亜思想の根拠」は『改造』一九三八年一二月号に発表されたものである。
(27) 三木清「東亜思想の根拠」『三木清全集』第一五巻、岩波書店、一九六七年、三〇九頁。以下、岩波書店から刊行された『三木清全集』(一九六六年〜一九六八年)による引用のさいは、『三木全集』と略し、巻数のみを記する。
(28) 同右、三一一―三一二頁。
(29) 昭和研究会事務局『東亜新秩序建設の理論と方策』生活社、一九四〇年六月、一八―一九頁。
(30) 同右、七頁。
(31) 同右、一〇―一三頁。
(32) 同右、一九―二〇頁。
(33) 橘樸(一八八一〜一九四五年)。早稲田大学中退後、『北海タイムス』記者、南満洲鉄道株式会社(満鉄)嘱託などを歴任し、中国専門ジャーナリストとして活動。橘樸の活動や思想については、福井紳一・小林英夫「橘樸と満鉄調査部事件――「左翼アジア主義」の生成(東亜協同体論と三木清・橘樸)」(『情況』通号五〇、二〇〇五年四月)などを参照されたい。
(34) 昭和研究会事務局、前掲『東亜新秩序建設の理論と方策』、四八頁。
(35) 日中戦争期の朝鮮において「日鮮同祖論の変種」である「同根同祖論」は、アカデミズムではそれほど支持を得られなかったが、一般においては、金沢庄三郎『日鮮同祖論』(刀江書院、一九二九年)が再び注目されるようになり、内鮮一体を支える論理として総督府を中心にメディアや教育現場を通じて徐々に浸透していった。戦時期朝鮮における日鮮同祖論の様相については、張信「일제말기 동근동조론의 대두와 내선일체론의 균열」(『人文科学』第五四輯、成均館大学校人文科学研究所、二〇一四年八月)などを参照されたい。
(36) 『東亜協同体の理論』軍特務部上海事務所・思想対策研究会、一九三九年一月一日。作成元は中支那派遣軍の特務部(上海特務部)になっており、東亜協同体論者の杉原正巳が執筆したとされている(山口浩志「東亜新秩序論の諸相(Ⅱ)――東亜協同体論を中心に」『明治大学大学院紀要』第二七集、一九九〇年二月、一八七頁)。一九三七年秋から上海特務部思

想第一班で勤務した花野吉平によれば、上海特務部の活動は「重慶側または反日中国人とは当方の目的立場を明確にして、どうしたら戦争を停止することができるかなどのコミュニケーションを求めること」（花野吉平『歴史の証言――満州に生きて』龍渓書舎、一九七九年、四〇頁）に目的があった。花野はゾルゲ事件で有名な東亜協同体論者の尾崎秀実やその周辺の昭和研究会の人たちとも親しかった。彼によれば、上海特務部思想第一班を新設し、そこで花野などが諜報活動を行うことを作案したのは尾崎であった（同、一九六頁）。ちなみに、『東亜協同体の理論』の第一章「東亜協同体の基礎理論」は「신질서의 이념――동아협동체의 성격과 역사성을 논함」というタイトルで『在満朝鮮人通信』一九三九年四月号に翻訳・転載された（김명구「중일전쟁기 조선에서 "내선일체론"의 수용과 논리」『韓国史学報』第三三号、二〇〇八年一一月、「註14」などを参照）。

(37) 同右、二〇頁。

(38) 同右、五三頁。

(39) 同右、六〇―六一頁

(40) 同右、五七頁。

(41) たとえば、小島精一「超民族的東亜協同体論を排す」（『東大陸』一九三九年二月号）、篁実『東亜協同体思想を撃つ（戦争文化叢書　第一〇輯）』（支那問題研究所、一九三九年）などを挙げることができる。

(42) 徐仲錫『한국현대민족운동연구』歴史批評社、一九九一年、一五二―一五五頁参照。

(43) 洪宗郁、前掲『戦時期朝鮮の転向者たち――帝国／植民地の統合と亀裂』、五五頁。

(44) 同右、六四頁。

(45) 資料「新日本の思想原理」『三木全集』（第一七巻）、五二四頁。

(46) 玄永燮（一九〇六～?）。京城第一高等普通学校、京城帝国大学法文学部卒業。労働運動やアナーキズム運動に関わり、一九三五年に治安維持法違反で逮捕された。後に「転向」し、朝鮮語廃止などの内容を含む徹底的内鮮一体論を主張した。緑旗連盟理事、内鮮一体実践社理事などを歴任。玄永燮の緑旗連盟での活動については、李昇燁「朝鮮人内鮮一体論者の転向と同化の論理――緑旗連盟の朝鮮人イデオローグを中心に」（『二十世紀研究』第二号、二〇〇一年一二月）などを参照されたい。
(47) 従来、玄永燮が「半島知識階級の大部分、東亜協同体論、東亜連盟論者の大部分」が「協和的内鮮一体」を主張していると述べたこと（天野道夫「東亜連盟論의 擡頭와 内鮮一体運動과의 関連」『朝光』一九四〇年七月号、二二五頁）が多く取り上げられ、彼が東亜協同体論に批判的であったと指摘されてきた。だが、玄永燮は東亜協同体構想に批判的であったのではなく、あくまでも協和的内鮮一体論に批判的であったと言うべきであろう。
(48) 玄永燮「事変の人類史的意義と内鮮一体の東亜協同体完成への寄与——事変第二周年を迎へて考ること」『東洋之光』一九三九年七月号、二六頁。
(49) 同右、二七頁。
(50) 同右。
(51) 同右。
(52) 同右、二九頁。
(53) 同右、二七—二八頁。
(54) 同右、二八頁。
(55) 玄永燮、前掲「「内鮮一体」와 朝鮮人의 個性問題」、三五—三七頁。
(56) 玄永燮、前掲「事変の人類史的意義と内鮮一体の東亜協同体完成への寄与——事変第二周年を迎へて考ること」、二九頁。
(57) 朝鮮総督南次郎「貴重한 鮮血로서 歴史를 創造!」『朝鮮日報』一九三九年一月一日付。
(58) 「南総督、奮起促望精動連盟役員에」『朝鮮日報』一九三九年五月三一日付。
(59) 南次郎「事変の将来と内鮮一体（国民精神総動員朝鮮連盟役員総会席上総督挨拶）」『東洋之光』一九三九年七月号、一三頁。
(60) 朝鮮総督官房文書課『興亜国策と朝鮮』一九四一年三月、一〇—一二頁。
(61) 「国語普及은 조흐나 朝鮮語은 排斥不可——第十一回面会日 南総督意見披瀝」『毎日新報』一九三八年七月九日付。
(62) 玄永燮「二つの立場」『国民新報』一九三九年八月一三日付。

(63)「参政権의 要望」『三千里』一九三八年八月号、三二頁。この時期、転向社会主義者だけでなく改良民族主義者も協和的内鮮一体論を主張していた。
(64)「総督会見記」『三千里』一九三八年五月号、四三―四四頁。
(65)同右。
(66)「国語의 常用普及은 皇民化의 絶対要件 局長会議席上 南総督重要訓示」『毎日新報』一九四二年四月一五日付。
(67)「内鮮一体観念은 欧米流植民地観念과 判異」『朝鮮日報』一九三八年七月九日付。
(68)玄永燮『新生朝鮮の出発』大阪屋号書店、一九三九年、三四六頁。
(69)南、前掲「事変の将来と内鮮一体(国民精神総動員朝鮮連盟役員総会席上総督挨拶)」、一四頁。
(70)同右。
(71)一九四二年五月に朝鮮総督を辞任した南次郎は、その後、枢密顧問官になったが、同年一〇月二八日に開かれた枢密院会議において、朝鮮は「最近迄数千年ニ亙リ一国ヲ形成シ居リタル為其ノ思想・人情・風俗・習慣・言語等ヲ異ニスル異民族タルハ厳然タル事実」であると発言している(宮田節子、前掲『朝鮮民衆と「皇民化」政策』、一六六頁参照)。
(72)この点について、一九三八年九月六日から九日まで行われた朝鮮総督府時局対策調査会の会議録を詳細に分析した三ツ井崇の研究は示唆的である。戦時期朝鮮では「内鮮一体」を唱えれば唱えるほど、それを容易に実現させせない現状が露呈し、会議に参加していた朝鮮人委員たちは総督府の政策に対する不信を表していた(三ツ井崇「揺らぐ「内鮮一体」像――日中戦争と朝鮮植民地支配」『現代中国研究』第三三号、二〇一三年一〇月参照)。また、周知のように、一九四五年の敗戦までに国政参政権や義務教育、移動の自由といった諸権利は実現されなかった。
(73)朝鮮総督府情報課『新しき朝鮮』一九四四年四月、八二頁。
(74)同右。
(75)印貞植(一九〇七~?)。法政大学予科中退。高麗共産青年会日本部に参加し、一九二八年には朝鮮共産党日本総局委員などを経験した。一九三一年に治安維持法違反で検挙され、一九三五年から『朝鮮中央日報』の論説委員として活動した。一九三八年頃に「転向」し、その後は『東洋之光』の編集主任、時局対応戦線思想保国連盟の幹事などを歴任。解放後には社会主義活動を再開するが、一九四九年一一月に国家保安法違反で逮捕され、再び「転向」を遂げる。朝鮮戦争中に越北したと言われる。

(76) 前掲「時局有志円卓会議」、四〇頁。

(77) 三木清「内鮮一体の強化」『讀賣新聞』一九三八年一一月八日付。また、次のようなことからも印貞植と東亜協同体論者の主張との類似性は認められる。印貞植は太平洋戦争期に朝鮮を訪れた橘樸と対談を行い、「東亜の解放」という標語が道徳的・宗教的な意義だけでなく他の意義があるのかと尋ねた。対して橘は東亜の諸民族を解放し、「生活と文化の水準を向上させ、相互の共存共栄を具体的に実現すること」が重要だと述べ、印貞植もそれに同意していた（橘樸・印貞植対談「東洋社会의 構成的特質」『春秋』一九四二年四月号、三七頁）。

(78) 前掲「時局有志円卓会議」、四〇―四一頁。

(79) 同右、四一頁。

(80) 同右、四二頁。

(81) 金文輯（一九〇七～?）。松山高等学校を経て東京帝国大学に入学するも中退。一九三五年に朝鮮に戻り、文芸批評家として活動し、『批評文学』（青色紙社、一九三八年）などを刊行した。その後、朝鮮文人協会幹事、国民精神総動員朝鮮連盟嘱託などを歴任した。

(82) 金文輯「内鮮一体具現의 方法――「朝鮮民族」의 発展的解消論序説 上古에의 帰還」『朝光』一九三九年九月号、二五九頁。

(83) 同右。

(84) 同右。

(85) 同右。

(86) 同右。

(87) 同右、二五九―二六〇頁。

(88) 同右、二六〇頁。

(89) 印貞植「民族問題의 方法論――下村海南氏「鮮満支의 民族問題」에 対하야」『三千里』一九三九年四月号、六三頁。
(90) 同右、六五頁。
(91) 印貞植「「内鮮一体」와 言語」『三千里』一九四〇年三月号、四六頁。
(92) 洪宗郁、前掲『戦時期朝鮮の転向者たち――帝国/植民地の統合と亀裂』、一五五頁。
(93) 印貞植、前掲「民族問題의 方法論――下村海南氏「鮮満支의 民族問題」에 対하야」、六三頁。
(94) 同右、六五頁。
(95) 印貞植「朝鮮社会와 新日本主義――歴史의 새로운 推進力」『青色紙』一九三九年五月号、二三頁。
(96) 印貞植「朝鮮文化의 特殊相」『文章』一九四〇年三月号、一四八頁。
(97) 印貞植「時局과 文化」『文章』一九三九年一二月号、一七八頁。
(98) 印貞植、前掲「「内鮮一体」와 言語」、四六頁。
(99) 南、前掲「事変の将来と内鮮一体(国民精神総動員朝鮮連盟役員総会席上総督挨拶)」、一二頁。

第2章　「世界史の哲学」の蹉跌——三木清と高山岩男の異／同

第1節　二つの「世界史の哲学」

「世界史の哲学」とは、近代日本思想史を代表する哲学者グループである京都学派による、〈近代の超克〉という転換期の歴史意識に基づく哲学的論議である。西田幾多郎(1)（一八七〇～一九四五）や田辺元(2)（一八八五～一九六二）、そして彼らに師事した哲学者によって形成された「京都学派」は、西洋哲学と東洋思想の融合を試み、近代日本独自の哲学体系を築いた。狭義の「世界史の哲学」論議は、「京都学派四天王」などと称される京都学派第二世代の高坂正顕(3)（一九〇〇～一九六九）、西谷啓治(4)（一九〇〇～一九九〇）、高山岩男(5)（一九〇五～一九九三）、鈴木成高(6)（一九〇七～一九八八）の四人（以下、「世界史的立場と日本」グループ）によって行われた『中央公論』の座談会「世界史的立場と日本」（一九四二年一月）、「東亜共栄圏の倫理性と歴史性」（一九四二年四月）、「総力戦の哲学」（一九四三年一月）を指す(7)。これらは当時大きな反響を呼び、一九四三年四月に『世界史的立場と日本』（中央公論社）としてまとめられた。一方、広義の「世界史の哲学」は、『中央公論』での議論のみならず、前章で取り上げた三木清の東亜協同体論も含めた、日中戦争勃発以後の日本の世界史的な意義を哲学的に探索した言説・思想空間と言えよう。

これまで行われてきた「世界史の哲学」と関連する膨大な研究の中で、本書の問題関心との関連において特記すべきものは米谷匡史の研究である。米谷は「植民地／帝国の「世界史の哲学」」の中で、京都学派の「世界史の哲学」をめぐる談義の内部に差異があるにもかかわらず、彼らの議論を当時の東アジアの言説空間の中で捉え直すとき、そこには同じく「植民地主義」が作動していたと鋭く指摘した。また米谷は、なかんずく三木の議論を分析しながら、東亜協同体論や「世界史の哲学」が「日本帝国主義による中国・朝鮮・台湾への侵略・支配を批判する」ものであるにもかかわらず、「しかし、植民地／帝国主義の構想をのりこえる「東亜協同体」の形成を主導する日本は、普遍性・世界性の力によって中国を「包み」、朝鮮・台湾を「含容」するものである」と批判的に分析した。[8] 米谷の論は、これまで主に日本思想史や日本哲学の研究において取り上げられてきた「世界史の哲学」を、アジア／植民地の文脈に開いて検討するものであり、三木の「世界史の哲学」だけでなく、同時代の植民地朝鮮の知識人たちの議論にも触れて比較検討する、これまでにない画期的な試みであった。

ただ、三木の「世界史の哲学」については次の点において一考の余地があるように思われる。たとえば米谷は、三木が自身の論を通じて帝国主義批判を試みつつも、しかし「その普遍性・世界性を領有し他者を導こうとする無意識の欲望において、新たに植民地主義が作動しはじめる」こととなったと説明している。[9] たしかに三木は帝国主義批判を試みていたが、しかしそれが「無意識の欲望」によって植民地主義を作動させることになったとすれば、彼の東亜協同体論もしくは「世界史の哲学」と「植民地主義」はいったいどのような関係にあるのだろうか。そもそも、三木の「帝国主義批判」と「植民地主義」はどう区別できるのだろうか。

この章では、こうした疑問に導かれ、戦時期における三木清の思想実践と「植民地主義」の関係を追求する。具体的には、高山岩男などの「世界史の哲学」と三木の思想を比較検討しながら明らかにしてゆく。こうした作業は、次章で主題化する「世界史の哲学」における植民地朝鮮というアポリアを探るための予備的考察でもある。

第2節　「世界史的立場と日本」グループの「世界史の哲学」——高山岩男を中心に

1　「多元論的自覚を媒介した一元論」

一般に、三木と「世界史的立場と日本」グループの間には左と右の線が引かれることが多い。三木は、一九三〇年代にマルクス主義に接近し、その後はジャーナリズムで活躍し、日中戦争勃発後には時局にコミットしながら批判的な言説実践を試みた。それに比して京都帝国大学哲学科で三木の後輩にあたる「世界史的立場と日本」グループは、アカデミズムを主な舞台として活動し、一九四〇年前後に華々しくジャーナリズムに登場した。こうしたことから、彼らの「世界史の哲学」は、三木の「前期「世界史の哲学」」、「世界史的立場と日本」グループの「後期「世界史の哲学」」などと称されることもある。[10]こうした区分は、後者を批判的に捉え、前者にはある一定の評価を与えることにつながる傾向がある。[11]

だが、左派知識人の三木もさることながら、京都学派の祖である西田幾多郎をはじめとする「世界史的立場と日本」グループが当時、原理日本社を中心に活動する極右勢力によって厳しく批判されていたのもまた紛れもない事実である。[12]彼らの議論は、あるときはマルクス主義に寛容だという理由で、またあるときは個人主義的なヨーロッパ中心の言説だとして、日本主義の標的にされていたのである。[13]しかし彼らへの批判は、たんなる「誤解」によるものではなかった。京都学派右派として知られる「世界史的立場と日本」グループの議論は実際に「誤解」される要素を含んでおり、偏狭な日本主義に回収されうるものではなかった。京都学派の哲学者たちはつねに彼らへの批判を躱しながら議論を行なっていた。たとえばそれは、座談会「世界史的立場と日本」における高山の次のような発言に端的に表れている。

例へばリベラリズムは国体に合はぬとか、個人主義に日本精神と反するとかいふことがよく言はれる。かういふ人の考へをよく聞いてみると全く非歴史的な考へ方をしてゐる。自由主義や個人主義がどういふ社会や歴史の現実から出て、どういふ歴史的な役割を果たして、何故今日こんな思想でいけなくなつたかといふことは少しも考へぬ。[14]

ここで高山は、「日本精神」のみに固執する国体論者たちに向かって、リベラリズムや個人主義の歴史的な重要性を説いている。[15] これは、明治期以降の伝統的な国体論[16]を意識しての発言であろう。たとえば、この座談会の直前に文部省教学局によって刊行された『臣民の道』（一九四一年）の冒頭では「皇国臣民の道は、国体に淵源し、天壌無窮の皇運を扶翼し奉るにある。それは抽象的規範にあらずして、歴史的なる日常実践の道であり、国民のあらゆる生活・活動は、すべてこれ偏へに皇基を振起し奉ることに帰する」と記されており、そのために近代以降流入された「欧米思想」、すなわち「個人主義・自由主義・功利主義・唯物主義」を「芟除」することが求められていた。[17] こうしたリベラリズムを排斥する全体主義に対して、「世界史の哲学」は、「国体」なるものを非歴史的に捉えるのではなく、歴史の立場から自由主義・個人主義を認めつつそれを乗り越えるための構想を提示しようとした。

高山は、一九三〇年代後半、ヒューマニズムへの関心を強めて『哲学的人間学』（一九三八年）を著す一方で、和辻哲郎『風土――人間学的考察』（一九三五年）に影響を受けつつ、日本の文化や歴史に研究領域を広げ、『文化類型学』（一九三九年）、『文化類型学研究』（一九四一年）などを執筆した。伝統的な国体論を主張する右派勢力にとって高山の議論が批判の対象となる理由は、彼があくまでも日本を独立したものとしてではなく、「世界」との連関の中で立ち上がるものだと捉えていたからである。前章でも取り上げた『東亜協同体思想研究』（一九三九年）に収録されている「日本文化の発展に就いて」の中で、高山は日本の「民族精神」や「民族文化」の歴史的性格に注目しつつ次のように説明している。

民族精神と民族文化とはかく相互規定の中で歴史的に成立する。併しこの民族精神と民族文化との形成は、単に一民族の内部の出来事ではなくして、常に民族を越えた世界に於いての出来事である。民族は常に他の民族と交渉して世界を形成し、民族は常に世界に於ける民族である。単に一個の民族のみ存在するといふことは、民族の概念にも矛盾し、況や歴史的な事実ではあり得ない。[18]

高山によれば、民族の文化や精神はたんに一つの民族の内部だけで成立するものではなく、それを越えた世界において、言い換えれば、他の民族との交渉を通じて形成される。他民族との関係において民族を捉えようとする主張は、今日盛んに見られる相対主義的な民族観に通じると言うことができる。[19] ある民族にとって「世界」を不可欠なものとする高山の見解が、永遠かつ独立の国体を規定し、一切の欧米思想を排しようとする極右勢力にとって受け入れ難いものであったことは容易に想像できるだろう。高山は、あくまでも世界との関係において日本を捉えようとしていたのであり、こうした視座は、もっぱらリベラリズムを排除しようとする非歴史的な論理に与しない、座談会「世界史的立場と日本」での姿勢にもよく現れている。

しかし、高山の「世界史の哲学」が「世界」を不可欠とし、リベラリズムをある程度肯定しているからとて、それが極右に批判されるようなヨーロッパ中心主義——リベラリズムもしくはコミュニズムの所産——であったわけではない。高山は一九四〇年に入ってから「世界史の哲学」を本格的に論じはじめ、一九四二年にその集大成となる『世界史の哲学』を刊行したが、その中で、「現今の世界史上の大動揺、世界史の大転換」がもたらそうとしているのは、「非ヨーロッパ世界が独立しようとする趨勢或は事実である」と述べていた。彼によれば、ヨーロッパ世界は実は一つの「近代的世界」にすぎず、非ヨーロッパ世界がその存在性を要求する「現代」において初めて「世界史的世界」が成立する。[20] これは、ヨーロッパの発展段階モデルを世界史に適用してきたヨーロッパ中心の一元史観に対する批判であり、高山の「世界史の哲学」が、広く「多元史観」と称される所以である。彼は歴史の時間性のみを重視するヨーロッパ中心の一元史観に、文化類型学の研究を通じて見出された空間性（地域性・地理性）の軸を加えることで、それらを綜合する「歴史的世界の歴史」を提示した。[21] 高山によれば、真の「世界史の立場」を妨げてきたのは世界をはじめから一つと考え、歴史的世界を完成的に存在するもののように考える「世界一元論」である。それはけっして「世界の多元性を考慮し、世界の歴史的な成立や発展を考慮した」ものではないのである。[22]

こうして唱えられる高山の多元史観において注目されるのは、それが彼の言うところのヨーロッパ中心の「素朴な世界一元論」[23]を排するものであって、「世界一元論」それ自体を否定するものではないということである。「多くの歴史的世界」は、近代以降、「切離し得ない関係を有して」綜合されつつある。

我々は地球上の人類世界の中に、多くの世界史を認め、多くの歴史的世界を認めなければならぬ。一応歴史的世界の多元性の立場に立脚することが、真実の世界史を考察するためには不可欠の条件である。そしてこのような多数の世界が漸次統一性を有し来り、嘗ての如く独立的な封鎖性を保ち得ずして、大きな世界の中に連関するに至り、多数の世界史が切離し得ない関係を有して、一つの世界史に収斂せられ来ったのは、正

に近代の驚くべき世界史的事件に外ならないのである。(24)

この引用部を前掲の「日本文化の発展に就いて」と併せて読むならば、次のように理解できよう。「民族」は他の民族との関係において、つまり「歴史的世界」において成立するとともに、そうして自覚された民族同士は「漸次統一性」を有し、より大きな「世界」に連なってゆく。高山によれば、こうした歴史的世界の多元性は、近代に西洋の拡張によって一つの「世界史的世界」、つまり「真実の世界史」として現れた。(25) 彼は、たんに相対主義的な多元史観を唱えていたというより、それぞれの歴史的世界が独自に発展し接触を通じて統合されてゆく「世界史の哲学」を構想していた。それは、次の箇所にもよく表れている。

何らかの形で一元論を予想せぬ多元論の如きものは、論理上存立の余地なきものである。併し世界の多元論的自覚を媒介した一元論は、もはや従来の無自覚な世界一元論の如く、自己の特殊な歴史的世界の原理をそのまま連続的に延長拡大して、普遍的原理でもあるかの如く考える一元論ではあり得ないのである。(26)

このように高山の「世界史の哲学」は、「多元論的自覚を媒介した一元論」をめざすものであり、たんなる形式主義的な多元論を意味しない。それは、個／民族－全体／世界の相克を乗り越えようとする構想であった。こうした企図は、ヨーロッパ中心の「世界一元論」のみならず、西洋近代の自由主義に対するアンチテーゼとして提示されたものであり、したがって、極右勢力の批判は的外れと言うほかない。だから高山は、座談会「世界史的立場と日本」において「国家的統一が国際的なものである」という主張を疑問視する見方に対して、むしろ「近代人」の「狭い国史的観点」などと批判し、「非歴史的」だと斥けていたのである。(27) だが、同時に、高山はリベラリズムや「世界」を重視する思考がけっして「国体」に反するものではないと力説していた。このような主張はいかにして成り立つのだろうか。

2　高山岩男の「世界史の哲学」と「日本的世界史」

あらかじめ確認しておきたいのは、高山の日本史観が一般に言われるところの皇国史観とは相容れないものであったということである。「国史」について彼はあくまでも学問の立場に立って歴史的に考えるべきだと主張し、神代以後の時期を主な考察対象としていた。座談会において高山は「聖徳太子の前から大化の改新にかけて、それから奈良時代にいたるまでのあの歴史をよく見てみると、今の日本人などが考へるのと違つて立派に国史的で同時に世界史的な、さういふ歴史の考へ方があつた(28)」と述べ、聖徳太子によって作られたとされる十七条憲法に触れた後、次のように指摘していた。

当時の人は何もいゝ加減な理由で仏教を入れたんではない。日本の国家的統一の為なんだ。だから日本では鎮護国家といふことが深くも浅くも仏教の性格となつてゐる。さういふ意味で国内の事情と国際的事情と、内外相即した境から従来の文明と違つた新しいものを建設しようとしたのだと思ふ。当時の世界の文明が入つて来た深い理由はかういふ所にあると僕は考へてゐる。だから当時の歴史は一種の世界史的な観点からでないと、どうしても理解できない(29)。

高山は古代日本を例にとり、日本の歴史がつねに「国史的で同時に世界史的」であったと主張する。彼にいわせれば、奈良時代には「世界における日本といふ自覚」があり、それゆえ「内外相即した一の文化国家」が存在していた[30]。そして、世界とともにある日本の「内外相即」という特殊性は、古代のみならず現代に至る国体の発展の動力とされる。たとえば前掲の「日本文化の発展に就いて」にはこのような日本史観が端的に示されている。

建国当時の日本に於ては世界は大八洲の国々であつた。わが日本が即ち世界であつた。かゝる時代には未だ他国に対する日本国の自覚は成立しない。日本の国内が平定せられ、三韓との交渉が新たに成立せるとき、日本は自分の世界を越えた大きな世界に直面し、世界は日本と三韓とを包む世界となるに至つた。こゝにはじめて三韓に対する日本の自覚が成立し、同時に又自覚的な日本が形成せられたと云へる。〔…〕かゝる世界は更に支那との直接の交渉が開けるに及んで、支那をも容れたより大きな世界に拡がつた。〔…〕更にこの世界は仏教を媒介として文化的に印度に連関し、従つて日本は広大な亜細亜の世界に直接するに至つたと云ふことができる。〔…〕

支那の世界や亜細亜の世界の一員となつた日本は、この世界に於て自分を形成し、又自分を発展せしめたのである。国家の独立性に於て他に政治上帰属することのなかつた日本は、この世界に於て益々他に対する国家の独立性、国体の唯一性を自覚し、それを守護し維持すると共に、文化上は共にかゝる世界の中より新たな世界性を感受し、古き日本の文化を更新しつゝ、嘗て存しなかつた新しき日本文化を形成するに至つた。こゝに日本文化の発展の基本動力が存する。もし日本が日本を越えた世界に接しなかつたならば、日本国家の独自性の自覚も、日本文化の自発的な更新も発展も成立し得なかつたであろう[31]。

「世界」は日本と矛盾するのではなく、むしろ世界においてこそ日本の独自性が形成し、また発展してきたと高山は言う。彼によれば、古代以来の日本は世界において「国体」を自覚し維持するとともに、新たな「世界性」

を吸収することによってつねに自身を更新し続けてきた。
また、こうした日本の原動力は、近代になって新たな「西洋の世界」と出会ったときにも同様に働き、近代における「日本国家の固有精神と新たな世界的理想との綜合」は「新しき日本文化の形成」をもたらした。しかし、それは実のところ、「欧羅巴的世界」の拡張にすぎず、それゆえ、「欧羅巴は世界の中心」になり、「東洋諸民族は世界の周辺」に追いやられてしまった。こうしたヨーロッパ的世界の構造の拡張という現実を打破し、「東洋と欧羅巴とを平等に独立性」を持つ「真実の世界」、「世界的世界」に変革すべく、その端を開いたのがほかならぬ日本であった。その変革は日露戦争に始まり、日中戦争もまたその延長線上で把握される。[32] これが、高山が古代から現代に至る日本の歴史を世界との関連で捉えようとしたことの大まかな見取り図である。
ここでの問題は、高山が国体を世界との連関において把捉しつつ、現実に行われている侵略的な日中戦争や「大東亜戦争」を肯定していたという事実それだけではない。重要なのは、彼が「世界史の哲学」を通じて提示する「多元論的自覚を媒介した一元論」の構造が、日本文化の発展の歴史にも見出される点だ。高山の考える人類文化の理想は西田哲学から受け継いだ弁証法的論理の「一即多、多即一」によるもの、つまり「多様な様式の文化が多様なまゝに一つの調和を現ずる」=「各文化が各々その所を得る」ところに存するが、[33] そのような調和する力は、右で見たように、日本の歴史が体現してきたものである。ゆえに、「真実の世界史に参与するに至つた今日、却つて我が国の国家理念を深く顕揚する」必要が論じられる。[34] こうした「世界史の哲学」においては、高橋哲哉が鋭く指摘するように、「多元的であるがゆえに日本的な世界」が現前する。[35]
つまるところ、高山の「世界史の哲学」はヨーロッパ中心の「世界一元論」とは異なる、日本の歴史を模型とした「多元論的自覚を媒介した一元論」への構造変換を迫るものであったと言える。そして、このような歴史認識は「世界史的立場と日本」グループにも共有されていた。たとえば、座談会「総力戦の哲学」(一九四三年一月)

の中で、高坂は「現在の日本的世界史から言へば、古代ギリシヤでも、単に別個の過去の世界ではなく、その真理、勇気、美は日本自身の過去として改めて包み込むことが出来る。それが過去の世界にも「ところ」を得さしめることではないか。だから今の世界史的世界においては、ギリシヤの昔といふやうなものでもわれわれにとつて別の世界ではない」[36]と述べていた。ここでの「日本的世界史」は「多元論的自覚を媒介した一元論」への構造変換を遂げた世界史であり、そのような世界史においては「ギリシヤ」の歴史も「日本史」ならざる「日本的世界史」に組み込まれることになる。

このように、高山たちの「世界史の哲学」は世界史における日本の主導性が必然的に生み出される構造を有していたのだが、それを可能にしていたのは、日本のみが「歴史的世界」の意識＝「世界史の意識」を持つとする、彼の日本史観から導き出される認識であった。座談会「世界史的立場と日本」の中で、中国の歴史をめぐって高坂が「秦に統一されてからの支那の歴史は割に面白くない」と言った後に交わされる次の対話に注目してみたい。

高山　さうだらうね…歴史的世界といふ概念が支那において十分に成立しなかつたのは、一つは中華意識がさういふものを十分に考へさせなかつたといふことにもよるだらうね、それに朝廷が変つても一貫して天命といふものが持続してゐると考へる。国家が変つてゐる癖に何か国家が持続してゐるやうな見方をする、さういふ史観が依然として失はれないやうだ。

高坂　さうだ、世界といふものが見られる限り、何かそこに一貫した原理がなければならない。キリスト教の世界では神様とか人類とかいふものだらうし、支那の世界では天とか天命とかいふものだと思ふ。支那の歴史を単に易姓革命とのみ考へるのは間違つてゐる。天命の一貫を考へなければいけない。しかしそれだけに支那では歴史が固着して了つた。歴史的な世界の動きを充分に意識することが出来なくなつた。これは東洋では日本から出て改めなければいけない[37]。

ここでは、中国において「天」もしくは「天命」の思想が、朝廷が変わっても一貫して存続し、そのため「歴史的世界」の概念は成立しなかったが、それを日本が改めなければならないことが確認されている。その後に続く対話の中で、高山は再び古代日本に触れ、「世界」において自覚される「日本」を強調する。

聖徳太子の歴史編纂といふものは、世界に於ける日本といふものの自覚から来てゐる。臣下の氏族と異なる皇室の万世一系たる所以が書かれたものだらうと想像される。しかし朝鮮の問題だの対支関係だのといふ内外の関係が出て来てゐなかつたらどうだらう。日没する国に対する日出づる国、東の天皇に対する西の皇帝といふやうな言葉が使はれたと伝はつてゐる。最初の国史が書かれたといふことと、世界の中に於ける日本の自覚が旺盛になつたといふことと、その間には一つ原理的な関係があると思ふ[38]。

中国の「天」の思想への批判は、高山の伝統的な国体論に対する批判と重なるものであり、どちらも非歴史的なものであるとされている。それゆえ、永遠の「天」もしくは「国体」という不変の歴史観から離れ、「国史編纂」という事実そのものに着目する。すなわち、神話を歴史として語る「国史」に対し、「神話」が作られるその動的過程に注目しなければならないと主張していたのである。彼にとって重要なのは、世界において「国史」の自覚が行われる「国史編纂」のプロセスであって、「国史」そのものではない。高山はこの「国史編纂」のプロセスに、世界と日本の関係性の原点を見出し、そこから日本の優れた原動力である「歴史的世界」の意識を抽出していたのである。

繰り返しになるが、高山の「世界史の哲学」はヨーロッパ中心の「世界一元論」をひっくり返したような、日本文化を連続的に拡張させようとするものではない。そうではなく、「多元論的自覚を媒介した一元論」を具現してきたのが日本の歴史であるという主張である。それゆえ、「大東亜戦争」の「モラリッシェ・エネルギー」（道義的生命力）なるものも、古代から存する日本人の「世界史の意識」＝主体性によって確認される。戦況が「大東亜戦争」へと拡大された直後の座談会「東亜共栄圏の倫理性と歴史性」（一九四二年四月）において高山は次のように力説する。

日本の歴史にモラリッシェ・エネルギーが動いてゐるといふことは、日本人には世界史の意識といふものがあつたからだとも云へると思ふ。世界史の趨勢といふものを単に他所事に見たり、単に客観的に見たりしない。況や軽蔑したりしない。自分が自ら主体的に世界史の傾向に一致し、それを動かさうとする自主的な意識がある。支那人にはかういふ意味の世界史の意識といふか自覚といふか、さういふものがないやうだ。主観的な中華意識があつても、客観的な「世界」の意識がない。歴史の観念に非常に静止的な非歴史的なものがあつて、動的な歴史そのものを歴史から捉へるといふ態度が災ひされてゐる日本人は、他に接触する度び毎に、世界史の趨勢といふものを主体的に自分のものにして動いてゐるといふ、自由な生々とした歴史的、建設的精神、「事」尊重の精神があつた。[39]

「大東亜共栄圏」を建設するための戦争は、「世界史の意識」を持つ日本人によって、また「建設的精神」に基づいて遂行されるべきなのである。絶対的な「中華」もしくは「国体」意識は静的で非歴史的なものであり、そこに客観的な世界の意識は存在しない。主体的に歴史を捉え、世界史を「自分のものに」するためには、世界とともにある日本を歴史的に捉える必要がある。こうして、「世界史の意識」を持つ日本人のみが世界の歴史――言い換えれば、日本的世界史――を主導できるとされたのである。

3　新たな世界の原理――「家の精神」

では、世界史の意識を持つ日本が作ってゆく新たな世界の秩序原理はいかなるものなのか。それは、座談会「世界史的立場と日本」（一九四二年一月）の中で高坂が言及したような、「東洋的無」という語に端的に表明されている。高山にとってそれは、「一即一切」や「一切即一」といった「華厳の法界の構造」に表れる「個体が全体と直接に調和するといふ観念」によるものにほかならなかった。ここには、彼らの師、西田幾多郎の哲学からの影響が色濃く反映されている。西田が築いた、いわゆる「絶対無の哲学」は、西洋哲学によって捉えられてきた相対立するもの――主／客、私／汝、行為／直観、一／多など――を結びつけ、乗り越えるための試みであり、「純粋経験」「無の場所」につづいて、「弁証法的一般者」「行為的直観」「絶対矛盾的自己同一」などといった鍵概念とともに深化していった。西田哲学の宗教的な性格はしばしば言及されてきたが、三木が慎重に指摘したように、西田哲学は現在が現在を限定する〈永遠の今の自己限定〉の立場をとり、そこでは、あらゆるものは絶対無の場所において無限の媒介に入るため、歴史の問題、すなわちヘーゲルの過程的弁証法の意味が弱められてしまう(40)。

西田哲学を受け継ぎながら「世界史の哲学」を提唱する「世界史的立場と日本」グループが用いた「東洋的無」の観念は、本来、歴史の発展と結びつかないものであり、それゆえ、西洋の「世界一元論」の土壌となる発展段階説や歴史主義とは相容れないものである。ところが、すでに確認したように、高山らの「世界史の哲学」は、けっして「世界一元論」を放棄するものではなかった。彼らは、西洋の発展段階説によって東洋が西洋の前段階に位置づけられることはヨーロッパ中心主義だとして斥ける。しかし、高坂の発言に代表されるように、「文化段階説」もしくは「歴史主義」は、「実践的」・「指導的」な意味、すなわち「歴史の方向を規定しようとする意図」を持つとして一部保存される。同時に「東洋的無を歴史の中で生かす」ことが唱えられ、高坂はそれを「歴史的象徴主義」と言い表した。このように、「世界史的立場と日本」グループの「世界史の哲学」は、西洋中心の近代の克服をめざすのだが、しかしそれは、たんに東洋の思想のみを「世界史的世界」の新たな原理として掲げることではなかった。「東洋」と「西洋」は弁証法的に統一されるべきであった。「東洋的無」を生かす歴史の発展なるものも、西洋の発展段階説に見られるような発展ではないとされる。それは、激しい「対立」や「抗争」を経ずに、しかし「革新的」で「発展的」な「歴史の動き方」である。そして、このような「東洋的無を歴史の中で生かす」ことができるのが、ほかならぬ日本であった。高山によれば、日本には「歴史的なものと超歴史的なもの」がつねに同時に存在するのだが、こうした議論は、その後、先述した世界における国体の発展という日本史の構造的理解につながる。東洋の原理をもって新たな歴史を作るという意識は、日本が歴史の中で体現している「世界史の意識」にほかならない。座談会中に西谷は、こうした東洋と西洋の弁証法的な統一を「歴史主義を通しての歴史主義の克服」と表現していた(41)。

さらに、高山は「東洋的無を歴史の中で生かす」ことを、国家＝全体に対する絶対的な責任を持つ主体の論理につなげている。彼は、日本には一貫して「個人意識」があると主張し、中世の武士社会や先述の「華厳の法界の構造」からその具体を説明している(42)。そしてこうした個と全体の合一の論理を「家の精神」に見出し、「大東亜共栄圏」の構想にも拡張させるべきだと唱えてゆく。座談会「東亜共栄圏の倫理性と歴史性」(一九四二年四月)では、「世界史的責任」の倫理が必要とされ、そのような東洋の新しい倫理が日本の歴史の中に生きていたことが確認された。そして、「大東亜」の精神としてうたわれた「八紘一宇」を例に、高山は自身の「家の精神」論を披瀝してゆく。彼によれば、この「家の精神」はたんに家族の中にだけ現れるものではなく、日本の武家社会や町人社会、農民社会にも、また国家の中にも生きている。高山は「家の精神」を江戸時代の町人社会を例に次のように説明している。

江戸時代には、町人でも永年忠実に家に仕へた番頭・手代といふものには財産を与へて暖簾を分けて別家させるといふ風があつた。これなどは、たとへ血縁的には関係のない他人でも、自分の家をもう一戸延長して建ててやるといふ風な行き方で、いはば家の精神の拡大といふ傾向が日本の町人社会にあつた訳だ。主従関係に家の精神が入りこんで行つてゐる。(43)

高山の言う「家の精神」は、血縁を重視する偏狭な全体主義ではない。また家の構成員は「凡て一方で「一」で、独立の人格といふ面をもつてゐる」(44)とされる。商家の主人と番頭の間には主従関係だけでなく、家を維持し、発展させるという共通の目的意識がある。そして家に仕えた代償として、番頭や手代は「別家」として独立できる。この「独立」は、しかし「家の精神」の拡大にほかならない。ここでの家は「国体」、主人と番頭はそれぞれ「日本人」と「異民族」のアナロジーである。この発話の直後、高坂はこうした関係性を「大東亜共栄圏」の指導原理に言及しながら、「八紘一宇」の精神（家の精神）と、親と子（主人と番頭）の関係に置き換えているが、この場合、親と子の血縁関係は必須の条件ではない。両者は「同じ時間に在りながら、しかも歴史的現実における位置が違ふ」のであり、そこに日本の指導性が生まれるとされる。(45)ここで注意したいのは、〈親＝日本人〉の指導的な位置が絶対的なものではないという点である。究極の目的は〈家＝国体〉を維持し発展させることであって、「日本人」の維持ではない。むしろ、〈家＝国体〉を維持させる存在こそ真なる主体であるため、〈子＝異民族〉が「親」となり、老いた〈親＝日本人〉が従うことも可能という倒錯した論理が成立する。さらに高山の次のような発話に注目しよう。

「家」といふものにおいてはどうしたつて親子関係が非常に重要だが、親子の倫理といふものは、親の面からみれば一個の独立した「親」に自分の子供を育てる。子供を親に育てて独立した人格にするといふことが「家」といふものの貴重な倫理になつてゐる。さういふ意味で親子といつたところで単に血縁の連続といふやうなことだけに尽きるものではない。いくら自分の子供だといつても親の意志通りになるものではなく、棄てたり殺したり出来るものではない。子供も一個の独立した人格なんだし、老いては子に従へで、親さへ子に従はなければならぬ。自分と同じやうな、或は自分以上の人物に育てるといふこと、少くとも自分と平等の人格に育てるといふことが親の責任だ。(46)

ここに、開放的かつ強烈な国家主義を唱える高山の姿がみとめられる。こうした構想は、「中華」の思想に「歴史」の意識を織り交ぜたときに完成するものである。朝廷が変わっても天の思想が存在するという静的で主観的な中華の世界に対し、古代より続いた動的で客観的な国体を重視し、それを守り抜くことが日本（人）の主体的使命であるという主張である。高山にとって「家の精神」は、「単なる親子の関係」ではあり得ず、また「単に平等の個人関係」でもない。「親子間の教化指導の関係を基礎としながら、なほ一種の犯すべからざる実存的な関係」であり、それは、「封建的」と「近代的」とをともに乗り越える「現代的」な倫理であった。(47)

第3節　二つの「世界史の哲学」の異／同

1　三木清の東亜協同体論のゆくえ

さて、これまで高山を中心に「世界史的立場と日本」に集った京都学派による「世界史の哲学」の内実について見てきた。ここでの問題は、こうした「世界史の哲学」と三木の議論との距離である。まず、三木の「世界史の哲学」は高山たちのそれと理論的な地盤を共有している。どちらも、近代の特徴を「人間主義、個人主義、機械主義、合理主義、自然科学主義、自由主義、民主主義、資本主義、帝国主義、西洋中心主義[48]」などに見出し、それらを乗り越える近代の超克の思想を紡ぎ出そうとしており、後の高山らの「世界史の哲学」が戦時期の三木の議論を契機として受け継いでいることは確かであろう[49]。

とはいえ、三木と高山たちの議論の間に一定の距離があったこともまた、事実である。三木は日中戦争を契機に、偏狭な民族主義としての日本主義を乗り越えるべく東亜協同体論を提示し、従来の「民族主義を超克し得る[50]」ための「新しい全体主義」を構想していた。こうした一連の作業は、日中戦争という現実に介入し昭和研究会に参加しつつ、抵抗する他者と向き合いながら資本主義や帝国主義を打破しようとする試みであり、高山たちがアジア・太平洋戦争の開戦前後にジャーナリズムに華々しく登場したのとは対照的であったと言わざるを得ない。さらに、高山たちが日本の中に「東洋的無」を見出し、動的な国体の維持・発展を主張していたのに対し、三木はあくまでも日本と中国の均衡を目指しつつ、東洋共通の伝統的なものの中から世界性のある思想を抽出しようと模索していた。

では、三木は東亜協同体論もしくは「世界史の哲学」において具体的にどのようなことに着目していたのだろうか。日中戦争は世界史における新しい文化の創造をめざすという一面を持っており、[51] そうした課題が昭和研究会の文化委員会の三木らに任されていた。三木は日中戦争勃発直後に発表された「日本の現実」(一九三七年一一月)の中で、日中戦争の目的は「東洋の平和」の確立にあるとし、にもかかわらず、それを成し遂げるための思想が「貧困」である現状を指摘した。三木によれば、その思想は「日本精神」と「支那精神」の両者を超えるもの、すなわち「東洋思想」でなければならず、それはまた「世界を救ひ得る思想」でなければならなかった。[52] ここで言う「東洋思想」はいったい何を指すのだろうか。三木は、高山たちと同様に「仏教において最も理論的に展開された「無」の思想」に注目する。そしてそれが、「インド的でも、支那的でも、日本的でもあり得たのは却つてそれが世界的である故」、と高く評価する。ただ仏教は、現在中国では「衰微」しており、日本でも「見はなされつつある」と指摘したうえで、その限界について次のように言及する。[53]

今日の仏教は〔…〕その本質たる世界性を抛棄して怪しまないといふ状態にあることを注意しなければならぬ。更に不思議なことには、キリスト教は個人主義であるに対して、仏教は国家主義であるなどと説く者さへあるのである。西洋の立派なキリスト教国の中にも現在、全体主義や国家主義を唱へてゐるファッシズム国の存在することを知らないのであるか。仏教の無の思想にして初めて国家主義を含み得ると云ふ者もあるが、かくの如きは却つて無は無として何とでも都合よく時世に応じて結び附き得るといふ弱点を現はしてゐるとさへ見られることができるであらう。[54]

三木は仏教のみが国家主義につながるという主張を、キリスト教とファシズムを引き合いにして斥けながら、もう一つの「仏教の無の思想にして初めて国家主義を含み得る」という主張に対しても、それが「無」であるがために「都合よく」利用されると警鐘を鳴らしていた。このような指摘は、発表時期が異なるとはいえ、先述した高山たちの「世界史の哲学」に対する鋭い批判となりうる。高山は古代日本の「華厳の法界の構造」に「東洋的無」を投影し、それを基に個人と全体が合一する国家主義を思考していた。

さらに三木は、「日本精神を拡張すれば世界的になり得ると云ふ論者も多いのであるが「思想」の論理的順序――その発生的順序はともかく――は逆であつて、世界的妥当性を有する思想が建設され、そしてその中において日本を生かすといふのでなければならない[55]」と述べている。この三木の発言は「日本の特殊性のみを力説することに努めてきた従来の日本精神論[56]」に向けたものであり、日本の伝統的な国体論者の思想を念頭に置いていただろう。高山たちも、たんに日本の国体の拡張を主張していたわけではなく、むしろそれを「非歴史的」なものとして斥けていた。繰り返しになるが、高山たちは世界史の進行とともに国体そのものも更新されなければならないと主張し、いわば「永遠の国体」ならぬ「国体の永遠」を唱えていた。それは日本が世界において立ち上がり、そして発展するという相対主義的な思考に基づいていた。

また、ここで注意したいのは、三木が仏教を「国家主義」に関連させることを批判したからといって、「無」の思想そのものを排斥したわけではないということである。彼は「日本の現実」の最後に、従来の東洋の思想が「無の思想」であるとしても、それが現実の力として現れるためにはまず「世界化」、すなわち「世界的普遍性」を持つものでなければならないと補足していた[57]。

こうして三木は日中戦争の進行を見つめつつ、日本や中国の独自性（によるナショナリズム）をともに生かしながら全体を構成する論理、すなわち「部分はどこまでも全体の中に包まれながらどこまでも独自のものである[58]」ような弁証法の論理を探ってゆく。そしてそれは、国家同士の関係のみならず、「全体国家の内部においても個人の独自の自律的な活動が認められる[59]」ものでなければならなかった。彼にとってこのような論理は、近代の抽象的な世界主義に対する「新しい世界主義」の要求に応えるものであり、それにより「東亜協同体といふが如き民族を超えた一層大きな組織への再編成」をめざしていた[60]。こうして新しく建設されるべき東亜協同体は、具体的には「東洋文化の伝統」から成るゲマインシャフト（Gemeinschaft）のような構想であったが、ただそれは封建的なものへの反動を意味せず、近代の自由主義を媒介すべきとされていた。そのような東亜の新秩序を、彼は「ゲマインシャフト的に閉鎖的であると同時にゲゼルシャフト的に開放的」なものとして想定していた[61]。

三木は東亜協同体を支える原理として東洋の思想に注目していたが、しかしそれはついに完成することはなかったと言わざるを得ない。一九三九年八月に独ソ不可侵条約が締結された後、日本では日中戦争の具体的な展望が見出されないまま一九四〇年七月二二日に第二次近衛内閣が成立し、その後新体制運動が昂揚してゆく。同年七月二六日に閣議決定された「基本国策要綱」では、「世界史的発展ノ必然的動向ヲ把握」することがうたわれ、「皇国ノ国是ハ八紘ヲ一宇トスル肇国ノ大精神ニ基キ世界平和ノ確立ヲ招来スルコトヲ以テ根本トシ先ヅ皇国ヲ核心トシ日満支ノ強固ナル結合ヲ根幹トスル大東亜ノ新秩序ヲ建設スル[62]」ことが改めて確認された[63]。さらに、同年一〇月一二日には大政翼賛会が発足し、昭和研究会は解散を余儀なくされた。昭和研究会の多くが大政翼賛会に合流するなか、三木はあくまでも昭和研究会を存続すべきだと主張したが、会は解散した。その後次第に意欲を失い、積極的な文筆活動も明らかに減ってゆく。最後には、周知のとおり三木は共産主義者を匿ったとして逮捕され、終戦直後の一九四五年九月に豊多摩刑務所で獄死した[64]。

ところで、この時期に彼が日本だけでなく、中国にも共通するものを東洋の伝統の中から探ってゆき、そして辿り着いたのが仏教ではなく儒教であったことは着目すべきである。三木は中国から日本を切り離そうとする歴史学者の津田左右吉に反発しつつ[65]、中国の政治思想であった儒教や「天」の思想の重要性を訴えた[66]。そしてこうした彼の思考は「東洋の道徳」としての礼儀論に発展し、植民地朝鮮にもリアルタイムで翻訳・紹介されていた[67]。

三木は早い時期から儒教に関心を示していた。たとえば、一九三五年に「日本文化の特質」を題に行われた師匠西田幾多郎との対談において、儒教に対する西田と三木のすれ違いが確認できる。最初に三木が日本主義について意見を求め、西田は「日本といふのは、東洋のうちのひとつの国には違ひないけれど、支那とか印度とかは違つてゐはしないかと思ふ」と応えた。また西田は、ギリシャと日本を比較しながら「ギリシア人は主知的だけれど、日本人は情的で、ギリシア人は彫塑的だが、日本人は音楽的」なところがあるとも言い、こうした日本人の特徴を「自分で固定した文化を持つと云ふより、いろいろの文化を受け入れて、そのうちに日本的な情と云つたもので、音楽でものがつながつてゆくと云つたふうに日本化してゆく」ものだと話した。ところが、ギリシャと日本を比較しているからといって、両者を対峙させていたわけではなく、日本は「東洋的でギリシア的」なところがあり、「自然といふものが人間と対立してゐたと云ふより」、「親しみがあつた」と理解していた。また日本人が音楽的だということも、「音楽は形がないものだが、しかしこれは形がなくてしかも形があるもの」と述べていた。つまり、西田は日本文化が、自然－人間、情－形といった矛盾するものが矛盾なく「親しみ」を持つ文化であり、それゆえ、「日本人は感情的で、受容的で、進歩的なところがある」と把握していたのである。

さらに、西田はこれから日本の文化が「世界史的に進んでゆく」ためには、「音楽が形を持つ」ことが必要だと説いていた。この「音楽が形を持つ」ことは、その次の「生命はものを形作る」という西田哲学のエッセンスを表す言葉とも対応するものである。ここで西田は日本文化を確かな形に作ってゆく主体性を強調し、そこに「世界的意味」があると捉えていたのである。[68]「音楽が形を持つ」という課題は、彼に師事した三木をはじめとする京都学派哲学者たちの歴史哲学などに継承されてゆく。彼らが編み出した「世界史の哲学」も、西田の日本文化への理解の延長線上に位置づけられるものである。三木が一九三〇年代後半から『構想力の論理』に取り掛かり「形」の哲学を展開してゆくことも、西田の日本文化論を共有していたからであり、後に詳述する三木の日本史観にもそれは大きな影を落としていた。

だが、ここでの問題は、西田の日本文化論そのものではない。その発言を受けて、三木が日本文化と儒教の関係について問いかけたことである。西田は、「儒教は本来の日本とは違つてゐると思ふ」と言ったが、それに対して三木は「しかし儒教も先生のおつしやるやうに情的な日本の文化に鍛錬を与えるには役立つたとは思いますが」、と異なる意見をぶつけた。それに対し、西田は「日本精神を儒教的に考へるのには一致できないね」と言い放ち、それ以上話は続かなかった。この応答からわかることは、三木が儒教を日本文化から切り離すのではなく、それを「鍛錬」し形づくってゆくために必要なものとして留保していたことである。[69] 彼は日本精神や日本主義と結びつく仏教をつねに警戒していたが、[70] その代わりに儒教を日本と中国の共通文化の基盤となりうるものとして考えていた。

こうした三木の儒教への着目が実際に思想実践として現れるきっかけとなった出来事が彼の中国視察であった。日中戦争が長期化するなか、中央公論社の依頼で一九四〇年三月から四月にかけて三木は中国（上海、南京など）を訪れ、戦争の現実を目の当たりにするが、帰国後の彼の論調にはある変化が見られる。[71] 三木は中国視察を報告する紙面において「支那を視て来た者の多くは、かの地における日本人の行動に遺憾な点が尠くないことを話してゐる。これでは日支親善は望まれないし、同じ国民として恥づかしいことが多々ある」[72] と怒りを露わにしていた。三木はその理由の一つに、日本人が他の「民族の特殊性」を認めないからだと説明した。

例えば今日我が国では日本民族の特殊性といふことが頻りにいはれてゐる。しかるに自己の民族の特殊性を認めるものは、また他の民族の特殊性を認めるものでなければならぬ。自己の文化の伝統を重んずるものは、また他の文化の伝統を重んずるものでなければならぬ。もし民族主義が自己をのみ絶対化して他の民族主義を認めないといふのであれば、それは帝国主義に等しいであらう。支那事変が帝国主義でないことは政府の屡次の声明によつて明かなところである。しかるにいま支那を視て感じることは、やはり支那の伝統と独自性とを顧ることが足らず、日本的なものを押し附けようとすることがあまりに多いといふことである。(73)

三木は中国の現実が民族と民族の協同に及ばず、日本の民族主義のみを絶対化している現状について嘆いていた。そしてそれを是正するには国民性の改造が必要であり、そのために、「科学や技術の如き何処においても通用するものを身につける」とともに「人情に基礎をおいた教養」が大切だと力説した。また、中国ではすでに仏教が「衰微」していることを語り、東亜の新秩序のために、日本と中国の間に「政治的イデオロギー以上の深い思想的連繋」が必要だと確認した。その思想は、「東洋思想古来の伝統」で、「政治と文化が統一」しているものであり、それをもって「国民の型」を作らなければならないと強調した。(74)この「国民の型」が、日本人のみならず東亜協同体の構成員の型となるべきものであったことは言うまでもない。

こうした経緯を経て三木は礼儀論に着手した。それが最も端的に表れているのが彼の「謙譲論」である。このテクストは東亜協同体論の一環として綴られた。三木にいわせれば、礼儀は個人的なもので、同時に「社会的慣習的なもの」であり、(75)またそれは「民族的のもの」であると同時に普遍的なものであった。

もとより礼儀は単に民族的のものでなく、同時に民族を超えて普遍的なものでなければならぬ。単に民族的特殊的であつて世界的普遍的なところのないものは道徳とは考へられない。礼儀は伝統的なもの、従つて歴史的なものであるが、真に歴史的なものは単に特殊的なものでなく、特殊的であると同時に普遍的なものである。道徳がこのやうに歴史的なものであることは何よりも礼儀といふものにおいて示されるであらう。礼儀は単に一民族の内部において行はれるのみでなく、他の民族に対しても行はれなければならぬ。それは民族的全体としての国と国との間に存在するのみでなく、両民族の個人と個人との間においても存在しなければならぬ。(76)

礼儀論は、三木の東亜協同体論が行き着いた一つの帰着地であった。そこでは、個人－民族／国民－東亜協同体を貫く思想原理としての「道徳」への着目がうかがえる。個人と社会、民族と東亜協同体は、一つの原理をもって建設されるべきであり、それは近代の個人主義や自由主義を超える構想でなければならない。また、一つの全体主義である民族主義にとどまるものであってはならない。個と全体は同時に肯定され、また否定され統一されてゆくべきである。三木はこのような文化理念を、東洋の伝統である「礼儀」から具体的に練り直そうとしたのである。

彼の一連の作業が、高山たちの「世界史の哲学」と対照的なものであったことはもはや明らかであろう。三木はあくまでも世界的なものとして東洋の特殊性にこだわっていた。けっして日本の歴史からのみ抽出される、あるいは日本が優れて体現している思想文化を基盤にしようとしたわけではない。それはおそらく三木が中国という抵抗する主体と対峙しながら、その緊張感の中で思想を紡いていたからであろう。

2 「世界史的必然性」の淵源——世界的な日本文化の内実

このように、三木の東亜協同体論は近代を超克しうる新しい世界主義（全体主義）を主張し、そのための思想原理を東洋の伝統の中にある社会的規範から抽出しようとするものであった。その限りにおいて、古代日本の仏教文化と国家主義を中心に議論を行なっていた高山たちとの差異は認められるべきである。

ただ、ここで三木の議論を高山たちから引き離すのは早急すぎる。というのも、高山たちの「世界史の哲学」と同様、三木も世界史をリードしてゆく日本の主導力を疑うことはなかったからである。たとえ、彼の東亜協同体論が「日本の東亜征服」を意図するものではなかったとしても、新たな秩序としての東亜協同体は「ただ協同的に作られるものではない」とされていたし、「我々の民族の世界史的使命」と日本の「イニシアチヴ」への確信は動かぬものであった。[77]三木と高山たちは日本の世界史的使命という、疑えない前提を共有していたのである。

たとえば、座談会「世界史的立場と日本」が掲載された『中央公論』の巻頭論文として、三木の「戦時認識の基調」(一九四二年一月)は飾られていた。多少時局に合わせたトーンで綴られていることを勘案しても、「東亜新秩序のための戦争は道義戦争である」[78]という言葉から読み取れるように、三木はある種の期待を込めて「大東亜戦争」の開戦状況を眺めていた。その視線を導くものは「東亜新秩序の建設」に対する「世界史的必然性の認識」に基づく「信念」であった。これを彼は「道徳化された信念」と呼び、「この信念こそ戦時下におけるあらゆる国民生活の不動の支柱でなければならぬ」と言明していた。[79]

では、三木をして、「大東亜戦争」が世界史的必然性を持つと認識させるのは何か。それは、高山がそうであったように、彼の日本史観から生れ出るものにほかならなかった。ここでは、三木の数少ない歴史関連論文のうち、開戦前年に発表された「日支文化関係史」(一九四〇年三月)を取り上げ検討してゆく。この論文は、「一　東亜文化の発展とその特質」、「二　日支文化交渉の歴史的概観」、「三　欧米勢力進出以後に於ける東亜」の三つの章から構成されている。最初の章では、古代の東洋文化が中国を中心に形成されてきたことが述べられていたが、まず注目されるのは、ここにおいても儒教の重要性が説かれていることである。三木によれば、儒教は漢の武帝のときには国家の正教として定められるほどであったが、唐の時代になって仏教と道教に圧倒されてしまった。しかし、宋に至ってそれは復興し、以後、儒教のほうが隆盛になった。こうして、宋の儒者は仏教を同化して儒教に「新生面」を開き、宋学は儒教の正統となり、中国のみならず、日本・朝鮮・安南などにも大きな影響を及ぼした。このように三木は「支那思想のうち特に儒教は東亜文化の強力な形成力となつた」と述べ、東洋文化の中の儒教の重要性を高く評価していた。[80]

ここでの課題と関連して「一」でさらに注目されるのは、古代中国で形成された文化が東亜（東洋）に拡大されてゆく様相を素描する、次のような記述であろう。

漢の武帝が朝鮮半島の北部に楽浪郡を置いて以来（紀元前一〇八年）、支那文化の東漸の基地が出来、その影響は南朝鮮の韓族や日本民族にも及ぶに至つた。朝鮮もまた絶えず支那文化の勢力のもとにたち、独特の高い文化を作ることができなかつた。支那周囲の民族のうちただ日本のみは、支那に対して政治的につねに独立であつたのみでなく、能く支那文化を同化してそれ自身の価値ある文化を作り、更に自己の固有の文化を発達させたのである。[81]

三木のこのような歴史認識について、事実関係を検証したり、あるいはその認識に含まれている朝鮮への視線の問題性を指摘したりすることは一面においては必要であろうが、ここで問題にしたいのは彼の歴史認識の構造そのものである。三木によれば、独特の文化を作ることができなかった朝鮮に対し、東亜において日本のみが固有の文化を作ることができた。それを可能たらしめたものは「同化」の力であり、まさにそれが日本の独自性を保証している。こうした議論は、先述した西田の日本文化論から京都学派が受け継いだものだと言えよう。日本文化の根底にある原動力としての同化の力は、「日支文化関係史」の中で、古代から現代に至るあらゆるところで確認される。たとえば、近代に西洋文化を受容した際にもこの〈同化力〉は大きな役割を果たす。

さて十九世紀の中葉に至つて、産業革命を経た後の西洋の勢力は猛然として東洋に加はり、従来その支配から残されてゐた地方も新たに圧迫されることになつた。かくて先づ支那は阿片戦争の結果、一八四二年南京条約によつて国を開くに至つた。次いで日本にも一八五三年アメリカのペリー（Perry）提督が来航し、翌年いはゆる安政の仮条約によつて開国が行はれた。その後十数年にして日本では明治維新（一八六八年）の大業が展開され、爾来近代国家としての日本の建設は着々と進行し、その文化も西洋文化の移植によつて面目を新たにしたのである。この大変化は日本の歴史において大化の改新以後、支那唐の文化を輸入して一大革新を遂げたのに比せられるものである。〔…〕日本民族のすぐれた同化力はあらゆる方面において西洋文化を摂取して東亜の先進国となり、日清・日露の戦争を経て飛躍的発展を遂げ、かくて明治維新前には東亜においてさえその力を認められなかつた日本が、わずか五十年の間に世界列強の一つとなり、世界史の舞台において活躍するに至つたのである。(82)

この〈同化力〉は古代から近代を貫く日本民族の主体性の源であり、こうした柔軟な力こそ、日本を発展させ、西洋を内在する「東亜の先進国」たらしめたのである。ここに、近代を乗り越えるべき「世界史的必然性」を担う日本の存在が認められる。(83)

この「日本民族のすぐれた同化力」は、「二」や「三」でも繰り返し検討される。そこでは、たとえば中国文化の日本への「移植は模倣に止まらないで独自の創造にまで進」み、「日本固有の文化が発達した」ことや「支那文化の輸入が絶えず日本的自覚のもとになされた」ことなどが強調されるが、(84) それは、独自の文化が創造されなかったとされる朝鮮や安南の存在の確認や、「発展に乏しく、ほとんど不動」であり、ゆえに「停滞性」を持つ

「支那文化」の確認と対を成す[85]。つまり、〝不動〟や〝受動〟とは異なる〝発展〟の論理が日本にのみ認められるのであり、それを可能にするのが、ほかならぬ〈同化力〉であった。

もちろん、三木の言う日本の伝統的な〈同化力〉は、けっして排外的なものではなく、むしろ開かれたものである。たとえば、彼は「日支文化関係史」の中で〈同化力〉について説明しながら、日本には「その起源が支那にあつて彼地では既に久しくその形跡の全く失われてゐるものが保存されている」としたうえで、仏教や儒教について次のように言及している。

仏教の流行も神道を廃することなく、儒教の興隆も仏教を滅ぼすことがなかつた。仏教は日本へ来て純化され、印度や支那で衰へてしまつた今日、ひとり此処で生命を維持してゐる。儒教のごときも日本で純化され、今日なお日本人の道徳的力の源となつてゐる。かくの如き事実は日本文化のすぐれた同化力と共に限りなき包容力を示すものである。今日の日本の文化のうちには、西洋文化の最も新しい要素と東亜の文化の最も古い要素とが同時に存在してゐる[86]。

〈同化力〉は日本の内部における主体的な原動力を指し示すが、日本が外に開かれていることに強調点が移動するとき、その名は〈包容力〉へと変わる。古代以来日本はつねに外部を「包容」し「同化」してきたのであり、ゆえに日本民族の〈同化力〉は〈包容力〉のもう一つの姿である。日本歴史からこれらを抽出する作業は、偏狭な民族主義につながらず、「外」に向かってつねに開かれていることを確認する。また、開かれていることは日本の民族性の否定でもない。むしろこの〈同化力〉-〈包容力〉こそが日本民族の独自性を担保するものとなる。繰り返しになるが、けっして三木は偏狭な民族主義や日本主義を主張していたわけではない。彼は排外主義的なナショナリズムを批判し、〈同化力〉―〈包容力〉において日本の主体性を認めようとしたのであり、ここに見られるのは、いわば〈開かれたナショナリズム〉の姿勢である。〈開かれたナショナリズム〉は他者を排斥するものではない。

しかしながら、この〈開かれたナショナリズム〉が、日本にのみ適用されるべきものではなく、三木の東亜協同体論、すなわち近代的な自由主義や民族主義を超えた結合の主張と同時に行われるということは看過してはならない。たとえば、『新日本の思想原理』（一九三九年一月）では、中国の民族主義が認められるべきだと述べつつ、「しかし同時に支那はこの新体制に入るためにまた単なる民族主義を超えることを要求されてゐる」(87)と付け加えていた。〈開かれたナショナリズム〉は東亜協同体を貫く新しい秩序の原理となるべきものであり、それゆえ東亜の諸民族にも求められるものである。

〈開かれたナショナリズム〉こそ、日本の発展の原動力であると同時に日本に「世界史的必然性」を付与する根拠となる。日本民族の〈同化力〉―〈包容力〉が世界史的必然性を帯びるとき、それはたんに日本民族の主体的な力にとどまらず、これからの（大）東亜の諸民族の発展の原動力となり、それを指導するための日本の世界史における倫理的力も生まれてくる。たとえば、三木はアジア・太平洋戦争中の一九四二年末に陸軍宣伝班員として赴いたフィリピンから帰ってきて「比島人の東洋的性格」を発表する。その中で、フィリピン人の思想や感情などにおいて本来的なものとしての「東洋的性格」を発見し、「いま東亜共栄圏の建設は、かかる孤児的状態にあつたフィリピン人を彼等の本来の家族の中へ連れ戻すことにほかならない」と述べ、「かかる本来の環境の中で育てられることによつて彼等は持つて生れた素質を十分に発達させ得ることになる」と説いた。また、「フィリピンの家族制度には醇化を要するものが多く残つてゐる」とも述べ、「東洋的社会の特徴をなす家族主義を醇化し発展させた」日本の指導性を強調した。(88)

〈開かれたナショナリズム〉は、けっして偏狭な排外主義を意味しない。それはむしろ、民族を超え、世界に開かれているのであって、閉じた日本主義を意味しない。しかし、まさにそれが開かれているがゆえに、他の民族の特殊性を肯定しつつ、「世界史的必然性」を持つ日本の〈同化力〉-〈包容力〉がおのずと強要されるのである。こうした構造において重要なのは、日本文化が「世界的」であることであって、多民族を征服し同化主義によって日本文化を世界に広めることではない。

世界的といふことは文化の内的な一定の性質をいふのであつて、それが如何なる範囲の地域において実現されるにせよ、その範囲の広狭に拘らず、一定の文化は世界的であることができる。日本が世界を征服しなくても日本の文化は世界的になることができる。日本が支那を征服しなくても東亜協同体の建設に指導的であり得るといふことも根本においては日本の文化のかくの如き性質に依るのでなければならぬ。(89)

このように、日本の世界史的必然性への確認とともに唱えられる三木の東亜協同体論および「世界史の哲学」は、近代的な民族主義を超えようとする、〈開かれたナショナリズム〉の主張であったと言える。そしてそれを支えていたのが、まさに日本史および日本文化への彼の認識であった。

三木と高山の二つの「世界史の哲学」はその方向性や他者に対する緊張感において顕著な差がある。にもかかわらず、彼らは一つの日本史観を共有していた。両者はともに古代から現代に至るまでの日本の〈同化力〉-〈包容力〉——高山であれば「世界史の意識」——による〝発展〟という歴史観の土台の上に「世界史の哲学」を築いていた。そうすることによって彼らは同じく偏狭な日本主義を斥け、日本の「世界史的必然性」を自明視する〈開かれたナショナリズム〉を唱えていたのである。このように考えれば、三木の「世界史の哲学」に表れる「帝国主義批判」の意図を、「植民地主義」と相反するものとしてたんに捉えることはできないのではないだろうか。なぜなら、「帝国主義批判」と連動する近代の超克のための弁証法的な論理——民族主義の肯定／否定——が日本の発展の論理にほかならず、それによって初めて日本の世界史的必然性が確保されるからである。

三木のこうした「世界史の哲学」を支える日本史観は、戦時期になって表れたわけではない。一九三六年に「日本的性格」について語る文脈においても——まさに偏狭な日本主義を批判する文脈において——、西田の日本文化論の影響のもと、次のように述べている。

外国思想をもつて日本的なものを規定し、基礎付けるといふことは、たしか長谷川如是閑氏も注意されてゐたと思ふが、日本的性格の一つに属してゐる。そのことは今に始まらない。現代の日本主義と深い関係を有する神皇正統記は朱子の綱目の学から多分に影響され、また水戸学は一方ではこの綱目の学、他方では春秋の胡伝の学などから影響を受けたと云はれてゐる。このやうな事情は如何にも矛盾である。併しそこに日本的なものがあると云へば云ふことができる。即ち日本的なものは形のないものである。無形式の形式といふことが日本的性格である。日本的なものは形のないものである故に、その時代において有力とされる教養、例へば支那の学問によつて形式を与へられることができたし、また与へられねばならなかつた。〔…〕

無形式の形式を本質とする日本的精神はつねに進歩的であることができた。それはそれぞれの時代においてそれぞれの形式を採つて現はれたが、本来は形式のないものである故に、その一つの形式に拘泥することなしに容易に他の形式に移つて行くことが可能であつた。〔…〕我々の祖先は進取的であつて、支那、印度、西洋の文化を殆ど全く無雑作と思はれるほど容易に取り入れて、自己の生活と文化との発展に役立てることを知つてゐた。(90)

「日本的性格」とは「無形式の形式」にほかならない。「無形式」であるがために東洋と西洋を自己の中に包摂しながら発展してゆくことが可能となり、そこに、近代を超えるための現代の論理も認められる。こうして、日中戦争勃発後に日本の世界史的必然性が自明視されるようになり、〈開かれたナショナリズム〉の型は東亜の諸民族に要求されていった。〈開かれたナショナリズム〉は、けっしてたんなる偏狭な「日本精神」の拡張を唱えるものではない。それは、日本という型の複製を誘う、いわば「日本的精神」の拡張にほかならない。その限りにおいて、日本は世界史をリードすべき主体たり得たのである。

註

（1）西田幾多郎（一八七〇〜一九四五）。近代日本を代表する哲学者。旧石川県河北郡宇ノ気村に生まれる。金沢第四高等学校中退、東京帝国大学選科を卒業後、四高教授等を経て京都帝国大学で教鞭を取る。いわゆる京都学派の創始者として知られる。『善の研究』（一九一一年）ほか、多数の著作を発表した。「純粋経験」、「無の場所」、「行為的直観」、「絶対矛盾的自己同一」などといった概念を駆使し、独特の哲学体系を構築した。

（2）田辺元（一八八五〜一九六二）。東京神田生まれ。西田幾多郎とともに京都学派を代表する哲学者。第一高等学校理科、東京帝国大学文科哲学科を卒業。東北帝国大学講師を経て京都帝国大学で教鞭を取る。西田と相互批判を交わしながら、「種の論理」などで知られる独自の哲学を形成する。

（3）高坂正顕（一九〇〇〜一九六九）。愛知県名古屋市生まれ。京都学派の一人。京都帝国大学文学部哲学科卒業後、東京文理科大学助教授、東京商科大学、武蔵高等学校の講師などを経て、一九四〇年に京都大学教授に就任。カント哲学を専門とし、戦時期には「民族の哲学」などを展開した。

（4）西谷啓治（一九〇〇〜一九九〇）。石川県生まれ。京都学派の一人。第一高等学校を経て京都帝国大学文学部哲学科卒業後、京都帝国大学教授に就任。専門は宗教哲学。「禅の立場」に基づく独特の哲学を展開した。

（5）高山岩男（一九〇五〜一九九三）。山形県生まれ。京都学派の哲学者。京都帝国大学文学部哲学科卒業後、第三高等学校講師、京都帝国大学文学部教授を歴任。戦時期の「世界史の哲学」を体系的に取り組み、「多元史観」などで知られる。

（6）鈴木成高（一九〇七〜一九八八）。高知県生まれ。京都帝国大学文学部西洋史学科卒業。第三高等学校、京都帝国大学助教授を歴任。京都学派の一人。専門は西洋史であり、ランケ研究などで知られる。戦時期には高坂らとともに「世界史の哲学」を展開。

（7）第一回目の座談会「世界史的立場と日本」は一九四一年一一月二六日に行われた。日本軍の真珠湾攻撃（同年一二月八日）によるアメリカとの開戦直前である。

（8）米谷、前掲「植民地／帝国の「世界史の哲学」」、一五頁。

（9）同右。

（10）たとえば、米谷、前掲「三木清の「世界史の哲学」――日中戦争と「世界」」、四一頁。

（11）同右。また、山本鎮雄「三木清の東亜思想――戦時下の知識人の苦悩と蹉跌（その1）」（『日本女子大学紀要　人間社会学部』第一二号、二〇〇一年）や杉山雅夫「大東亜共栄圏の正当化と論理――「世界史の哲学」と三木清」（『人間関係論集』第二一号、二〇〇四年）、子安宣邦「「世界史の哲学」の時――座談会「世界史的立場と日本」」（『「近代の超克」とは何か』青土社、二〇〇八年）、吉田傑俊「三木清の反ファシズム論」（田中久文ほか編『再考　三木清――現代への問いとして』昭和堂、二〇一九年）などを挙げることができる。

（12）一例として、花澤秀文が「戦中の軍部政権から見られた「京都学派」像」（大橋良介編『京都学派の思想――種々の像と思想のポテンシャル』人文書院、二〇〇四年、五一頁）において言及しているように、「世界史的立場と日本」グループの座談会の内容をまとめた『世界史的立場と日本』は大きな反響を呼び、初版一万五千部、そして増刷数千部がすぐに売り切れになった。しかしその後、陸軍の圧力によって以後の増刷はできなくなった。それ以外にも、高山岩男や高坂正顕などの論文は右翼学派によってたびたび攻撃を受けていた。

（13）小林敏明『西田幾多郎の憂鬱』（岩波現代文庫、二〇一一年）の「十八　右翼による攻撃の中で」を参照。

(14) 座談会「世界史的立場と日本」『中央公論』一九四二年一月号、一六五頁。

(15) この点について、前掲の『西田幾多郎の憂鬱』(二九八頁)では京都学派四人と三木など、極右勢力から批判を受けていた人びとを「リベラリズム一般」と表している。三木と京都学派四人が、この「リベラリズム一般」の中の「左」、「右」といった区分であることを改めて留意する必要がある。

(16) 昆野伸幸によれば、一九三〇年代半ば以降、『国体の本義』に代表される、「国粋」「日本精神」「国体ノ精華」など「日本人」に先天的に備わった自然性を重視し、反日本的と判断される思想を攻撃・排除する伝統的な国体論に対し、平泉澄や大川周明など、国民が主体的に「国体」護持や「革命」を担ってきたことを重視する新たな「日本主義」が擡頭した(昆野伸幸「日本主義と皇国史観」末木文美士ほか編『日本思想史講座4　近代』岩波書店、二〇一三年参照)。高山の批判は前者に対してであり、後者の主張とは類似性が認められる。

(17) 文部省教学局『臣民の道』一九四一年、一―二頁。

(18) 高山岩男「日本文化の発展に就いて」日本青年外交協会編纂前掲『東亜協同体思想研究』、二一七頁。

(19) この点について、菅原潤は『「近代の超克」再考』(晃洋書房、二〇一一年、一〇五頁)の第Ⅱ部第二章「高山岩男『世界史の哲学』をめぐる攻防」において高山が「多元的世界観」を持っていたことを指摘し、しかしその後の鈴木成高との論争を経て、「ヨーロッパ中心主義的な世界史」、つまり「一元論」へ「転落」したと指摘している。

(20) 高山著、花澤編、前掲『世界史の哲学』、一五頁(初出は、『世界史の哲学』岩波書店、一九四二年)。

(21) 同右、一八頁。たとえば高山岩男は『文化類型学研究』(弘文堂書房、一九四一年)の「序」において「私は我が国の国史を単に国史的観点からでなく、同時に世界史的観点から考察することが必要であると考へてゐる」と述べている(二頁)。

(22) 同右、一九頁。

(23) 同右、二〇頁。

(24) 同右、二八頁。

(25) 同右。

(26) 同右、三五頁。

(27) 前掲座談会「世界史的立場と日本」、一七七頁。
(28) 同右、一七五頁。
(29) 同右、一七六―一七七頁。
(30) 同右。
(31) 高山、前掲「日本文化の発展に就いて」、二二五―二二六頁。
(32) 同右、二二七―二二八頁。
(33) 高山、前掲『文化類型学研究』、二九三頁。
(34) 同右、二九三―二九四頁。
(35) 高橋哲哉「《運命》のトポロジー――〈世界史の哲学〉とその陥穽」『記憶のエチカ――戦争・哲学・アウシュヴィッツ』岩波書店、一九九五年、二一四頁。高橋は、高山の「〈世界史の哲学〉は、まさにそれが掲げる帝国主義批判の原理、すなわち、「各民族各国家がそれぞれその所を得る」という「道義的原理」によって世界史を我有化する。自己への回帰を批判することによって、自己へと回帰するのである」（同、二一二頁）と指摘している。
(36) 座談会「総力戦の哲学」『中央公論』一九四三年一月号、一〇八頁。
(37) 前掲座談会「世界史的立場と日本」、一七八頁。
(38) 同右、一七九頁。
(39) 座談会「東亜共栄圏の倫理性と歴史性」『中央公論』一九四二年四月号、一二九頁。
(40) 中村雄二郎『西田哲学の脱構築』岩波書店、一九八七年、二二二―二二五頁。
(41) 前掲座談会「世界史的立場と日本」、一六一―一六八頁。
(42) 同右、一六五―一六八頁。
(43) 前掲座談会「東亜共栄圏の倫理性と歴史性」、一五〇頁。
(44) 同右、一五二―一五三頁。
(45) 同右、一五一頁。

(46) 同右、一五四頁。
(47) 同右、一五五頁。
(48) 小林敏明『廣松歩——近代の超克』講談社学芸文庫、二〇一五年、一三六頁。
(49) たとえば、小林敏明は『〈主体〉のゆくえ——日本近代思想史への一視角』(講談社選書メチエ、二〇一〇年、一三一—一三二頁)の中で、高山岩男の『世界史の哲学』が三木清に影響を受けていたことを指摘し、「高山は三木のうちたてた業績を足場にして、そこに自分の家を建てたと言ってよいかもしれない」と述べている。
(50) 三木清「日支を結ぶ思想」『三木全集』(第一四巻)、一八五頁(初出は、『知性』一九三八年一一月号)。
(51) 井上寿一『日中戦争——前線と銃後』講談社、二〇一八年、一一八—一一九頁参照。
(52) 三木清「日本の現実」『三木全集』(第一三巻)、四三八—四四六頁(初出は、『中央公論』一九三七年一一月号)。
(53) 同右、四五六—四五七頁。
(54) 同右、四五七—四五八頁。
(55) 同右、四四三頁。
(56) 同右、四四二頁。
(57) 同右、四六二頁。
(58) 三木、前掲「日支を結ぶ思想」、一八七頁。
(59) 同右。
(60) 同右、一八九頁。
(61) 三木、前掲「東亜思想の根拠」、三二一—三二二頁。
(62) 内閣制度百年史編纂委員会『内閣制度百年史　下』、一九八五年、二三三頁。
(63) 『日本書紀』の記述に依拠する「八紘一宇」という語はよく知られているように日連宗系の仏教運動家である田中智学の造語である。この語は一九三〇年代に日本の大陸侵略が進展する過程の中で国策理念として再び脚光を浴びることになる。戦時期日本における「八紘一宇」の国策理念化については、長谷川亮一『「皇国史観」という問題——十五年戦争期における文部省の修史事業と思想統制政策』(白澤社、二〇〇八年)の「第二章　近代国体論の変容」などを参照されたい。

(64) 酒井、前掲『昭和研究会――ある知識人集団の軌跡』、二三二―二三四頁。また、三木の哲学的な結晶とも言えるのがパトスとロゴスの統一をめざして取り組まれた『構想力の論理』であるが、これは、彼の死によって未完のままになっている。三木は同書において「形」の論理を究明しようとし、「行為の哲学」なるものを構想していた。

(65) たとえば津田左右吉が「東洋文化」から「日本」を区別して捉えようとしたことに対して、三木は前掲「日本の現実」(四五五頁)の中で、次のように述べている。「文化の問題を考へる場合、〔津田〕博士の方法は民間信仰や民間の慣習などに余りに重きをおかれすぎる傾向がある、従来の研究においては或る一定の時代の文化とはその時代の…………《ママ》文化のことであるとして理解しなければならぬところがあり、さもないと文化の直線的な連続的な独立性の方面のみが強調されて、その円環的な環境的な影響の方面が軽視されるといふ一面性を免れ難いであらう。かやうに見るとき、支那文化や印度の仏教が日本文化へ与へた影響はそれほど低く評価することができなくなる。津田博士はまたその場合、同じ時代の文化の直接の交通といふことに余り重きをおかれ過ぎてゐるやうに思ふ。そして支那の文化が、それの形成された時代から隔つた後においてであるにしても、日本に影響を及ぼしたといふことがあつたとすれば、支那思想と日本思想との間に何か一致するものがあると考へられないであらうか」。

(66) 鈴木正「三木清の構想力の一齣――「東亜新秩序の歴史哲学的考察」をめぐって」『みすず』第四七巻第九号、二〇〇五年一〇月、四〇頁。鈴木は三木の「東亜新秩序の歴史哲学的考察」(満洲行政学会『大同学院論叢』、一九四一年一一月)を分析しながら、三木が「中国の政治思想である徳の及ぶ限りが即ち天下だという「天下思想」から示唆を得ている」と指摘している。

(67) 三木清「謙譲論」(『東亜連盟』一九四一年七月号)は「謙譲論――民族協和의 哲学的考察」というタイトルで『朝光』(一九四一年九月号)に翻訳・紹介された。翻訳者は不明。

(68) 「日本文化の特質について――西田幾多郎博士との一問一答」『三木全集』(第一七巻)、四七五―四七六頁(初出は、『讀賣新聞』一九三五年一〇月一〇・一一・一三・一五・一六日付)。

(69) 同右、四七七―四七八頁。

(70) 三木は何度も日本の仏教に関する論稿を書き、繰り返し仏教が「国家」と結びつくことを警戒していた。たとえばそれは、「仏教の日本化と世界化」(『教学新聞』一九三六年一月一日付)、「類似宗教と仏教」(『宗教公論』一九三六年二月号)「無力なる宗教」(『中外商業新報』一九三七年四月一八・二〇・二一日付)、「新日本の指導力としての宗教」(『響流』一九三八年一月号)などから確認できる。

(71) 熊野直樹は「三木清の「東亜協同体」論——「二重の革新」論を中心に」(『法政研究』第七六巻第四号、二〇一〇年三月)において、一九四〇年の中国視察によって三木の論調が微妙に変化したことを指摘している。三木は帰国後に「二重の革新」、すなわち中国のみならず日本の封建的残存物の克服を強調するようになった。

(72) 三木清「国民性の改造——支那を視て来て」『三木全集』(第一五巻)、四〇三頁(初出は、『中央公論』一九四〇年六月号)。

(73) 同右、四一三—四一四頁。

(74) 同右、四一六頁。ここでも三木は仏教がもはや「日支親善」の共通の思想としての役割は果たせないと捉えていた。たとえば次のように述べている。「もし日本と支那との間に、例へば仏教のやうな、政治的関係を超えた共通の思想が現在生きてゐるとしたなら、日支親善の上にどれほど効果があることであらう」。このように三木が儒教に着目したのはあくまでも日本と中国の共通の文化として現在にも生きているという判断によるものであった。

(75) 三木清「謙譲論」『三木全集』(第一四巻)、四六九頁。

(76) 同右、四七〇—四七一頁。

(77) 三木、前掲「東亜思想の根拠」、三二四—三二五頁。また、一九三九年九月に三木を中心にまとめられた『新日本の思想原理 続篇——協同主義の哲学的基礎』においても、「指導者」と「大衆」の関係について説明しながら、それを東亜新秩序における「協同主義」のあり方にまで敷衍し、次のように述べている。「歴史を作つてゆくのは大衆の力に依るのである。併し大衆の要求を組織し、これに一定の方向を与え、これを指導するのは指導者の力に待つのであつて、指導者なしには大衆も真にその力を発揮し得ない。指導者と大衆との関係は本質的に教育的でなければならぬ。両者は抽象的に対立したものでなく、区別されながら一つのものとして弁証法的統一をなすのである。指導者は大衆を圧制的に統一するのでなく、大衆の自主性を尊重しつつこれを組織するのでなければならぬ。協同主義は機械的なデモクラシーの協同を説くのでなく、却つて指導者の理念によつて真の協同が実現されると主張するのである。指導者の理念は一団体、一民族の内部に於て考へられるのみでなく、諸民族の間に於ても認められねばならぬ。東亜の新秩序は日本のイニシアチヴによつて建設されるのである」（資料「新日本の思想原理 続篇――協同主義の哲学的基礎」『三木全集』（第十七巻）、五八七―五八八頁）。

（78）三木清「戦時認識の基調」『三木全集』（第一五巻）、四六〇頁（初出は、『中央公論』一九四二年一月号）。同号の座談会「世界史的立場と日本」が「大東亜戦争」の開戦直前に行われているのに対し、この文章は、「支那事変から大東亜戦争にまで発展した現在」という言葉からもわかるように開戦後に書かれたものである。

（79）同右、四六八頁。

（80）三木清「日支文化関係史」『三木全集』（第一七巻）、一二六―一二九頁（初出は、『太平洋問題資料』一九四〇年三月）。ちなみに、『太平洋問題資料一〇　日支文化関係史』（一九四〇年三月）は「日本国際協会　太平洋問題調査部」の名義で刊行されているが、同書「序」における次のような記述から三木が書いたことをうかがうことができる。「当調査部は、日支事変に関連する基本的な重要問題を選び、夫々専門家に調査を依頼し、既にその一部を「太平洋問題資料」として公刊して来たが、本稿も亦この企画の一部として、これを三木清氏に委嘱し、研究を煩はしたものである」。

（81）同右、一三〇頁。

（82）同右、一四三頁。

（83）関連して、三木を中心にまとめられた昭和研究会のパンフレット『新日本の思想原理』では、日本文化の特殊性が「包容性」であり、外国文化を取り入れることで発展してきたこと、またそれらを一つの形式に統一するのではなく、それぞれのものの並存を許してきたことが述べられていた。同パンフレットでは、このような「包容性」ゆえに日本文化は進取的であり、東洋の諸民族の中でいち早く西洋文化を受け入れることができ、「東亜諸民族の指導者となり得た」と説明している（前掲資料「新日本の思想原理」参照）。

（84）三木、前掲「日支文化関係史」、一四七―一四八頁。

（85）同右、一四九頁。

(86) 同右、一四五―一四六頁。
(87) 前掲資料「新日本の思想原理」、五一八頁。
(88) 三木清「比島人の東洋的性格」『三木全集』(第一九巻)、五一六―五一八頁(初出は、『改造』一九四三年二月号)。
(89) 三木、前掲「東亜思想の根拠」、三二三―三二四頁。
(90) 三木清「日本的性格とファシズム」『三木全集』(第一三巻)、二五三―二五四頁(初出は、『中央公論』一九三六年八月号)。

第3章　「世界史の哲学」のアポリア——植民地朝鮮の不在／存在

第1節　「世界史の哲学」と植民地朝鮮という問い

第2章では、高山岩男らと三木清の「世界史の哲学」の異／同について確認した。本章では、前章の議論を踏まえたうえで、「世界史の哲学」と植民地朝鮮という問題について考えてみたい。しかしこの問題は、一見成立不可能なもののように見える。というのも、米谷匡史の研究でも指摘されているように、「三木の「東亜協同体」論は、直接には、抵抗する中国との関係のなかでよびかけられたものであり、朝鮮・台湾をめぐる議論は展開されていない」(1)からである。たしかに、東亜協同体論や「世界史の哲学」の議論において朝鮮はつねに思考の外部に置かれ、直接対象化されることはなかった。その限りにおいて、「世界史の哲学」の中に朝鮮は「不在」であると言える。

だが、不在はもう一つの「存在」の表現であるとも言えるだろう。また、「世界史の哲学」を唱えた知識人たちは、朝鮮を対象に議論を展開することはなかったが、しかし彼らには、同時代の植民地朝鮮が確かに認識されていた。それは、彼らの文章の隅々に散逸するかたちで、しかし鮮明に遺されている。「世界史の哲学」の対象としてではなく、思考の破片として周辺に遍在する。その破片たちは、一つの完成された思想とは到底言えないものばかりである。しかし、それらはただの破片ではないのではないか。「世界史の哲学」が突き当たり、解決できずに砕け散ってしまったアポリアの痕跡ではないか。この章で試みるのは、その破片たちをつなぎ合わせることで「世界史の哲学」のアポリアとして存在する植民地朝鮮を浮き彫りにすることである。まずは三木と「世界史的立場と日本」グループの「世界史の哲学」の議論に遺された朝鮮の破片を拾う作業から始めたい。そしてその後、植民地知識人・徐寅植《ソインシク》の「世界史の哲学」を軸にそれらを再配置する。

第2節　「世界史の哲学」における朝鮮の破片

三木と高山たちの「世界史の哲学」は、それを構成するための前提となる歴史観を共有していた。しかし、彼らの間にはその姿勢において、依然として無視することのできない差異が認められる。それは東亜の他者に対する緊張感に如実に現れる。たとえば、三木が日本の「世界史的必然性」を確認するために注目した〈同化力〉＝〈包容力〉は、実は他者との関係なしでは成立し難いものである。前章で確認したように、日本の歴史において最初に出会う他者は、朝鮮と中国であった。高山は「三韓」を日本にとって最初に現れた「世界」だと捉えていたし、三木もまた、古代日本が中国の文化を調和してゆく力、つまり〈同化力〉を主張し、それを際立たせるために朝鮮などの文化的受動性にも言及していた。こうしたことは、たんに史実の問題としてのみ吟味されるべきものではない。日本の主体性そのものが他者との関係を通じて相対的に顕現することを見逃してはならないだろう。では、三木と高山たちの「世界史の哲学」における他者、とりわけ朝鮮はどのように立ち現れるのだろうか。

第1章で確認したように、戦時期日本の思想空間では民族をめぐる議論が活発に行われていた。それは、日中戦争からアジア・太平洋戦争へと日本の戦域が拡大されてゆくなか、「東亜協同体」「大東亜共栄圏」を掲げる日本が直面せざるを得ない根本的な問いとして出現した。その際、すでに日本に「併合」されていた朝鮮の民族問題にどう対応するかは、さまざまな民族を抱える新秩序の建設において重要な参照軸であった。三木は「内鮮一体の強化」（『讀賣新聞』一九三八年一一月八日付）を書き、政治的・経済的な「内鮮一体」を支持していたが、それと同時に、東亜協同体論では他の民族主義を尊重すべきとの立場を固守していた。しかし、彼のこうした姿勢は難関に直面せざるを得ない。というのも、もし中国と朝鮮に対して等しく民族主義を認めるならば、東亜協同体の中で朝鮮のみが「日本」として参画することは明らかな矛盾であるからだ。中国の民族的ナショナリズムは肯定されるが、朝鮮の民族的ナショナリズムは斥けられるのであれば、そこには明白な理由がなければならない。ところが、三木は東亜協同体の思想原理を世界史的なものとして構想していたし、また個人－民族／国家－東亜協同体は一貫した原理によって実現されるべきだと繰り返し強調していた。だから朝鮮との一体の原理は、中国とのそれと異なるものであってはならなかった。二つの「一体」が異なるものか、それとも同じものか、三木はこのアポリアを感知していたのではないだろうか。

実際に三木は「内鮮一体の強化」の中で、「日満支一体といふことと内鮮一体といふこととはその一体性の意味において同じでない」と言いつつも、その直後に、「けれども日満支一体とか東亜協同体とかといつても、内鮮一体の実現が先決の前提」[2]だと断っていた。この二つの文の間には、「けれども」という接続詞によって縫合される、その矛盾の痕が刻まれているように思われる。しかし、三木は、第1章で取り上げた南次郎や橘樸であれば、「源流を同じくする日鮮」[3]などとたやすく言ったであろう「一体性の意味」については語っていない。三木がこのような非合理的な神話に安住する人物ではないことはこれまでの議論からも容易に想像できる。ただ、彼が古代朝鮮の受動性を強調し、独自の朝鮮文化の形成を認めなかったことは、間接的に朝鮮が日本へ合流する運命を暗示していたと言えなくもない。しかし、だからといって、三木が日本民族とは異なる朝鮮民族を認めなかったわけではない。問題は一層入り組んでいる。まずは前章で取り上げた「日支文化関係史」（一九四〇年三月）の中で、三木が朝鮮をめぐる近代初期の日清の対立について綴っている箇所に注目してみたい。

> 然るに支那の無理解によつて朝鮮の独立が侵害され、東亜の危機を告ぐるに至つたので、伊藤博文はこれを憂慮し、一八九二年一月、明治天皇に奏上し、全権公使として支那に至り、李鴻章と会談して朝鮮問題を解決せんとした。伊藤の考は、後に一九〇一年ロシアに行つて日露協商を締結して、ロシアの満韓侵略を阻止せんとしたのと同一であつて、清国に行つて日清協商を締結し、清国の韓国属邦論を放棄せしめんとすることにあつたと思はれる。[4]

「日支関係文化史」は、三木が東亜の歴史について論じたほぼ唯一の論文であり、ジャーナリスティックな文章とは違い、少なくない文献や史料を参照している。[5] もちろん、いわゆる歴史学者ではない三木の日本史関連論文に、実証的な指摘を行うのは可能であろう。だが、ここで問題にしたいのは、近代初期朝鮮をめぐる日清の対立を、三木があくまでも朝鮮の独立をめぐる緊張として捉えていたことである。引用部では他のところの語尾とは対照的に、「と思はれる」という不安定な語が最後に布置されている。ここに、彼のある種の迷いが表れていると考えられる。だがこの後、朝鮮は再び登場しない。三木の文章には、戦時期の皇国史観にしきりに登場していた「三韓征伐」や「韓国併合」などの記述は見られない。彼の日本史記述には、朝鮮の受動性や「独立」が並べられるだけである。「日支文化関係史」の論文であるから朝鮮のことを記さなかった、だけかもしれない。しかしここに、東亜協同体論を唱える三木のある種の躊躇を読み取ることはできないだろうか。それは、朝鮮民族の独自性を唱えつつ、それでもなお朝鮮が「日本」の中に包摂されなければならない理由ははたしてどこにあるのか、という矛盾に対する躊躇である。実際に彼は朝鮮を明確に見据えていたし、この矛盾が少なからず意識されていたように思われる。このことについては次節で詳述することにして、ここでは、「世界史的立場と日本」グループが朝鮮という他者にどのような緊張感を持っていたのかについて見ておきたい。

高山の日本史観において、朝鮮は日本が自覚される最初の世界であった。高山は三木と同様に、神代を歴史的な思考ではないと切り離していた。しかし、彼の神話ないし伝説と距離をとる姿勢は、三木のそれとはやや異なる。三木は「三韓征伐」といった神話や伝説の内容については自身の論文で一切触れなかった。だが高山は、たとえば座談会「世界史的立場と日本」の中で、古代日本と世界との関係について説明しながら、「日本以外の三韓、支那との関係において日本が動くので、その関係においてのみ日本が発展するといふことが強く意識されてゐる」と述べた後、「日本は神功皇后以来三韓に対しては今日いふ安定勢力の位置を占めて来てゐた」と付言していた。(6) つまり、三木が古代日本の発展を文化の「交通」として捉え、日本の内部における〈同化力〉-〈包容力〉を強調していたのに対し、高山は「今日いふ安定勢力」という言いまわしを使って一線を引いてはいるものの、海外への日本の発展を古代日本と朝鮮の関係に遡って確認していたのである。もちろん三木も日本の海外への発展の「雄図」を豊臣秀吉の「朝鮮征伐」の歴史などに見出していたが、(7) 高山のように古代日本の「三韓征伐」という神話・伝説を鵜呑みにしていたわけではなかった。(8)

一方、座談会「総力戦の哲学」(一九四三年一月)では、「大東亜共栄圏」における民族問題が話題としてあがっていた。この頃、民族をめぐる概念規定が盛んに行われていたことは先述したが、特に座談会メンバーの中で高坂は、新たな世界史の主体としての「民族」の問題に強い関心を寄せていた。彼は民族をめぐる哲学的思索をまとめて一九四二年に『民族の哲学』を刊行した。座談会の中で口火を切ったのは西谷啓治であった。西谷は、これから「大東亜共栄圏」の諸民族を教育によって「日本人化」させることが重要だと述べながら、高坂の『民族の哲学』に言及して、「民族が歴史を作ると同時にまた歴史が民族を作りもする」、だから「歴史過程のうちで融合したり同化したり出来る」と主張した。その直後、さらに次のように続ける。

例へば朝鮮の場合は、外の場合と違ふかも知れないが、併しやはり今までの一般の考へ方のやうに「朝鮮民族」といふものを固定した動かせぬ観念のやうに考へることは、現在では不充分になつて来てゐる。一々既成の「民族」を固定して考へる、さういつた立場から民族自決主義のやうなものも出て来たのだが、併し現在のやうに朝鮮に徴兵制が布かれ「朝鮮民族」といはれたものが全く主体的な形で日本といふもののうちに這入つてくる場合、つまり主体的に日本人となつてくる場合、今まで固定したものと考へられてゐた小さな「民族」の観念は大きな観念のうちに融け込むとはいへないだらうか。いはば大和民族と朝鮮民族とが或る意味で一つの日本民族になるといふ風に言つてはいけないだらうか。そして更にその日本民族に、南方民族の或るものが例へば高砂族のやうに、日本人として教育されて加はつてくる――さういふ風にはならないかね。

とに角、現在では吾々は――日本においても朝鮮においても――民族といふものを大きく考へることが要求されてゐると思ふんだが(9)……。

ここでは、近代の固定的な「小さな民族」は、現代の「大きな民族」、すなわち「日本人」という主体へ「融け込む」ことが要請されているが、そのいわば試金石のような存在が「朝鮮民族」にほかならない。つまり朝鮮民族の日本人化は、「高砂族」や「南方民族」のモデルとして考えられていたのである。この頃日本で盛んに行われた民族をめぐる議論は、社会科学者などのアカデミアを中心とするリベラルとでも言うべき知識人たちが主導したものであり、そこにおいて民族はけっして血縁的・人種的なものとして捉えられてはいなかった。むしろ民族は歴史的に作られたものであるから新たに作りかえることも可能だという、開かれた主体の概念として見出されていた。だからこそ、異民族を日本人化することもできるという論理が生まれるのである。だがこの論理には、東亜の異民族を日本人になるべき主体としてしか認めないという帝国主義的暴力がむき出しになっている。西谷の発言に対して高坂は「さう思ふね。今までの民族の考へ方はどうも少し狭過ぎる」と肯き、「朝鮮民族も広義の日本民族となることによつてその本当の歴史性が生きてくる」と応えている。[10]こうした対話からは、三木が見せていたような、民族主義を超えることに対する躊躇は感じられないだろう。

高坂は自身の「民族の哲学」において、近代の民族自決主義を超えるための「現代」の新たな主体を「国家的民族」と呼んでいたが、座談会「世界史的立場と日本」(一九四二年一月)の中で高山は、それを「国民」と言い換え、高坂もそれに同意していた。[11]つまり、彼らは自然的な民族概念を退けるとともに、それを超える文化的・政治的な「国民」を新たな世界史の主体として捉えていたのである。

先の座談会「総力戦の哲学」における朝鮮民族をめぐる対話の直後、高山は高坂に向かって「東洋の民族、たとへば支那・インド・西亜などの仏教国・回教圏内の民族を考へると、いはゆる近代的意味での国家形成的といふ衝動とか意志・傾向が見られるものですか」と聞くが、それに対して高坂は、「僕はさういふ風な意味の国家意欲は東洋では見られないと思ふ」と返答する。[12]「近代的意味での国家形成的といふ衝動」は、日本においてのみ認められ、東亜の諸民族にはないとされていたのである。また、座談会中に鈴木成高が「東亜といふものの中でも、支那その他の民族がヨーロッパ国家と同じ原理でそれと同型の民族国家を要求し、そこに民族の自覚を見出さうとするならばそれは大きな間違だ。それはヨーロッパ的自覚であつて東亜的自覚でない、また世界史的自覚でない」[13]と言うように、もはや近代的な民族国家の自覚そのものも否定されていた。このような「世界史的立場と日本」グループの対話からは、東洋の他者と向き合おうとする緊張感はやはり見られないと言うほかない。

さらに、「世界史的立場と日本」グループの民族論の大きな矛盾は、それが他民族、つまり「大東亜共栄圏」の諸民族に向かうときには、血縁的な民族を超える原理が唱えられるものの、日本民族に限っては民族の純粋性ないし特殊性が強調されるということにある。こうした傾向は第1章で取り上げた南次郎の内鮮一体論でも同様に確認されるものであったが、「世界史的立場と日本」グループの中では特に高山の議論に顕著に見られる。たとえば、座談会の中で高山は、たんなる民族ではなく、世界史の主体としての「国民」に注目していたが、彼にとって民族の「血」はさほど重要な問題ではなかった。「血といふものがたゞ血だけで優秀とか劣等とか、力があるとかないとかいふことにはならないやうに思はれる。血といふものは、如何に指導して行くかといふこと、つまり血以外の原理によつて血が生きもすれば死にもするのでなからうか[14]」と高山は言うのである。ところが、同時期に書かれた日本文化論では日本民族の特徴については次のように説明されていた。

既に述べたやうに、我が国は海を以て封鎖せられた島国である故、異民族の侵入や移動は行はれ難い。この点、支那や印度やヨーロッパのやうな地続きの大陸諸国と事情を異にするのである。従つて、日本民族の血統的統一性は比較的純粋であると考へることができる。無論、日本も極めて古い上古に或は異民族が移動して来たとも想像されよう。たとひそれが認められるとしても、それは悠久な太古の事柄に属し、民族の記憶に残つた歴史時代の事柄ではない。いはば歴史以前の事柄に属するのである。朝鮮半島に膨張して、そこに一つの共通な文化圏を形成したと想像される時代には、多少民族の混淆が行はれたかも知れない。併し、これも考古学の推定に属する上代であり、而も大きな部分に渉つたこととは思はれない。存するものは帰化人があつたといふことだけである。兎に角、民族的記憶の残る歴史時代に入つて後には、異民族の侵入や混淆の事実は少しも見当らぬのである。(15)

奇妙にも、ここでは高山が、日鮮同祖論のような神話を信ずることなく歴史的な思考をしているがゆえに、日本民族の血統的統一性が歴史的に認識されている。朝鮮半島の人びととの「混淆」は日本民族の記憶に残る出来事ではない。つまり「歴史以前」のこととして処理されている。朝鮮半島へ「膨張」した伝説は、日本民族の世界史的発展をよみがえらせる装置として利用されるのみであり、それによる「混淆」は「歴史」ではないと退けられ、日本民族の純粋性が強調されているのである。このような主張は、先に確認した、血を超えた国民の論理とけっして矛盾するものではない。朝鮮民族は「国民」として統合されるべきであって、純粋な日本民族ではないのである。朝鮮民族は、日本民族とは別の民族であり、「日本国民」として指導すべき存在なのである。ここには、あくまでも国民の中に階層的な秩序を設けようとする帝国主義的ナショナリズムが作動している。それを支える論理は、高山たちが「血」を超える「国民」の論理を提示しながら、「血」そのものを対象化し相対化しないがゆえに構成され得たものである。こうした論理を前に、朝鮮民族は自身の独自性を主張して独立することも、また純粋な日本民族になることも許されず、立ち止まるしかないのである。このような民族の桎梏とその矛盾を予覚していたのがほかならぬ三木であった。

第3節　「世界史の哲学」のアポリア——対談「民族の哲学」をめぐって

1　「民族の哲学」をめぐる高坂正顕と三木清の相違

民族主義の尊重と民族主義の超克という「世界史の哲学」の課題は、朝鮮という他者に直面し、そのアポリアを露呈する。三木はこのアポリアに悩みつつも、それに立ち向かうことができず佇んでいた。その痕跡が、座談会「世界史的哲学と日本」と同時期に行われた高坂との対談「民族の哲学」（一九四一年一二月）に刻まれている。

当時日本の民族をめぐる議論においては新たな時代の主体として「民族」が注目されていたが、このような思潮に対応するかたちで、京都学派の中でも高坂を中心に「民族の哲学」が展開されていった。高坂は『民族の哲学』（一九四二年）の中で、『人種不平等論』（一八五三〜一八五五年）などで知られるゴビノーの人種決定論を批判しながら、「歴史世界に於ける主体は単なる人種ではなくして民族である」[16]という立場に基づき民族の哲学的考察を展開した。高坂は民族を構成する契機である「血」「土」「運命共同体」「言語」「神話」「文化」の六つについてそれぞれ検討し、「それらはいづれも民族概念を構成する重要なる契機でありながら、しかもそのいづれも民族を決定する充分の契機ではあり得なかつた」とまとめた。そしてその後、このように民族の外部からの限界は「不定」であるため、「内から自己限定的」なものこそが「民族」であると唱えた[17]。

　民族が外からしては、種的な不確実性としてほか捉へられ得ないといふことは、かかる種としての民族は、素材的、可能的なものに止ることを意味するであらう。形成され、現実となつた民族は主体的であり、実践的であり、要するに自己限定的であるが故に、また権威を有つのである。かかる民族が国家を形成する民族であり、国家的民族である。かかる民族のみが明確な輪郭を有つ。それは自己限定的であるからである。私が最初に民族は政治的・倫理的概念であり、実践的概念であると語つたのはその為である。[18]

高坂によれば、主体としての民族は外部からは規定し得ない。なぜなら、外部からだと「不確実性」によってしか民族は捉えられないからである。ゆえに、形成される主体的な民族は「自己限定的」であり、「国家的民族」としての輪郭を有するようになる。彼はこのような民族の主体的発展の段階を、「自然民族」→「文化民族」→「国家民族」として図式化した。[19] このような認識のもと、座談会「総力戦の哲学」において「朝鮮民族も広義の日本民族となることによつてその本当の歴史性が生きてくる」と述べていたのである。

こうした高坂の「民族の哲学」に異見を呈したのが三木であった。高坂と三木の対談は、「民族の哲学」と名づけられ、『文藝』一九四一年一二月号に収録された。「最近民族々々といふことを頻りに言ひます」という「記者」の言葉から始まる対談は、「民族の哲学」を研究している高坂に聞き手の三木が話を伺う形式になっている。順調に進むかのように見えた対談は、しかし後ほど見るように、三木が高坂の理論に終始賛成しなかったので論戦となり、むしろ両者の違いが浮き彫りとなった。[20] 戦後になって鈴木成高は、高坂が対談の後に「カンカンに怒って帰ってきた」[21]と証言している。では、いったい何が問題だったのか。論戦は、高坂が一通り自身の「民族の哲学」を披瀝した後、三木の次のような言葉から始まる。

> 民族を歴史的なものと見ることはヘーゲルなんかの歴史哲学もさうだが、今日の民族といふ思想には自然主義的な見方が強調されてゐる。ところがさういふ生物学的な見方の出て来たことが、現代の一つの注目すべき特徴でないかと思ふ。[22]

先述したように、高坂の「民族の哲学」は民族を自然的なものではなく、主体的なものとして捉え直そうとするものであった。そこでは、民族は歴史的なもの、つまり作られたものであるがゆえに、作ってゆくことができるものであった。しかし、一見偏狭で非合理的な民族主義を退け、それを超えているかのように見える高坂の理論は、民族を歴史の主体として再築することで、開かれた、しかし強力な(国家的)民族主義を要請することになる。引用部の直前に高坂は、「文化は次々に継承されて行くと考へることも出来る。しかし民族はさうは行かないのではないですかね。民族は滅べばそれつきりになつて了ふのですから」[23]と述べており、「民族」という主体の維持・発展を強調していた。「日本民族」なるものも、つねに動的で発展しつつあり、彼の理論からはこうした「国家的民族」=日本民族に朝鮮民族は吸収されてしまうことになる。それが世界史の発展に合流できる唯一の道とされるのである。この点について、たとえば、高坂は座談会「世界史的立場と日本」の中で、アイヌを例にとり次のように述べている。

民族といふものも単に民族としてだけではつまらない。民族が主体性をもつた場合にそれはどうしても国家的民族の意味を持たなければならぬ。それが主体性をもたず、自己限定性をもたない民族、つまり「国民」にならぬ民族は無力だ。その証拠にアイヌみたいなものは結局独立した民族の意味をもたず、他の国家的民族の中に吸収されて了ふ。[24]

このように高坂にとって、主体性をもたない、「自己限定」できない無力な(朝鮮)民族は「国家的民族」に吸収される運命に置かれているのである。一方、三木は、自然主義的な民族主義が現れていることが現代の特徴であると重ねて強調していた。対談「民族の哲学」における高坂と三木の相違は、前半では基本的にこの点をめぐって繰り返される。三木は挑発するかのように、高坂の理論では自然主義的な民族主義が現れている歴史的必然性が薄れてしまうと指摘し、高坂は、自然的な民族は歴史を作ってゆく際の「材料」にすぎず、それを強調してしまうと「決定論」に陥るから、歴史的なものとして民族を捉えるべきだと応手した。

実は三木の高坂に対する挑発的な質問は、一つの意図をもって行われている。それは、高坂の議論が自然的なものとしての民族は退けながらも、「民族」そのものを世界史の主体として自明視している点である。もちろん三木は現代における民族主義の登場に歴史的必然性を認めていた。また彼が自然主義的な民族主義、すなわちナチス流の民族主義を厳しく批判していたことも他の文章から一目瞭然である。マルクス主義を経てきた三木は、日本の遂行する新秩序建設の思想原理が日本帝国主義やコミュニズムをともに超えるものでなければならないと繰り返し主張していたが、[25]高坂の理論が、これらを超えるものであるかどうかを確かめていたと思われる。そこで問題となるのは、自然主義的な民族主義を批判しながらも民族に固執する理由である。三木にしてみれば、自然的なものとしての民族を否定するのであれば、世界史的な主体として民族に固執する根拠が弱くなってしまう。作られるものとしての民族に注目する高坂に対して、「自然的なものの重要性を認めないで、それがただ歴史的に形成されるものと考へるなら、階級といふやうなものでもさうなので、民族主義的な歴史論といふものの根拠が弱くなりはしないか[26]」と反問するのもそのためである。

世界史の主体が民族でなければならない理由を明確にしてほしいという三木の要望に対して、高坂は歴史的な民族が「自己限定的」な主体的概念であり、そのように民族が「自分で自分を決めようとする時、そこに国家といふ意義が実現する」、つまり例の「国家的民族」の形になるからだと説明する。[27]これに対し三木は、もし民族が「歴史的に作られてゆくもの」というなら、「究極のものは結局世界といふことになりはしないか」と問いかけ、高坂と三木を分かつ決定的なものとしての「世界」の概念を登場させる。高坂は、民族の主体性は世界史からのみ考えられるが、しかしその世界史を動かしてゆく主体的なものは民族であると唱え、あくまでも世界と民族の「相互限定」に固執するが、三木はそれに、相互限定だけでは世界と民族のどちらが究極のものなのかがわからなくなる、民族そのものも「世界」の「自己限定」によって生じるのだと反論していたのである。にもかかわらず「世界」ではなく「民族」を強調すれば、「自己矛盾」に陥る。だから「世界」を究極のものとして捉えなければならない、と三木は述べていた。[28] こうして三木が「世界」を究極のものと捉える理由は、「今の日本においても大陸発展は日本民族の自己保存の衝動だといふやうに説明されてゐる」[29] からである。現に、日中戦争中にあって、国民政府の蔣介石だけでなく、日本の傀儡政権であった新国民政府の汪兆銘からもこうした日本の侵略主義に対する厳しい批判・懸念が寄せられていた。[30] しかし高坂は、三木の懸念に対し、歴史を究極的に動かしてゆくものを「世界」に求める三木の理論をたんなる世界主義になると警戒しつつ、その「世界」を作ってゆくのは「民族」なのだと繰り返し強調する。

三木の議論はヘーゲルの有名な「歴史の理性」テーゼを彷彿させるものであり、実際に三木も対談中に何度もヘーゲルに触れている。たとえば、三木が「民族の興亡」について高坂に問うたとき、高坂は「民族といふものはそれ一つだけでは成り立たない」と言い、高山と同様の相対的な民族観に基づいて説いてゆく。こうした説明に対して、三木は「ある民族は栄え、或る民族は滅ぶといふとき、そこにヘーゲルのいつた世界史の審判といふやうなものが考へられないか」と聞き返すが、高坂は、「滅ぶ」のではなく、「或る一つの民族が他の民族を媒介にして自分の大を成す」のだと訂正したうえで、それは従来のイギリスなどの植民地政策のようなものではないと付け加える。[31] 要するに、「民族」を超える何かを「歴史の理性」のようなものから考えようとする三木に対して、それは近代の「世界主義」になりかねない、従来の帝国主義によって「滅ぶ」のではなく、「媒介」を通じてそれぞれの民族が「大を成す」ことが重要だと高坂は主張したのである。

さらに、高坂の言う「媒介」されるものがもし「民族」ではなく、「文化」だとすれば、「東亜民族」なるものも考えられると三木が言うと、それは「民族の否定」だと高坂は断る。その理由は、もしさうなれば、「東亜民族といふものも考へられるし、或ひは東亜民族とアフリカ民族を食つ付けたもの、即ち黄色人種と黒色人種とを結合したやうなものも考へることは出来る」が、それは「現在の地盤」、すなわち過去からの歴史を無視するものであるからである。しかし三木はもし民族が作られてゆくものであれば、「東亜民族」、「世界民族」だって考えることができると反駁する。それに対し高坂は、過去を未来に媒介してゆく歴史的な「主体」を強調する。[32]

二人のやり取りから浮かび上がるのは、高坂が歴史を作ってゆく主体として民族に着目するとき、その民族を決定させるものは「世界」ではなく、民族の内なる「歴史」から捉えているのに対し、三木はあくまでも「世界」による主体でなければならないとするため、「東亜民族」、「世界民族」なるものも形成可能だと主張していることである。だからこそ三木は「歴史を創ってゆく主体が階級に対する階級といふやうなものでなくて、民族でなければならない理由、民族に対する世界といふやうなものでなくて、民族に対する民族でなければならない理由は何か[33]」と問い返す。「民族に対する世界」こそ、三木の民族論の核心たるところであった。

本来聞き手の立場から高坂の話を探っていた三木は、ここから具体的に自身の理論を披瀝してゆく。高坂が右の三木の言葉に対して、もし「民族に対する世界」が歴史の主体だとすれば、「国家」の意味がなくなると反駁する。それに対し、三木は「国家といつても変わつてゆく」と返し、「民族の権威」なるものも「世界史的使命」によって限定されうるものと捉える。そうすることによって、民族それ自体の権威は弱まる。[34]このように三木は世界主義にこだわり、ある種の「世界共同体」のようなものを想定していたと言える。しかし、先程見たように、三木はたんに民族主義を否定していたわけではなかった。彼のこのような態度は、次のような発言に端的にあらわれる。

自然主義的な民族論が出てきたには《ママ》歴史的必然性といふものがあると思ふ。さういふ自然主義がもつてゐる批判的意義を認める。しかし究極は世界史の立場から見られるので、民族主義もさういふ意味の世界主義までもつて来てその中で考えねばならない。[35]

三木は自然主義的な民族主義が現れた歴史的必然性、つまり近代自由主義への批判意識を認めつつ、しかしそれを高坂のように民族－民族という主体にとどめておくのではなく、世界－民族という主体につなげようとしていた。それに対し高坂は、現代の民族主義が持つ批判意識を認める点においては同意するものの、その後に世界主義や個人主義につながるのなら、民族主義を認めた意義がなくなってしまう、と留保する。たしかに、高坂の指摘のように、三木の構想は、「民族主義」と「世界主義」の間で空転しているかのようにも見える。しかし、この「民族主義」と「世界主義」の間にこそ、三木は新たなる思想原理を求めて執着していたのであり、たんに近代の世界主義に戻ろうとしていたわけでない。対談中に三木は繰り返し「世界」を強調し、それが高坂には「世界主義」として受け止められる。高坂からすれば、世界主義は抽象的なもの、具体的な主体のいない世界である。しかし三木は堂々と「世界」は主体であると主張し、「世界」が「世界」を作る、ゆえに「民族」や「国家」は世界史の中にあらわれてくる「歴史的個性」であると断じる。対する高坂は、あくまでも民族が具体的になった「国家」＝「国家的民族」が主体であると反駁していた。[36]

して聞き流すことのできない一声を発する。

2 「民族の哲学」と朝鮮民族

高坂への反駁の直後、三木は「世界史の哲学」と植民地朝鮮との関係を探ろうとするわれわれにとってはけっして聞き流すことのできない一声を発する。

種々の民族の上に一つの国家が考へられはしないか。必ずしも一民族一国家ではない。現に日本の国家の中には朝鮮民族などが含まれてゐる。(37)

三木は対談の前年にも「朝鮮、台湾民族を含容する我国としては排他的ならざる民族協同の方式こそ必要(38)」だと訴えていたが、高坂の「国家的民族」なる概念が結局のところ「一民族一国家」に収斂する構造であることを危惧していたのではないか。高坂の「民族の哲学」は人種論的な民族主義を批判するものであるが、「国家的民族」のみを歴史の主体として主張する限り、日本国内の諸民族は国家的民族にならざるを得ないのである。高坂は「大東亜共同圏」なるものも日本を中心とする国家的民族の連合体として想定していた。日本が指導する「大東亜」の国家的民族は中心的な国家的民族である日本に媒介され、代表されなければならない(39)。こうした高坂の「民族の哲学」に対して三木は、日本という国家の中に「朝鮮民族など」も含まれていることを想起させ、その矛盾を露呈させたのである。なぜなら、高坂の理論に従えば、朝鮮民族は国家的民族としての日本民族に飛躍しなければならず、帝国内の諸民族の民族主義は認められないからである。そうなれば、民族主義の歴史的必然性も薄れてしまい、「民族」でなければならない理由も弱くなるのではないか。これが三木の高坂への批判の主旨である。だから三木は、民族主義の歴史的必然性を認め、「世界」によって限定される「民族」を考えなければならないと唱えていた。また、媒介されるのは民族ではなく、「文化」である。三木の言う「文化」は、狭義の言語や伝統などではない。複数の民族の中に流れる普遍的な特殊性を持つものが文化であり、前章で見たように、三木は儒教からその可能性を抽出しようとした。こうして作られる協同体は「多民族国家」のようなものであるが、しかし、ここまでの三木の発言からわかるように、それは今日の、複数の民族の集合体としての「多民族国民国家」とは微妙に異なる。三木の新たな政治体への構想は、多様な民族が独立しながら世界性の文化を共有し一を成すものである。三木がたんに「東亜民族」ではなく、「世界民族」なるものを追い求める所以もここにある。「多民族国家」はたんに国家に閉じられるのではなく「世界」の縮小版でなければならない。帝国内の朝鮮民族を挙げて高坂を誘導した後、三木は高坂の理論をもし「大東亜共栄圏」に拡張すれば、「ソヴィエト」のような多民族国家と何が違うのかと迫る。対して、高坂はうまく太刀打ちできなかった。[40]

高坂が「民族」を手放さなかった理由は、それが歴史を作ってゆく具体的な主体だと考えていたからである。しかしそれによって自然主義的な民族の概念は形骸化してしまう。なぜなら、「自然的力」も「歴史的自然」として作られたものと把握され、歴史を作ってゆくときの材料とされるため、絶対的な自然の力は失われてしまうからである。その点を指摘した三木は、民族そのものを否定するのではなく、ただそれが「世界」によって限定される歴史の主体であると捉えていた。自然主義的な民族主義の「自然的力」を保存したまま、世界主義を主張しようとしたのである。世界史において民族が歴史的必然性をもって現れたのであれば、そこにある種の絶対性を認めなければならない。しかしそれは、けっして人種論的に民族を肯定し、ナチズムやファシズムに同調することにはならない。

要するに民族主義といふのは歴史の現在の段階においてどういふ意味をもつてゐるかといふと、現在の帝国主義的な体制を打ち破つてゆく自然的力として、ちやうど個人がどのやうな隷属状態におかれても、自己保存自己主張の自然力によつてこれを打ち破つてゆくといふのと同じやうな意義を持つてゐると思ふ。そこに現代の民族主義的自然主義の解放思想としての意義があるが、それだけでは破壊的に止まつて、建設的であらうとするには世界的な見方が必要だと思ふ。[41]

三木は近代の個人主義がそうであったように、現代の民族主義の持つ「自然的力」の意義が「帝国主義的な体制」を破ってゆく「解放」にあると捉える。三木が民族主義を肯定するとき、その絶対性はここにおいて認められるのである。しかしそれは破ってゆく力にとどまるため、歴史の建設のためには「世界的な見方」が必要になる。こうして、一見矛盾する民族主義と世界主義は接続され、歴史は弁証法的に進行してゆく。彼のこうした構想にはヘーゲルやマルクスとの遭遇を通じて深められた（過程的）弁証法が影を落としている。

歴史的自然といつても、自然と歴史との対立を考へることができる。歴史的に創られたものを自然的なものが破つてゆく。破つてゆくことにおいてみづから歴史化されてゆく。さういうやうに歴史化されてゆく過程において残余として残つてゆくものを自然といふことができる。[42]

歴史化の「残余」、つまり「自然」が「歴史」を破ってゆき、またそれが歴史化され、残余としての「自然」を残す。こうした三木の主張に対し、高坂は「残余であると共に、新しいものが出来て来る材料にもなる」と言いながら自身の理論に引き付け、「新たなる歴史を創造する地盤」として「民族」も認められるのではないか、と話す。三木は「認め方が問題だ」と返していた。[43]

繰り返しになるが、三木はあくまでも民族主義の自然的な力を、日本も含めた帝国主義体制からの「解放」の過程において認め、新たな世界主義による歴史の創造を描いていた。彼にとって高坂の「民族の哲学」は、国家的民族にのみ主体を認める点において自己矛盾に直面せざるを得ないものと考えられていたのだろう。対談「民族の哲学」には、こうした二人の相違が克明に刻まれている。三木が指摘した高坂の理論の自己矛盾は、戦時期日本の「世界史の哲学」が逢着したアポリアでもあった。対談では三木の朝鮮民族への言及によりそれが表面化したのである。朝鮮民族が国家的民族としての日本民族になることで歴史の主体たりうると捉えた高坂に比して、三木は、朝鮮民族を一つの民族として捉えていた。帝国主義体制を破ってゆく自然的な力として民族主義を肯定するとともに、「国内」のみならず、「東亜」、「世界」を貫く思想原理を模索していたのである。

三木のこうした構想は、今日的な視点から見れば、国民国家論以後の民族主義や世界主義を考えるうえで示唆に富む議論であろう。[44] しかし、歴史的な文脈において三木の思想実践を眺めると、けっして楽観的には受け入れられない。というのも、まず三木の思想は前章でも述べたように、新たなる世界秩序の建設における対等な協同を否定し、日本のイニシアティブを前提とするものであったからである。それを支えていたのは、すでに確認したように彼の歴史観であった。三木の世界主義と世界史における日本の主導性の主張は相互連関性を持つ。また、日本のイニシアティブを自明視すれば、現実の抵抗する多くの他者を見失ってしまう。いくら彼が中国の現実を目の当たりにし、観念的な議論を退けながら帝国主義体制の批判を試みたとしても、その思想は徐々に現実から乖離してゆく。

たとえば、三木は対談「民族の哲学」の中で満洲国をどう見るかと高坂に聞き、高坂は成長していけば、「民族的国家といふ形[45]」を取るだろうと話した。対して三木は「五族協和に立つ民族的国家といふ場合、それは従来いはれた民族的国家の概念とはよほど違つたものになる[46]」と返している。三木は満洲国の動向に自身の考える「多民族国家」を投影し、期待を込めて注視していた。実際に三木は一九四〇年八月から二ヶ月間満洲国に滞在しながら視察と講演を行い、帰国後にはその感想を「満洲の印象」に書き留めている。その中で、「日本人は元来あまり人種的偏見をもつてゐない」としたうえで、次のように記している。

上海あたりの公園でイギリス人が「犬と支那人とは入るべからず」といふ制札を立てたといふ話をよく聞かされるが、かやうなことは日本人の場合には考へられないのである。海拉爾から新京へ帰つてきた翌日、私は児玉公園に入つてみた。それはちやうど仲秋節の日であつたので、大勢の人が出て、芝生の上でも池の上でも楽しさうに遊んでゐた。日本人もをれば、満人もをり、朝鮮人もをる。その風景は確かに私を感動させるものであつた。(47)

日本人や「満人」、朝鮮人がいる児玉公園の風景は、三木にとって「民族協和」の感動として思い出される。同時に、西洋人とは対照的な「人種的偏見」を持たない「日本人」が確認される。もちろん三木は「満洲の印象」の中で日本人の中国人に対する偏見も指摘しており、引用部の「日本人」は、元来偏見などないはずの日本人の姿として想起されている。では、このような日本人と朝鮮人はどのような関係にあるのだろうか。三木は「民族の哲学」で自然的な力としての民族主義を認めるべく、朝鮮民族の存在を想起させていた。しかし、それはあくまでも日本の中の一民族としてであり、「内鮮一体の強化」に見られるように、けっして朝鮮民族の政治的自由や独立を認めるものではなかった。だとすれば、朝鮮民族の独自性を認めながら、それでもなお「日本」にとどめておく理由はどこにあるのだろうか。日鮮同祖論の神話の中に収めるのでもなく、「国家的民族」へ昇華させるのでもないとすれば、彼はその理由をどう説明できるのだろうか。結局のところ、三木はこの問いに向き合えなかったのではないか。このアポリアにぶつかったとき、三木の思考は〈躊躇〉から〈回避〉に転じたのではないだろうか。右の引用部の後に書かれた次のような一文に、押し隠されるアポリアとしての「朝鮮人」がいる気がしてならない。

そこで私は公園の群衆を一層仔細に観察し始めた。なるほど、そこには日本人もをれば、満人もをり、また朝鮮人もをる。けれども日本人と連れ立つてゐるのは日本人であり、満人と連れ立つてゐるのは満人である。日本人と満人とが一緒になつて遊んでゐるといふのは見当らない。そしてそこになほ深く考へねばならぬ問題があることに私は気附いたのである。[48]

朝鮮人は確かに公園にいた。しかしその次の瞬間、朝鮮人の存在は霧散し、日本人は日本人と、「満人」は「満人」と遊んでいる場面が描写される。日本人と遊ぶ日本人に朝鮮人は含まれているのだろうか。もしそうでないとすれば、朝鮮人の存在はいったいどこに行ってしまったのか。もっぱら日本人と「満人」の付き合いのみが問題として意識される。そしてこの文章の後、「民族協和」のための思索が綴られる。ここで、思考の対象にならない、姿をくらました朝鮮人こそ、「世界史の哲学」のアポリアではなかったのだろうか。三木が「植民地状態からの解放」の力として民族主義を認め、[49]朝鮮民族の存在を自覚していたとしても、それが高坂の言うような国家的民族にならないのであれば、朝鮮人はいったいどうなるのか。このように押し隠れた「朝鮮人」こそ、「世界史の哲学」が逢着し躱してしまったアポリアにほかならない。

第4節　沈黙の叫び——中絶された徐寅植の「世界史の哲学」

戦時期日本において京都学派を中心に議論された「世界史の哲学」は、それが新たな秩序への転換を促すものであるがために、植民地朝鮮の多くの知識人たちにとってある種の希望として映った。ここでは、そのわずかな光に導かれ、植民地朝鮮において「世界史の哲学」を展開していた徐寅植《ソインシク》（一九〇六～?）の思想実践に注目する。徐寅植は、早稲田大学文学部哲学科を中退した後、朝鮮共産党の日本部員として活動した。その後、一九三一年頃に朝鮮共産党の再建運動に関わったことで検挙され、一九三七年頃にようやく釈放された。この時期から彼は批評活動を始め、一九四〇年末に絶筆するまで、『歴史と文化』（学芸社、一九三九年）を刊行するなど、朝鮮のジャーナリズムにおいて多くの歴史哲学関連論文を発表し、同時代の知識人たちに大きな影響を与えた。

徐寅植については、二〇〇〇年代以降、韓国（出身）の研究者を中心に研究が蓄積されてきた[50]。その多くは、徐寅植が遺した東亜協同体論や「世界史の哲学」に関連する文章の評価をめぐり、それが当時の日本の帝国主義的な（東洋主義）言説に批判的であったか、それとも同調的であったかを中心に検討されてきた。すでに多くのところで指摘されているように、徐寅植は植民地朝鮮においていち早く東亜協同体論や「世界史の哲学」に着目し、歴史哲学の視座に基づいて独自の議論を展開していた。彼が批評活動を行なっていたのは、日中戦争勃発からアジア・太平洋戦争へ拡大する直前までであり、日本において「世界史の哲学」をめぐる議論が盛んに行われていた時期とちょうど重なる。徐寅植はこの時期に精力的に文筆活動を行なっていたが、しかし一九四〇年末以降、突然どの紙面からも彼の名前は消えてしまい、史料もほとんど残っていない状況である[51]。ここでは、これまで見てきた日本知識人の「世界史の哲学」をめぐる議論を踏まえたうえで、徐寅植の「沈黙」が意味するものについて、彼の思想内容から吟味してみたい。

徐寅植は、一九三八年末から日本で本格的に議論されるようになった東亜協同体論を注視しながら言説実践を行なっていた。一九三九年四月に発表された「現代の世界史的な意義」において、当時の日本の議論を意識しながら、「西洋から東洋の解放、それ自体が即ち世界史的な意義を持つのではない。〔…〕東洋の解放が今日の世界史の現代的な課題と内面的連関を持って遂成されるのであれば、それはもちろん世界史的な意義を持つことになる」[52]と述べていた。徐寅植にとって、西洋中心の近代を乗り越えようとする東洋の思想原理は、「世界史的な意義」を持つものでなければならなかった。そのために展開されている「東亜協同体理論」が、もしたんなる「東洋的ミュトス（神話）」として議論されるのであれば、「東洋の伝統的な王道イズムや家族主義」と何の変わりもない。徐寅植は、こうした東洋の特殊原理では「東洋と西洋の相克」を解消することができないと捉えていた。[53]このように、「東洋の伝統的な王道イズムや家族主義」に懐疑的な姿勢は、たとえば同時期に発行された『新日本の思想原理　続編』において唱えられた、次のような「協同思想」に対する警戒として受け止められるだろう。

我々が東洋に発見し、以つて西洋の思想を是正するに足ると見るものは、その独特なる連帯の思想であり、協同の思想である。帰一と云ひ、王道といひ、その根底には極めて実践的なる協同思想が働いてゐるのである。日本の国体の根源をなす一君万民、万民輔翼の思想は正にその精華と云はなければならぬ。[54]

徐寅植は「東洋」をもって西洋的な近代を克服しようとする日本の革新的な知識人たちの東亜協同体論に共鳴を示しながらも、それがたんなる「東洋的ミュトス」の復元とそれによる日本の主導性の確認に終わることを警戒していた。彼にとって「東洋の解放」は「世界史的な意義」を持つべきものであり、ゆえに、近代を象徴する

「キャピタリズム」と根本的な連関を持って提起されるときにのみ認められるものであった。(55)

さらに徐寅植は、「文化における全体と個人」(一九三九年一〇月)において、近代を乗り越えるための転換期である「現代」には「新しい全体性の原理」が求められると述べ、それが「媒介的な全体性の原理」だと論じていた。この「媒介的な全体性の原理」は、「個性の自己目的性を生かすと同時に全体の自己目的性までも生かすもの」であり、それゆえ、「個」と「全体」は、「相互否定的な関係から相互肯定的な関係へ」と変わる。(56)そしてこの原理による新秩序は、「あらゆる個体が独立しながらそのまま全体になるような構造を持つ世界」であり、そこでは「無限大の円」のようにあらゆるところが中心となり、「無的普遍の性格を持つ」世界が成立する。これは、東洋の普遍性に基づく世界であるが、こうした世界においては「中心と周辺があって支配と帰属の関係を形成することはない」のである。徐寅植によれば、西洋的な近代世界においては「個」と「全体」が排他的なものであり、それゆえ、「世界の多中心」が許容されなくなる。そこでは「中心と周辺ができて、その間に支配と帰属の関係が形成される」ことになる。だから「西洋と東洋」や「本国と殖民地」、「階級と階級」、「個人と個人」の関係において支配と帰属の関係が形成されることになると捉えられていた。(57)

こうした徐寅植の議論が、「無限大の円」や「世界性の世界」といった京都学派哲学の用語を駆使しながら行われたものであることは言うまでもない。だが、米谷も言及しているように、徐寅植は「世界の多中心」などの概念を用いて朝鮮が置かれている帝国‐植民地関係をも克服しようとしていたのであり、その批判的な受容ないし「転釈」の試みは評価されるべきであろう。(58)ただ、彼の思想内容が、それでもなお三木などの東亜協同体論とかなり近いものであったことについては慎重に検討しなければならない。先に見たように、三木も帝国主義批判を試み、植民地的状態からの解放を訴えていたし、徐寅植の帝国主義/植民地主義批判の根拠となっている「世界の多中心」のようなものも、三木の世界主義の核心であり、それゆえ繰り返し強調されていた。たとえば三木は、一九三八年一月に、閉じた「環境」に対して開いた「世界」の重要性を説きながら次のように述べている。

人間は自己自身をも対象として見ることができ、自己の心をすらいはゆる内界即ち一の世界として見ることができる。世界が成立するためには、このやうに人間の生き方が離心的であつて、自己が環境のうちにおいて中心でないといふことが必要である。環境のうちには中心があるに反して世界のうちには中心がない。もし世界を円に喩へるならば、それは唯一の中心を有する円ではなくて至る処が中心であるやうな円である。かやうなものとして世界は閉ぢたものでなくて開いたものである。世界を有するといふことは人間に固有なことであり、人間は世界に向つて開かれてゐる。(59)

徐寅植の言う「世界の多中心」は、引用部の「至る処が中心であるやうな円」に対応する。徐寅植と三木は、近代の超克の歴史意識のみならず、その思想内容においても多くのことを共有していた。これは、三木のみならず、西田幾多郎をはじめとする京都学派哲学者の思想に彼が強く惹かれていたことを意味するであろう。では、徐寅植の思想は、朝鮮において同時代的に京都学派の思想を「再現」(representation)するものにすぎないのだろうか。

これまでほとんど注目されてこなかったが、実は一九四〇年前後に、徐寅植の言説には微妙な変化があった。京都学派の思想に共通している、いわゆる「東洋的無」なるものと距離を取ろうとした痕跡が見られるのである。ここでは、一九四〇年一月に発表された「東洋文化の理念と形態——その特殊性と一般性」に注目し、その痕跡を探ってみたい。徐寅植はこの論文において、西田の「形而上学的立場から見た東西古代の文化形態」(60)や高山の「人間背後の生命と無の哲学」(61)などを取り上げ、東洋の思想について検討している。まず、西田の思索を参照しながら、西洋文化の根底に「有」の思想があるのに対し、東洋文化の根底に「無」の思想があるとし、この「無」

が「絶対の否定即肯定」、つまり「絶対の無」であることを確認する。徐寅植はこうした西田の見解をまとめながら、西洋の「実体」は、「論理を通して「認識」できるもの」であるのに対し、東洋の「実体」は「行為を通して「体得」するもの」であると述べる。また、高山の議論を参照しながら、「西洋的有」の形而上学においては「実在」が「対象的に超越したもの」であるのに対し、「東洋的無」の形而上学において「実在」は「主体的に超越したもの」であると綜合する。[62]

こうして徐寅植は西田と高山の議論を紹介した後、東洋文化と西洋文化について咀嚼してゆく。それを簡略にまとめると次のようになる。「イデア」に代表されるように、西洋文化が実体の対象知を重視する「知識」であるのに対し、仏教の「梵」や「空」に代表される東洋文化は解脱知、すなわち「知恵」を重視する。それは対象化できないものであり、そのため、主客分離以前の「行」の世界に還り、体得するしかないものである。また、西洋文化が「知」を生産するものであり、ゆえに構成的・体系的なものであるのに対し、東洋文化は「行」を形成するものであり、直観的・断片的なものである。西洋文化が構成的であるということは、「機械」のように全体を部分に分解できることを意味する。それに対し、東洋文化が形成的であるということは、「生命」のように部分がすなわち全体であるため分解できないことを意味する。[63]

こういった具合に、徐寅植は東洋文化と西洋文化を分析してゆくのだが、ここでの目的はたんに彼の議論を紹介することにはない。一九四〇年前後に彼の論に起きた微細な変化を見つけるために注目したいのは、徐寅植がこうして西洋文化と東洋文化を並べながら、徐々に「西洋文化」を評価してゆくということである。先に引用した「世界の多中心」とも関連して、次のような記述は見逃せない。

ところで、〔西洋の〕知の機能はもちろん事物を分析し、綜合するところにある。直接的な素材を抽象的な諸要素に分解してから媒介的な全体として綜合してゆくのが知性の機能である。しがたって、西洋文化が知的構成の産物であるとすれば、我々は任意の哲学や科学はもちろんのこと、一つの時代の文化諸部門の内的連関までも一定の論理的操作を通して再分解・再綜合することができるのである。

〔…〕ところが、東洋文化がもし論者たちの言うように単純な行的直観の産物であるとすれば、我々はその中から全体に移行するある種のメタモルフォーゼ（Metamorphose）を発見することはできるのかもしれないが、その中に分析と綜合、分化と統一を介入することは却って文化の真髄を理解し間違える恐れがある。

〔…〕その〔東洋文化の〕中には、厳密な意味においてメタモルフォーゼも発見することができないかもしれない。学者と賢者はそのときそのときたんに体験した生活の真理をたんに記録して置けばよいのである。無形の真理は随所に隠れ、随所に現れる。永遠の実在は一瞬の直観の中に凝結する。凝結する方式が場所と時間によって違うのみである。短言隻句、一筆一触が天理と人道の奥義を含蓄することができるようになる。こう考えると、不立文字を標榜した禅学が東洋学問の極致になるのかもしれない。百般の純験と千万の論議が必要なく、大喝一声で突然大悟することができる真理なら、学問というのはそもそも無用であるだろう。(64)

西田が「禅」に夢中だったことはよく知られている。徐寅植がそれを意識してここで「禅」を挙げていたかどうかは定かではない。また、こうした徐寅植の批判が的を射ているかどうかも、ここでの問題ではない。彼は西田哲学の宗教哲学的な性格を警戒していたが、注目すべきは、そこで西洋文化だとされる、「分析」し「綜合」する「知」=「学問」を彼が擁護しており、それゆえ、「東洋」を退けているということである。ここには、「無限大の円」や「世界の多中心」に対するある種の懐疑の念が含まれている。「東洋的無」の「無形の真理は随所に隠れ、随所に現れる」のであり、それはあくまでも「無」であるのである。こうした彼の主張は同時代に唯物論的な立場から西田哲学の「無の場所」に対して批判を行なった戸坂潤を想起させる。戸坂は一九三三年に発表した「「無の論理」は論理であるか――西田哲学の方法について」」の中で、西田哲学の「無の論理」は事物そのものではなく、「自覚」の問題、つまり事物の意味を問うものであると指摘していた(65)。実際に徐寅植もこの論稿を読んでいただろう。彼の疑念は、次のような言葉で確信へと変わってゆく。

我々は一言で西洋文化は知的であり、東洋文化は行的であると言うが、しかし知的な前者が優越な意味において実践的な性格を持っており、行的な後者が実は内観的な性格を持っていることを忘れてはならない。そして東洋文化が人間の知行を否定することで人性の豊富な内容を消却し、無我と無為へ引導するのであれは、それは西洋文化が対象に向かって知行を前方に肯定しながら進むことで豊富な人性を発揚するのとは対照を成す(66)。

徐寅植によれば、「対象」への知識もしくは意欲を後方に無限に否定していったところに超越的な絶対の「無我」、「無為」の境がある。だから東洋文化で言うところの「行」も、対象的な実践ではなく、無差別・無為の境を意味する。これが、「東洋」が人間疎外の文化であり、「西洋」が人間中心の文化である所以である。徐寅植は、明らかにここで東洋の「無」を退け、西洋の「有」を擁護している。それはなぜなのか。彼はたんに京都学派に対抗しようとしているわけではない。重要なのは、彼が思想的に西洋文化を擁護していることだけではない。むしろ、思想内容そのものはそれほど目新しいものではないし、また京都学派哲学者たちが「東洋的無」にのみ固執していたわけでもない。程度の差はあれ、西洋の科学的な「知」を重視していたことは言うまでもない。にもかかわらず、徐寅植の「西洋」へのこだわりに注目しなければならない理由は、「我々」はすでに「西洋」だということに彼が気づいており、いくら「東洋」を叫んでも「西洋」＝近代の内にいるということに自覚的であったからではないだろうか。

もちろん我々は東洋思想にも西洋の近代文化の基礎を成した自我の観念に類似する自我の思想を発見することができると言われる。印度教の「アートマン」のようなものがそうだと言う。しかしそれは我々のような個別的・人間的な自我ではないし、理性的・論理的な主観でもない。それは我々を下から超越し、我々の背後を形成する不思議認識の主体である。目が目を見ることができず、耳が耳を聞くことができないように、我々は我々の主体であるアートマンを認識することができない。[67]

右の引用部において注目すべきは、認識できない絶対的な他者である「アートマン」を徐寅植が「自我」として認めず、それをもって西洋文化を讃えていることではなく、まさに「我々」がすでに自我であること、すなわち「我」を認識している主体だと述べていることである。「理性的・論理的な主観」を持つ「我々」はもはや「西洋」そのものである。それは、「我々」がたんに西洋文化を身につけた、ということではない。「自我」という認識が西洋の知によってまさに可能になるということを意味する。したがって、東洋文化なるものを対象化し、その一般性を抽出しようとする「我々」も、また「西洋」の内にある。対象化する知を排除してしまえば、西洋はおろか、東洋も認識できなくなる。東洋文化の中にすでに西洋文化が刻印されているのである。

かくして、内なる西洋の存在に自覚的であり、対象的な知を固持しようとする徐寅植は、転換期における「新しいイデーの誕生[68]」を待ち望み、知識の重要性を繰り返し強調していた。徐寅植は、「知識」は「生成する時期に建設の機能を持ち、老衰する時期に否定の機能を担う[69]」と述べ、「否定」する合理的な知の主張を貫いた。彼が理想とするのは「一般成員の利益が合理的に向上すること」[70]であり、それは、「東洋」や「民族」などの自然的なものを媒介することではなく、あくまでも合理的な「個」を媒介する「歴史我」ないし「社会我」、つまり生産労働に基づく社会主義的なユートピアであった。彼は「現代が要望する新倫理」（一九四〇年五・六月）の中で、現代の全体主義の倫理として借用されている「職分の倫理」——東亜協同体の原理とされていたが——を批判的に検討しながら、「個性は全体とその全体が授与する職分を取捨選択できる自由も持たなければならない」と強調していた。[71]彼の要望する「現代の倫理」は、あくまでも「個人の自由」を排除しないものであり、「自我」と「歴史」（社会）の「対立と統一の統一」の構造を持つ、自我による倫理である。[72]徐寅植はかなり難解な文体を駆使しながら、当時の京都学派の主体論を意識して筆を進めてゆく。「有と無の統一」といった表現があるなど、一見するところ、それは京都学派の議論をなぞっているかのようにも見える。しかし、最後に徐寅植は、時局に合わせてきたと言わんばかりに、「しかしそんな問題よりもここでは最後に指摘しておかなければならないことが一つ残っている」と言い放った後、次のように溜め込んだ息を吐き出す。

我々は今まで現代の職分倫理を行論の順序上、諸多の学者の見解をそのまま踏襲し、歴史的社会に即する倫理として黙認し、そのうえで我々の行論を進展させてきた。しかし、現代の職分倫理が倫理的実体として公認する歴史的社会とは、即ち民族のことを言う。しかし、民族というのは正しく言えば、「歴史的自然」であり、「歴史的社会」ではない。民族は生涯と分配を媒介する社会的範疇ではなく、風土や血縁、即ち原始自然の上に成立する自然的範疇に属するものである。文化と社会は生産的作為から始まるのであり、氏族または少なくともその延長線上の民族は自然的生殖から始まるのである。そして生殖を営為する生命というのは、本来端初から出発し、端初に帰還する循環運動をするがゆえに、生命には優越な意味の歴史というのはないのである。歴史が存続する限り、我々の動物的生命は何時でもその基底を知らないのであり、また祖先と子孫がその生命の次元において歴史的発展を遂げるのではない。発展するのは文化であり、循環する生命ではない。一言でいえば、民族を歴史的社会的範疇として捉えることは現代の学者の驚くべき混同である。(73)

徐寅植は新しい時代を作ってゆく現代において「自然的範疇に属する」「民族」は主体たり得ないと力説していた。なぜなら、それはあくまでも「風土や血縁」といった「原始自然」を媒介するため、「歴史的社会」ではないからである。発展するのは循環する「生命」ではなく、「文化」である。これは「西洋文化」、すなわち建設期の「知識」を擁護する思考にも通じる。

それでは、右の引用部において「現代の学者の驚くべき混同」と書かれているところは、いったい何を意識していたのだろうか。そもそも、検閲体制や思想運動に対する弾圧が強化されてゆく戦時期の植民地朝鮮において、日本の学者に直接言及すること自体、容易ではなかった。ましてや、徐寅植は釈放された後とはいえ、社会主義運動に関わった「思想犯」としてつねに注視される身であったが、このことを念頭におきつつ、前掲の対談「民族の哲学」における三木と高坂の次のような対話に注目してみたい。

三木　だから、民族といふ概念は、政治的な意味をもつてゐる。つまり民族主義は民族解放の思想として意義がある。これは個人の場合でも、封建的なものからの個人の解放を求めた場合、一種の自然主義思想が出てきた。現代の民族主義には植民地的状態からの解放を求める民族主義がある。帝国主義的な体制にたいして、それを打ち破つてゆく民族の自然的な自己保存、自己発展の意欲といふものが考へられる。

高坂　単に自然的な力といふのは怪しいね。歴史的自然だらう。さうでなければ態々……。

三木　歴史的自然といふだけでは力がない。草も木も歴史的自然だからね。

高坂　しかしさういふものと繋つて中心に立つ自由な主体がなければ、草や木が歴史的自然にならない。政治や経済に動かされるだけだつたら歴史にならない。

三木　その主体性といふものの根底を自然の思想に求めてゐる。そこに解放思想の特色があるので、ヒューマニズムでも人間の自然の解放を求める一種の自然主義の形をとつた。

高坂　歴史にはもつと広い、単に経済的でない場面があると思ふ。その中で主体的な意味をもつもの、特に特殊的な主体があるならば……。

三木　自然的なものの根源的意義を考へなければ、主体といふものは、階級でもいいぢやないか。

高坂　それぢや、さつきいつたやうな絶対権といふふうなものは出て来ない。それを認めれば国家といふ形になつて来ると思ふ。(74)

前節でも述べたように、三木は民族主義の歴史的必然性を、それが帝国主義体制を破ってゆく力において認めていた。それは自然的なものであるほかなく、それゆえ、必然的に自然の根源的な力を求めるようになる。しかし高坂にとって民族は、三木の言うような「自然的なもの」であってはならず、あくまでも「歴史的自然」、すなわち作られたものであるがゆえに作ることもできるものでなければならなかった。両者の決定的な相違はここに現れ、この相違の妥協点は対談が終わるまで見出せなかった。しかし、このような相違があるにもかかわらず、両者の間には「民族」を手放さないという共通点があった。そのうえで、高坂の理論では朝鮮民族は「国家的民族」に吸収されてゆくものと捉えられていたし、三木は朝鮮民族の独自性を認めつつ、しかし同時に「内鮮一体」の強化を主張していた。三木にとって民族主義を認めることは、日本民族のイニシアティブを認めることにもつながる。[75] こうした二人の「民族の哲学」は、内部に差異をはらみながらも、なぜ朝鮮民族が「日本」の内に包摂されなければならないかというアポリアを解消できない。

それに比して徐寅植は、民族は「現代の倫理」を担う「歴史的社会」の実体ではないことを訴えていた。彼にとってこのような現実の主体は、いかなる「自然」をも媒介しない、「生涯と分配を媒介する」、「特殊な歴史的社会的成層」でなければならなかった。[76]「循環運動」する「生命」ではなく、「生産的作為」による「文化」を担う主体こそ、歴史の発展を担う主体であったのである。そしてその「主体」――「自我を超越する自我」――は、検閲のため明示されていないとはいえ、おそらく彼が社会主義運動を通じて見出してきた「媒介的な全体労働」[77]を行う個人であっただろう。個人主義と全体主義をともに克服することがキャピタリズムとの連関でしか成し遂げられないと言っていた理由はまさにここにある。こうした徐寅植の「世界史の哲学」の思想実践は、あらゆる東洋の象徴性を退け、西洋の自由な批判や分析による「知」を追い求めるもの、いわば内なる「西洋」を突き通すことによって近代の超克をめざすものであった。

しかしながら、彼の構想は、一九四〇年一一月に発表された「郷愁の社会学」を最後に中絶してしまった。そのため、後の高坂と三木の民族論に対する反応を探ることはできない。だが、こうした帝国日本の中心から発せられる議論を横目にしながら、むしろ沈黙せざるを得なかった、と考えることはできないだろうか。

東亜を掲げる日本は戦場で勝利を重ねて占領地域を拡張させてゆく。朝鮮では「内鮮一体」をスローガンに、血までも一体になるべく皇民化政策が施行されるなか、一九四〇年八月に徐寅植をはじめ多くの朝鮮知識人が朝鮮語で活動する場となっていた『朝鮮日報』や『東亜日報』が廃刊された。また、文学者や批評家たちが集っていた雑誌『人文評論』も廃刊し、一九四一年一一月からは『国民文学』として再出発した。こうした状況の中で、徐寅植は「肉体の故郷」(東洋/朝鮮)と「精神の故郷」(西洋)の「永離」を哀しみ、「この地の精神的環境は異質の精神が安住するのにはあまりにも荒く、また狭くなってしまった」と嘆いた[78]。彼が沈黙の前に遺したものは、「批判的知性」が埋もれてゆく危機意識から発せられた植民地知識人の呻き声であった。

思想の正体は思想としてのみそれを捉えるのでは識別できない。思想の正体が識別されるためには、それはいつもある歴史的、社会的な背景のもとに置かれてその社会的、現実的意義が問われなければならない。言い換えれば、思想が持っている意味は、一方では意味として理解されると同時に、他方では存在に関連する意味として理解されなければならない。その意味するものが何かを知ることも肝要である。しかしそれと同時に、その意味が誰の手で、誰のために、いかなる必要から、いかなる役割を担って生まれたものなのかも穿鑿されなければならない。これが思想を、いわゆるイデオロギー的な性格から捉える見地である。「イデオロギー」とは、存在に関連する限りにおいての意味、または存在に従属される限りにおいての意味である。それ自体においての観念が「イデー」であれば、存在との関連において把握された「状態としての観念」が「イデオロギー」である。このようなイデオロギー的な見地から捉えるときのみ、あらゆる思想の具体的な特質または現実的な意義が鮮明になる。

ところが、今日の情勢は思想の評価において「イデオロギー」的な見地よりも、むしろ「イデー」的な見地を要求しているのではないか。思想の「イデオロギー」的な性格を高調することは、いわゆる批判的知性がすることであり、「創造的知性」が関与することではないと言われる。理由は単純である。今日は解釈よりも行為が要求され、理解よりも構想が問題になる時代だということが重要な理由のようである。

しかし、批判のないところに真の創造が、解釈のないところに真の行為があるだろうか。今日の批判が創造との連関を持たずに解釈が行為と断絶されているのであれば、それは現代知性の欠陥というよりも、むしろ彼らに創造と行為に関与する機会を与えることのできない現代組織の欠陥ではないだろうか。〔…〕今日新しく誕生しようとする「イデー」が真に優越な意味において一つの時代を嚮導する「イデー」としての本質を有するものであるならば、それは、いかなるイデオロギー的な批判も忌避する必要がないだろう。[79]

今日は、解釈よりも「行為」が、また理解よりも「構想」が重視されている――これらは、まさに戦時期の三木哲学を代表する語でもある――が、それによって軽視されるのは「批判的知性」であるとされる。イデーが真の「イデー」であるならば、いかなる「批判」をも受け入れるものでなければならない。それがもし批判を忌避しているのであれば、もはやイデーではないとの証左であろう。「内鮮一体」や「八紘一宇」、「東亜の解放」といった社会的神話が横行する一九四〇年前後に徐寅植が西洋文化を擁護するようになったのも、またいかなる自然的なものをも媒介させまいと「民族」を退いたのも、解釈し理解する批判的知性を復権させるためではなかったのだろうか。徐寅植の絶筆はまさしく「批評」(critique)の沈黙にほかならない。

註

(1) 米谷、前掲「植民地／帝国の「世界史の哲学」」、一五頁。
(2) 三木、前掲「内鮮一体の強化」。
(3) 昭和研究会事務局、前掲『東亜新秩序建設の理論と方策』、一二六頁。
(4) 三木、前掲「日支文化関係史」、一八〇頁。
(5) 三木は「日支文化関係史」の末尾に次の参考文献を挙げている。内田銀蔵『日本海上史論』(明治四十四年)、辻善之助『海外交通史話』(大正六年)、矢野仁一『近代支那論』(大正十二年)、内藤虎次郎『日本文化史研究』(大正十三年)、白鳥

清『東洋史概説』（昭和十年）、津田左右吉『支那思想と日本』（昭和十三年）、渡邊幾治郎『日本近世外交史』（昭和十三年）、濱田青陵『東亞文明の黎明』（昭和十四年、再販）、和田清『支那史論』（アジア問題講座第七巻、昭和十四年）、秋山謙蔵『日支交渉史研究』（昭和十四年）、白柳秀湖『日支交渉史話』（昭和十四年）、Katsuro Hara, “An introduction to the History of Japan,” 1920. Marcel Granet, “La pensée chinoise,” 1934. André Duboscq “unité de l'Asie, Troisième édition,” 1936. Jean Escarra, “La Chine,” 1937.

（6）前掲座談会「世界史的立場と日本」、一七五頁。

（7）三木の豊臣秀吉の「朝鮮征伐」に関する記述は次のようである。「秀吉の外征は普通に朝鮮征伐と称せられているけれども、目的は明を討つことであつた。その原因については種々の憶説があるが、足利以来の例であつた勘合すなわち通商貿易を復旧することが主要なものであつたと思はれる。彼は通商貿易の利益を知つてゐたが、同時に名分を重んじ、国の名誉を尊んだので衝突を起したのである。彼は支那との通商を成立させるために当時全く支那に威服してゐた朝鮮を仲介して周旋をさせようとしたが、朝鮮がこれに応せず、支那もまた要求を容れなかつたので、遂に外征となつたのである。前後七年に亘る（一五九一—七年）朝鮮征伐は実際においてはあまり華々しい結果を得ることなく、秀吉は中途で死んだが、彼の雄図が国民精神に影響したことは大きく、徳川時代の初期において日本国民の元気がはなはだ旺盛で、遠く南洋方面にまで活躍する者が多かつたのは、秀吉よりうけついで家康が執つた海外貿易奨励の方針に依ると共に、秀吉の外征の精神的影響もその原因の一つである。秀吉は台湾、フィリピンを経略する意図を有していた」（三木、前掲「日支文化関係史」、一七二—一七三頁）。

（8）たとえば、高山岩男は「我が国土と文化的精神」（『日本文化　第七十冊』一九四一年七月、一五—一六頁）において、日本人の「活動的性格」について、「嘗て上代日本人は朝鮮半島に非常な勢を以て膨張した。また近世初期、西欧が海外発展を行つた頃には、日本民族も支那沿岸から南洋方面にかけて、恐ろしい勢を以て膨張して行つた」と述べ、その後、豊臣秀吉の「雄図」にも言及していた。

（9）前掲座談会「総力戦の哲学」、七八頁。

（10）同右、七八—七九頁。

(11) 前掲座談会「世界史的立場と日本」、一八五頁。
(12) 前掲座談会「総力戦の哲学」、七九頁。
(13) 同右、八一頁。
(14) 前掲座談会「世界史的立場と日本」、一八五—一八六頁。
(15) 高山、前掲「我が国土と文化的精神」、一九—二〇頁。
(16) 高坂正顕『民族の哲学』岩波書店、一九四二年、一二頁。
(17) 同右、二八—三〇頁。
(18) 同右、三〇—三一頁。
(19) 同右、三一頁。
(20) 『文藝』一九四一年一二月号の「編集後記」には三木と高坂の対談について次のように記されている。「民族の哲学についての対談会を開いた。今日、民族といふ言葉ほど屢々繰返される流行語はないであらう。しかもまた民族といふ言葉ほど曖昧な概念も珍しいだらう。最も重要な問題を含んでいる言葉が最も気軽に受け渡しされている状態は、歓迎すべきではない。三木、高坂両氏の対談は最後まで一致した結論を見出すことこそできなかつたが、問題の所在を明らかにしただけでも大きな収穫と言つてよい」。
(21) 竹山道雄・木村建康・大島康正・鈴木成高「座談会・大東亜戦争と日本の知識人たち(二)——河合栄治郎・西田幾多郎」『心』一九六六年四月号、四〇頁。
(22) 対談「民族の哲学」『文藝』一九四一年一二月、四頁。
(23) 同右、三頁。
(24) 前掲座談会「世界史的立場と日本」一八五頁。
(25) たとえば三木は一九三八年七月七日の日中開戦一周年の日に、昭和研究会において「支那事変の世界史的意義」というタイトルの談話を行うが、その結論部には次のようなことが述べられた。「日本の世界史的使命とはコミュニズムとの競合関係をつうじて、日本帝国主義にたいし、自己変革をせまる言説戦略とみることができる。そして、きびしい言論統制下において、日本帝国主義批判の一つの筋道をある特異な形で提示したものといえる」（米谷、前掲「三木清の「世界史の哲学」――日中戦争と「世界」」、四九頁参照）。
(26) 前掲対談「民族の哲学」、七頁。
(27) 同右、八頁。
(28) 同右、八―九頁。
(29) 同右、九頁。
(30) 熊野、前掲「三木清の「東亜協同体」論――「二重の革新」論を中心に」、六〇九―六一〇頁。
(31) 前掲対談「民族の哲学」、一〇―一一頁。
(32) 同右、一一頁。
(33) 同右、一一―一二頁。
(34) 同右、一二―一三頁。
(35) 同右、一三頁。
(36) 同右、一三―一四頁。
(37) 同右、一四頁。
(38) 三木清「東亜協同体論の再検討」『新国策』一九四〇年五月一五日、二頁。
(39) 前掲対談「民族の哲学」、一五頁。
(40) 同右、一六―一七頁。
(41) 同右、一八頁。
(42) 同右、一九頁。
(43) 同右。
(44) 「国民国家」を超えた政治体の形を構想しようとした三木哲学の現代的意義については、今井弘道『三木清と丸山真男の間』（風行社、二〇〇六年）の「第二章　三木清の「世界主義の哲学」の思想史的意義」や「第三章　三木清『構想力の論理』の現代的意味」などを参照されたい。

(45) 前掲対談「民族の哲学」、二〇頁。

(46) 同右、二一頁。

(47) 三木清「満洲の印象」『三木全集』（第一四巻）、三七八頁（初出は、『知性』一九四〇年一二月）。

(48) 同右。

(49) 前掲対談「民族の哲学」、一七頁。

(50) 一九三〇年代後半における徐寅植の全体主義認識や、彼の（マルクス主義的）弁証法的思考の帰結としての東亜協同体論への共鳴の「限界」について論じるものとして、이태훈「1930년대 후반〝좌파지식인〟의 전체주의 인식과 한계——서인식을 중심으로」（『역사문제연구』第二四号、二〇一〇年一〇月）や서희원「제국과 주체의 변증법——서인식의 비평을 중심으로」（『比較文学』第四三号、二〇〇七年一〇月）がある。一方で、정명중は「입장의 초월과 규범으로서의 전체성——서인식 비평의 논리구조」（『現代文学理論研究』第六七号、二〇一六年一二月）において、徐寅植が植民地知識人という特殊な位置から帝国の言説への「共鳴」と「亀裂」の弁証法的統一を試みたと論じ、その中で帝国日本が世界性の原理を代表／再現できる主体ではないことを批判したと捉えている。また、徐寅植の歴史哲学の「可能性」について論じる研究として、当為と可能の一致を追求する〈私の運命〉という概念に注目する趙寛子の「세계사의 가능성과〈나의 운명〉——서인식의 역사철학과 교토학파」（『日本研究』第九号、二〇〇八年二月）や、同時期の三木清などの議論が、「日本の主導的な立場」を強調することで後退させてしまった「キャピタリズムの克服」という課題をもう一度帝国／植民地の言説空間に返してゆく「可能性」の歴史哲学に注目する徐東周の「帝国の「脱歴史」を超えて——一九三〇年代後半徐寅植の歴史哲学と「可能性」としての歴史」（徐禎完ほか編『植民地朝鮮と帝国日本——民族・都市・文化』勉誠出版、二〇一〇年）などがある。さらに、一九三〇年代以降の転換期における植民地朝鮮の「伝統」をめぐる言説空間に注目しながら、カントの「定言命法」などを援用し徐寅植の「普遍性」の概念の意義と限界を同時に探る車承棋、前掲『반근대적 상상력의 임계들——식민지 조선 담론장에서의 전통・세계・주체』もある。ここでは、徐寅植の歴史哲学の可能性や限界について論じるこれらの優れた先行論に学びながら、これまで主題化されなかった彼の思想の変化や主体としての「民族」に対す

る哲学的態度に焦点を当てる。

(51) 解放後の徐寅植の足跡については、一九四五年に朝鮮文化建設中央協議会や朝鮮文学同盟のメンバーになっていたことが確認されている。詳しくは全集の序文を参照されたい。

(52) 徐寅植「현대의 과제（二）——전형기 문화의 제상」車承棋・鄭鍾賢編『서인식 전집Ⅰ』역락、二〇〇六年、一五一頁（初出は、「현대의 세계사적 의의」『朝鮮日報』一九三九年四月六日～一四日付）。

(53) 同右、一五三—一五四頁。

(54) 前掲資料「新日本の思想原理　続編——協同主義の哲学的基礎」、五三七頁。

(55) 徐寅植、前掲「현대의 과제（二）——전형기 문화의 제상」、一五一頁。

(56) 徐寅植「문화에 있어서의 전체와 개인」車承棋・鄭鍾賢編『서인식 전집Ⅱ（以下、『徐全集Ⅱ』と略記）』역락、二〇〇六年、九五—九六頁（初出は、『人文評論』一九三九年一〇月号）。

(57) 同右、九七—九八頁。

(58) 米谷、前掲「植民地／帝国の「世界史の哲学」」、一七—一八頁。

(59) 三木清「新日本の指導力としての宗教」『三木全集』（第一三巻）、七七頁（初出は、『響流』一九三八年一月号）。

(60) 西田幾多郎「形而上学的立場から見た東西古代の文化形態」『哲学の根本問題——弁証法的世界　続編』（岩波書店、一九三四年）に収録。

(61) 高山岩男「人間背後の生命と無の哲学」『思想』一九三四年五月号。

(62) 徐寅植「동양문화의 이념과 형태——그 특수성과 일반성」『徐全集Ⅱ』、一五八—一六二頁（初出は、『東亜日報』一九四〇年一月三日～一二日付）。

(63) 同右、一六二—一六五頁。

(64) 同右、一六五—一六六頁。

(65) 中村、前掲『西田哲学の脱構築』、二四二—二四三頁。

(66) 徐寅植、前掲「동양문화의 이념과 형태——그 특수성과 일반성」、一六九頁。

(67) 同右、一七〇頁。

(68) 徐寅植「세계문화의 신구조――무너져 가는 낡은 구라파」『徐全集Ⅱ』、二二五頁（初出は、『朝鮮日報』一九四〇年七月六日付）。

(69) 徐寅植「현대와 미신」『徐全集Ⅱ』、一九七頁（初出は、『朝鮮日報』一九四〇年四月二日〜六日付）。

(70) 同右。

(71) 徐寅植「현대가 요망하는 신윤리」『徐全集Ⅱ』、二〇一頁（初出は、『朝鮮日報』一九四〇年五月二九日〜六月一日付）。

(72) 同右、二〇二―二〇四頁。

(73) 同右、二〇六頁。

(74) 前掲対談「民族の哲学」、一七―一八頁。

(75) たとえば、『新日本の思想原理』（昭和研究会、一九三九年）の中で「民族主義」について「如何なる世界史的行動もつねに或る一定の民族から発足するものであるといふ意味に於て、民族主義の思想は真理を含んでゐる。現在東亜協同体にしても日本民族のイニシアチヴのもとに形成されるのである」と説明するところから、民族主義の肯定が「日本民族」の主導性を裏づけていたと言えよう（『三木全集』（第一七巻）、五一七頁）。

(76) 徐寅植、前掲「현대가 요망하는 신윤리」、二〇六頁。

(77) 徐寅植「속・문화의 유형과 단계」『徐全集Ⅱ』、五八頁（初出、『批判』一九三九年九月号）。

(78) 徐寅植「〝향수〟의 사회학」『徐全集Ⅱ』、二七一頁（初出、『朝光』一九四〇年一一月号）。

(79) 同右、二六六―二六七頁。

第4章 〈東洋〉の射程——中南澈の歴史哲学のゆくえ

第1節 一九三〇年代、「東洋」の(再)発見と植民地朝鮮

西洋に対置される地理的・文化的概念としての「東洋」が、近代初期日本の思想的風土の中で発明されたことはよく知られている。[1] この「東洋」なるものは、世界各地で近代の転換期という言葉が声高に叫ばれるようになった一九三〇年代に、日本で再び脚光を浴びることになった。[2] 一九三〇年代以降、満洲事変から日中戦争につらなる帝国日本の新たな展開とともに、西洋的近代の代案として「東洋」なるものが再注目されてゆくが、やがて、それは日中戦争勃発後に政治的な地理概念として広く流布する「東亜」とともに、戦争遂行のための思想的なバックボーンとして機能した。[3] たとえば、「アジアは一つ」(Asia is one)で知られる岡倉天心の *The Ideals of the East with Special Reference to the Art of Japan* が『東洋の理想』として翻訳され、[4] 再び東洋の一体性が注目されるようになったのは、まさに日中戦争が勃発した直後の一九三八年であった。[5] また、『思想』一九三八年一〇月号には、特集「東洋と西洋」が組まれ、和辻哲郎や高倉テル、羽仁五郎や河上徹太郎など、当時の日本の代表的な知識人たちが「東洋」をめぐって思索を綴っていた。[6]

一方、植民地朝鮮においても、こうした帝国日本の思想的状況と連動するかたちで「東洋」をめぐる言説が(再)生産されていった。たとえば、早稲田大学に留学し、民族運動組織である新幹会・東京支会長などを務めた趙憲泳《チョホンヨン》(一九〇〇～一九八八)は、一九三六年一〇月に「東洋と西洋の対照――古い問題の新たな吟味」と題する記事を『朝鮮日報』に連載し、「東洋」の再認識による「新時代文化」の創造の必然性を説いていた。

> 近年、東洋古代の文化について世界の学者たちの関心が段々高まっているのは疑えない事実である。このように東洋を再認識し、東洋文化を再吟味しようとする傾向は、即ち人類文化が西洋的な現代文化から東洋的な新時代文化に発展方向を変えようとする黎明期にあることを意味するのだが、これは、人類文化の発展が必然的過程を踏んでいるということであろう。[7]

こうした植民地朝鮮における「東洋」への呼応という状況は、戦時期に入ってからも続いた。第1章で述べたように、日中戦争中の一九三八年末から日本の革新的知識人たちを中心に東亜協同体論が展開されはじめると、植民地朝鮮でもただちにそれに反応し、多くの知識人が東亜協同体‐内鮮一体論を展開した。植民地朝鮮における「東洋」なるものへの注目は、転換期と呼ばれる、新しい秩序の建設期における植民地知識人の主体的欲望と深く結びついていた。[8]

本章では、こうした状況の中で言論活動を行い、同時代の朝鮮において大きな影響力を持っていた歴史哲学者、申南澈《シンナムチョル》(一九〇七～五八?)の東洋論について分析してゆく。申南澈はソウル(漢城)で生まれ、中央高等普通学校、京城帝国大学法文学部哲学科を卒業した(三期生)。そしてその後、同大学助手(一九三一～三二)を経て、東亜日報社記者(一九三三～三六)や中央高等普通学校教諭(一九三七～四五)などを経験しながら、植民地朝鮮のジャーナリズムにおいて活発な言論活動を行なった。朝鮮におけるマルクス主義哲学者の第一世代として知られる申南澈は、一九三〇年代半ば頃に「朝鮮学」の復興運動の言説空間に積極的に関与しながら、早い時期から「東洋」に着目した植民地朝鮮の知識人である。[9]

これまで申南澈の東洋に関する議論については、一九三〇年代前半および戦時期の論稿の、断絶と連続が主に注目されてきた。戦時期になって申南澈は当時日本の戦争遂行のイデオロギーとして機能した東洋主義に偏向したが、完全に屈服したのではなく、普遍主義的な批判の姿勢を保っていたと説明されてきた。[10]

ところが、すでに鄭鍾賢の研究[11]で明らかなように、申南澈は戦時期に西田の生命哲学・歴史哲学に傾倒し、「皇国臣民育成の方法」[12]などについて論じていた。また、後に詳述するように、彼は総督府の機関紙的な役割を果たしていた『毎日新報』にも寄稿しており、明らかに当局側への協力の痕跡を残している。もし彼が、日本の帝国主義に屈服していなかったとすれば、こうした「協力」の行為との間の整合性が説明されなければならない。しかし従来の研究では、この問題を、申南澈が普遍主義を唱えていたという事実に注目し、彼の協力というジェスチャーの奥側に、実は「抵抗」の姿勢が見え隠れしていると説明してきたのである。むろん、植民地知識人である申南澈が帝国日本における非対称的な権力構造の中で苦悩を強いられながら言説実践を紡いでいたことは多言を要しない。だが、彼の普遍主義的な主張が抵抗の痕跡としてのみ確認されることによって、現在われわれが対象化し、また乗り越えなければならない帝国主義への協力を許す思考、すなわち普遍主義的な思考のもう一つの側面が見えにくくなるのであれば、警戒が必要であろう。本章では、こうした研究状況を踏まえたうえで、もう一度、〈近代の超克〉の課題に向き合う中で展開された申南澈の東洋論を咀嚼し、戦時期の彼の協力につながる思考回路を解析してゆく。

第2節　中南澈の〈東洋〉論における異同

1　当為としての「東洋」――一九三四年

中南澈は一九二〇年代に西洋哲学を通して行われた思想的形成の課程を経て、一九三〇年代に入ってから「朝鮮」や「東洋」といった「いま・ここ」にコミットしていった。「東洋思想と西洋思想――両者は果たして区別されるものであるのか」（以下、「東洋思想と西洋思想」）に代表される初期の東洋論が、自身が記者として務めていた『東亜日報』に発表されたのは一九三四年三月であった。その冒頭で彼は、「近頃、東洋と西洋との区別が強調されている」としながら、このような区別によって、「西洋的な学問、思想、文化に対する軽蔑、排斥の意図」が生まれていると指摘していた。そして、両者の異同を自然観と経済観、それから文化観において明らかにすると言明した(13)。

まず「自然観」について、中南澈は老子の「道法自然」や「無為自然」の思想を例にとり、東洋の自然観にも西洋のギリシャ哲学と同じく「ロゴス」＝「道」が存在すると唱えた。彼の言う「道」とは、「自然を摂理するある種の背後者」、つまり「天地人」を貫く「原理」を意味するが、西洋にも同様に、「ピュシス」（自然 physis）と「ロゴス」（法則 logos）によって「コスモス」（世界秩序 cosmos）が存在したと指摘したのである。こうして中南澈は、自然観においては「背後の原理としての存在者」を設定するという点で、両者ともに「宗教的」であり、また「目的論的」であったと論じてゆく(14)。

人間の生活が科学的機械を使用しなかった時代の自然観は東洋、西洋を問わずその根本的な態度において目的論的であり、神秘的であった。しかし、人間の経済生活ないし文化が発展するにつれて、そのような自然観は必然的に崩壊してゆく。ただ、その崩壊の過程は遅々としていた。そしてその発展崩壊の過程は東洋と西洋で年代的に一致しなかっただけである。こうして自然観の残滓が西洋に比べて〔東洋に〕より多く残っているのである。(15)

中南徹は科学的な機械を使用する近代以前の時代には東西の自然観において根本的な差異は認められないと捉えていた。ただ、自然観の崩壊の過程は、西洋においてより早く始まったのであり、それゆえ、東洋には近代以前の自然観が比較的多く残っているのである。しかし、近代以降は西洋の「実験的で自然科学的な思想」が東洋にも影響したため、東洋と西洋の「異質性」は「消滅しつつある」(16)。このように中南徹は「自然観」において東洋と西洋が本質的には異ならないと主張し、両者の区別そのものを無化させる言語戦略を取っていた。

中南徹は経済観についても同様に説明する。東洋が「寡欲」を道徳だと考え、「清貧」の態度を理想とする社会であるのに対し、西洋は「利」を本位とし、私有財産によって成立した個人主義の社会であると一般に言われていると述べたうえで、その区別を攪乱させてみせる。『大学』や『論語』に登場する「徳者本也、財者末也」や「曲肱而枕之、楽在其中」を引用し、こうした思想が「あまりにも「財欲」を推奨する当時の社会や、私有と貪利に気を取られていた一定群の経済生活に対する反動」として現れたと指摘するのである。またこうした「無欲清貧」の思想も、そもそも東洋にのみ存在するわけではなく、ソクラテスやルソーも、同じく過渡期における人間の倫理的行為を規定しようとしたのである(17)。したがって、東洋と西洋をその「イデオロギー」(18)において区別することは不可能である。ところが、彼は「濃淡」の程度においては区別できるとして次のように述べる。

東洋においては経済思想が「経世済民」という言葉のように非常に緊密に道徳や政治思想と結合されている。むろん、西洋においても同様であるが、東洋においてはその程度が非常に強いと思われる。西洋思想において道徳を論じるときには必ず宗教的理念が伴うのであるが、東洋においては直接経済生活と結合する。こうして、国家思想、即ち「斉家」、「治国平天下」が生まれてくるのである。ところが、西洋において道徳思想は、経済思想や政治思想と分離して論じられ（むろん根本的に分離され得ない）、宗教と直接結合している。しかしこれは、両者を区別する究極的なものではない。「私有財産」を中心にその周辺の濃淡が違うだけである。[19]

東洋の道徳は、経済や政治と緊密な結びつきを持つが、西洋では宗教と結合する。ここでは、このような経済観の違いが区別に及ばぬ「濃淡」の差であると説明されている。あくまでも東洋と西洋は「共通の紐帯」を持っており、そのうえで「副次的な差異」を見せているにすぎないのである。[20]

さらに、自然観と経済観から生まれる「文化観」においても状況は変わらない。申南澈によれば、東洋は儒教や仏教の思想に影響を受けたが、それによって人間中心的な思想を遠のけ、人間生活の道法を「過去」に見出す「自然的無為」の悟りを重視してきた。これに比して西洋は、人間中心の進歩主義的な科学思想を持った。また、東洋においては「不知の知」を人間文化の本源的原理としていたが、西洋においては逆に「知の不知」が、自由で楽天的な文化を育む原動力となった。これらはそれぞれ、東洋では超論理的な「修辞」に、そして西洋では高度な知を求める「論理学」に発達する。申南澈は、こうした区別が可能であると述べつつも、しかしその区別は「経済的な地盤を同一にしながらも、その地理的、人種的な違いがもたらすイデオロギー上の一つの小さな徴表にすぎない」と断じた。[21]そして、このような区別が、「現代」においてますます消えつつあることを再び確認する。

現代における文化や思想の「交通」は、両者の「区別を可能にする紐帯を断ちつつあり、また世界の経済の連携は、その区別をますます不可能なものにしている」。ゆえに、現代における東洋と西洋のイデオロギーは変わらないのであり、「地理的、人種的な差異も、けっして文化における区別の決定的な要因には成らない」のである。現代における「生産関係の桎梏」は「普遍的なもの」であり、それゆえ、東洋と西洋の生活態度をそれぞれ限定することはできない[22]。このようにして彼は、東洋と西洋を本質的には区別され得ないものとして捉える。

自然観や経済観、文化観における東洋と西洋を、冒頭でも言ったように、私は区別されるという粗朴な常識から出発した。しかし私は最後に、この東洋と西洋の区別それ自体が可能かどうかをもう一度吟味しようと思う。もしその区別がかなり曖昧で、限界が不確かであれば、私たちは東洋と西洋の文化方面の違いも根本的なものではないということを理解しなければならない[23]。

引用部の後、中南澈は「東洋思想と西洋思想」の「結語」で東洋と西洋の地理的な区分が曖昧であること、そして東洋史に「非西洋」として考えられるアッシリアやバビロニアが含まれていないこと、また「東洋学」なるものもインドや中国を中心にして日本と朝鮮を加えた範囲に限られると指摘し、東西の区別ができないことを反証してみせた[24]。

これまでの研究では、東洋と西洋の本質的な区別を否定するこのような中南澈の姿に注目し、マルクス主義的な一元史観に立っていた彼が、東洋と西洋を対置させ、「東洋の優越」を主張する、いわゆる東洋主義に批判的であったと説明されてきた[25]。むろん、中南澈が東洋と西洋の区別を表面的なものとして捉え、両者の根本的な差異を認めなかったことは確かである。しかし、彼が東洋なるものを否定していたわけではなかったことには注意すべきである。「東洋思想と西洋思想」の冒頭でも触れられているように、中南澈は西洋とは区別される東洋の強調によって西洋の学問や思想、文化が軽視されることに異議を申し立てていた。否定されるべきものは、西洋を媒介しない特殊な存在者としての「東洋」である。彼が東洋の文化について「懐古的」だと述べ、その歴史観が常に「東洋の特殊性」をもって先王の時代に戻ろうとするものだと懐疑的に見ているのは、東洋がこれまで歴史的発展に向き合ってこなかったという判断による。[26] つまり中南澈は、「進歩的」な西洋に媒介されないまま、東洋の特殊性のみが強調されることを問題にしていたのであり、東洋と西洋という区分の否定を通して、東洋と西洋、どちらも生かす方法を探っていた。両者は「世界史の発展において異質性を持つはずがない」[27] のであり、それゆえ、西洋に媒介される東洋の発見によって世界史の発展へ参与しなければならない。かくして「東洋思想と西洋思想」は、西洋を排除しない東洋が要求されていることを確認する次のような文章で締めくくられる。

しかしこのような「東洋的と西洋的」は、現在政治的な見地からその明確な区別と東洋の学問的な優越が闡明されようとしている。しかし「西洋的」と「東洋的」においても、その他の学問――イデオロギーのように、根本的な究明を経ないことには一方の他方に対する優越を立証することはできない。ところが、現在それが要請されているのである。「東洋的」と「西洋的」は同質の自然観や経済観、文化観を持っていて、また区別が要求される現代的な要請――(政治的な)を持っているのである。[28]

最後に中南澈は、自然観や経済観、文化観において東洋と西洋がもはや異質なものではなく、「同質」であると言い換えている。そのうえで、「現代的な要請」として再び東洋と西洋の区別が政治的に要求されていることに言及している。現代に要請される「東洋」が、彼が批判してきた、西洋を媒介しない特殊性のみを持つ東洋であってはならないことは言うまでもないだろう。政治的に要請される東洋の「学問的な優越」は「根本的な究明」を待たなければならないが、そのときの「根本的な究明」とは、彼にとって科学的な研究にほかならなかった。[29]右の引用文では、東洋の特殊性のみを強調し、その優位を主張することが「根本的な究明」という言葉で保留されつつ、政治的な東洋の要請が確認されているのである。このように一九三四年の論稿において申南澈は媒介されない東洋の特殊性の強調、そしてそれによる「西洋」――科学的な学問の方法――の排除を警戒していたのであり、したがって、東洋そのものを否定していたわけではないと言えるだろう。現代の当為としての「東洋」はそのまま保持される形になったのである。この後、申南澈の東洋論にはどのような変化が生じるのだろうか。戦時期のもう一つの論稿に目を移してみたい。

2　方法としての「東洋」――一九四二年

さて、「東洋思想と西洋思想」が発表されてから八年が経ち、アジア・太平洋戦争の最中であった一九四二年、申南澈はもう一つの東洋論を発表した。朝鮮日報社が発行し、当時植民地朝鮮の代表的な総合雑誌であった『朝光』の「東洋精神特集」（一九四二年五月号）に寄稿された「東洋精神の特色――一つの東洋への反省」（以下、「東洋精神の特色」）がそれである。すでに言及したように、この論稿は、申南澈が反東洋主義から東洋主義へ転向したことを証拠づけるものとしてしばしば注目されてきたが、はたしてそうだろうか。

申南澈は「東洋精神の特色」の冒頭で、本書の第2章で取り上げた高山岩男の「世界史の哲学」―「多元史観」を彷彿させる議論に触れ、「東洋文化圏」の「世界」にある一定の普遍的な特質があることを認めた。[30]ただ、たんにそれを提示するのではなく、「方法的に」、また「歴史的・統一的な特殊性」として把握しなければならないと強調しながら次のように述べる。

文化は結局のところ世界文化として統一される理想を持っていながらも、その前提として、我々はまず各文化圏の歴史的性格――特殊性の問題を提出しなければならない。この特殊性を無視して、最初から世界文化もしくは文化一般を云為するのは現実を直視する科学的態度ではないだろう。各社会、民族の文化が各々歴史的個性を持っていながら、それがいかにしてより大きな歴史的文化圏に媒介され、巻き込まれ、そして発展してゆくのかが究明されてはじめて、一つの文化圏の「世界」がもう一つの文化圏の「世界」と接触、反発、衝突ないし統一されてゆく過程とその統一に対する主体的な活動の主人公の意味が明確になるだろう。[31]

ここでは、八年前の議論で否定的な意味合いをもって使われていた「特殊性」が、一応は肯定されており、こうしたことから彼の論調の変化を認めることができる。一見すると、中南澈は東洋主義を受け入れているかのように見える。だが、彼の言う東洋の特殊性はたんなる特殊性ではない。いわば普遍的な特殊性であり、他の「世界」に媒介されるべき特殊性である。ここで注目したいのは、書き方に変化があるとはいえ、八年前と基本的には彼の論旨が変わっていないということである。東洋は他の「世界」、すなわち西洋に媒介され、統一され、発展していかなければならない。中南澈は東洋主義、すなわち東洋の特殊性のみを唱えているのではなく、高山など京都学派の「世界史の哲学」に共通してみられるように、あくまでも東洋の媒介的特殊性、つまり普遍的な特殊性に着目していたのである。

とはいえ、この文章は「東洋精神」の闡明を目的とした特集記事であり、それゆえ、「東洋の特殊性」の究明という形式を取らざるを得なかった。[32] では、はたして中南澈はどのように筆を進めていたのだろうか。もうしばらく彼の文章に内在する論理を追うことにしたい。

中南溆は、東洋を東洋たらしめる普遍的なものを二つに分けて説明してゆく。一つは、東洋の中の各社会と民族の文化を比較・考察し、それを通じて抽出される「抽象的なもの」であり、もう一つは、比較・考察を経る前に明白に意識される「支配的なもの」である。前者が抽象的な手続きを経て発見されるのに対し、後者は一つの現実的な力として、その文化圏の生活者を支配している「具体的な原理」である。中南溆は、前者だけでなく、後者の「具体的な普遍者」によって統一されるときにのみ、東洋の統一が真に自覚されるのだと述べていた[33]。

ただ、このような「具体的な普遍者」が東洋ではまだ発見されていないという意見があるとして、彼は次の三つを紹介する。

①東洋という文化圏は西洋のような文化的統一を持っていない。

②西洋文化が危機に直面しなかったら、東洋の文化ないし精神も問題にならなかった。

③東洋が文化共同体としての運命を歴史的に負荷されているにもかかわらず、それは現実において完成されていない。それゆえ、東洋文化ないし精神は西洋のそれと明白には区別・認識され得ない[34]。

このうち、特に③の意見は、中南溆が八年前に主張していた内容そのものであるが、彼はこのような問題が提起されるなか、「東洋の文化ないし精神が、アジアの統一の歴史的前提として論明されることが要請されるようになった」と述べた[35]。ここで、東洋と西洋の本質的な区別が否定され、当為としての「東洋」が確認された一九三四年の論稿に接続されたのである。その先を、彼は東洋なるものの普遍的な特殊性の検討を通じて進めてゆく。

まず中南溆は、中国の農村建設運動などを指導した思想家・梁漱溟の講演集『東西文化及其哲学』（商務印書刊、民国一三年五版）を取り上げ、その中で、中国共産党の初期指導者として知られる李守常（李大釗）が西洋に比べて東洋の特徴をたんに「自然的、安息的、消極的、依頼的、苟安的……」だと捉えたことへの反駁に同調する。中南溆にとって東洋の普遍性は、李守常が枚挙したような「抽象的な普遍」ではなく、「具体的で歴史的な個性」でなければならず、また「内容的・質的に東洋の特質」を持つものでなければならなかった。中南澈が距離を置いている東洋の「抽象的な普遍」は、一九三四年の彼の論稿では、特殊性のみを持つ「東洋」として批判されていたものである。たんに「地理的」な区分として抽出される東洋の特殊性は、曖昧であるばかりでなく、「東洋の文化ないし精神の具体的な性格」を統一的に把握するものではないとされていたのである。[36]

さらに中南澈は、インドの思想家、ラビンドラナート・タゴールが東洋と西洋の文化をそれぞれ「静／声音」と「動／歌唱」にたとえてから、西洋においては東洋が「知恵」（Wisdom）となり、東洋においては西洋が「活動」（Activity）になることができると言ったことに注目する。そして中南澈は「声音」と「歌唱」を、アリストテレスの「質量」と「形相」の議論に置き換え、東洋＝「体」（Capacity）と西洋＝「用」（Action）が「兼全」し、「統一」されなければならないことをいったんは認めた。だが、タゴールによる東洋と西洋の合一への主張が理想的なものであるにもかかわらず、その「完全な実現」はまだ遠いと診断する。そしてだからこそ、東洋という一つの文化圏が「具体的な普遍者」によって、主体的な一つの「世界」として把握されなければならないと説く。[37]

したがって、我々は先述したように、東洋社会の文化的精神の現在という歴史的段階においてその位相を把握し、東洋という一つの文化圏を具体的な普遍者によって、主体的な一つの「世界」として統一的な性格を付与しなければならない。〔…〕先に進み世界文化云々する前に、その前提として我々が立っている東洋社会の歴史・社会的、政治・経済的、学術・思想的な分析が要請される所以である。それによってのみ、東洋の社会や歴史、もしくは文化や精神が具体的・普遍的な統一として、その特殊な性格の様相が鮮明になるのであり、そうしてその特殊な性格の相互の媒介・発展的な契機が抽象されることによってのみ、東洋文化の具体的な様相が浮き彫りになる。[38]

中南澈は東洋社会の「具体的な普遍者」によって「媒介・発展的な契機」が抽出されるときにのみ、東洋の統一が自覚され、また世界文化へと昇華しうると捉えていた。では、彼の言うところの、東洋を東洋たらしめる「具体的な普遍者」とはいったいどのようなものであったのだろうか。

共通の「東洋的性格」として中南澈が注目したのは「東洋的無」であった。これは、唯物論研究会などに関わり、三木清とも親交のあったマルクス主義哲学者の秋沢修二の論を参照したものであった[39]。中南澈にいわせれば、東洋文化では西洋のように「宗教的なもの」と「科学的なもの」が分離・対立しているのではなく、「没入」、「融和」されている。「道法自然」や「不二元」といった語に代表される、「順自然的」で、「直観的な没入」による「諦観」は、「分析や批判、帰納」などの介在を許さず、ゆえに対立の統一をもたらすものではない。これが、東洋に「科学」が発達しなかった所以であった[40]。西洋においては自然と人間が対立し、自然の人間化が行われたのに対し、東洋においては、人間が自然の中に融和・没入する。このように、主客の対立を滅却し、無差別な普遍者に没入する「東洋的無」、すなわち「東洋的自然」こそが、東洋の特殊性＝「具体的な普遍者」にほかならなかった。中南澈はこのような特殊性を「原始的な合一性[41]」と呼び、それが「アジア的停滞性」によるものだと説明する。

要するに、東洋文化ないし精神の東洋的、もしくはアジア的性格は、合一性、直接性、直観性によって表証される。〔…〕科学が東洋において独自に発達しなかった原因もこのアジア的性格によるものである。それではこの性格はどこに縁由するのだろうか。これは人類文化、思想の発達の全系列からみたとき、東洋の文化ないし思想、精神が長い間停滞していたという「停滞性」からの帰結である[42]。

つまり申南澈は、科学思想が発達しなかったアジア＝東洋の「停滞」がその「具体的な普遍者」である「原始的な合一性」を生んだ土壌であると捉えていた。彼によれば、この「原始的な合一性」によって、「天地人」は渾円体となり、「道」や「徳」が実現され、それによって東洋の倫理思想が形成された。こうした東洋の「停滞性」＝特殊性による道徳思想は、しかしけっして欠点などではなく、むしろ長所になりうるが、ここに、「東洋道徳の優越性」が認められるのである。(43) こうして、「東洋道徳の優越性」が確認された後、「東洋精神の特色」は次のような問いで閉じられる。

それでは、この東洋的特殊性の地盤である停滞性とそこから縁由する全体への没入・合一性は、現代においてどのような意義を持つのか、それが当然問題になるのである。(44)

東洋の「停滞性」によって生み出された道徳こそが、まさに東洋の「具体的な普遍者」にほかならない。そしてこの東洋の普遍的な特殊性は、「全体への没入・合一性」として表現される。では、こうした東洋の特殊性は現代においてどのような意義を持つのか。この論稿では、それが「東洋精神の特色」という与えられた課題の「外の問題」であるとされ、論じられないまま終わってしまう。この問題については、彼の他の論稿を接ぎ木して検討せざるを得ないため、次節で詳しく検討したい。

ここまで申南澈の東洋論について、一九三四年と一九四二年に発表された二つの論稿を中心に瞥見してきたが、この節の最後に、これらの論稿の位相について改めてまとめておきたい。一九三四年の「東洋思想と西洋思想」では、西洋の科学や学問を排除しないために、東洋と西洋の「異同」のうち、「同」に強調点が置かれていた。それに対し、戦時期の論稿である「東洋精神の特色」では、東洋の媒介的特殊性を探るために、「異」に強調点が置かれている。このことを、たんに「断絶」として片づけることはできないだろう。中南渝はどちらの論稿においても、東洋と西洋の両者を世界史の発展のために媒介されるものとして捉えている。それらを異質なものとして区別しようとするところにも、また東洋の特殊性のみを強調するところにも彼の主眼は置かれていないのである。つまり中南渝は、媒介され得ない特殊な東洋のみを主張する東洋主義を批判しつつ、現代の当為としての「東洋」を確認し、またその媒介的特殊性を模索する思想的作業を、一連の論稿を通して進めていたのである。こうして彼が辿り着いた東洋の「具体的な普遍者」が、「全体への没入・合一性」の内容を持つ「道徳」であった。

さらにここで一つ確認しておきたいことは、一九三四年の論稿において否定される東洋の特殊性が、近代以前の過ぎ去った「過去」であり、一九四二年の論稿において発見される東洋が「過去」の中から「未来」に媒介されうるもの、すなわち世界史の発展の一契機を成す普遍的な特殊性であったという点である。「東洋思想と西洋思想」では、現代において東洋と西洋の差異がますます消えつつあることを強調することで両者の区別は一蹴されたが、一方の「東洋精神の特色」では、東洋の「過去＝停滞」から生まれた普遍的な特殊性をもって行われる世界史的な発展への寄与が唱えられていたのである。

ならば、次に問うべき問題は、こうした議論が向かう世界史の発展がいったいいかなるものだったのか、であろう。それはすなわち、東洋の媒介的特殊性が「現代においてどのような意義を持つのか」、という「東洋精神の特色」における最後の問いに中南渝自身がどのように応えていたのかを探ることである。

第3節　〈東洋〉論のねらい——道徳的全体＝「国家」と〈自由なる個人〉

一瞥してきたように、中南澈の二つの東洋論における表面的な「断絶」の底流には、東洋の媒介的特殊性による世界史の発展という論旨の「連続」があった。東洋の媒介的特殊性は、たんなる東洋の特殊性を指すのではなく、西洋を媒介し、世界史的な発展を遂げなければならないものである。そして、このときに媒介されるべき「西洋」とは、彼の方法的視座である「学問」にほかならなかった。

一九三〇年代の帝国日本においては、ロマン主義的な伝統・古典研究が行われ、また日本の歴史や文化への関心が高まるなか、いわゆる「国学の復興」の動きが活発になっていた。植民地朝鮮においても当局側の制約を受けつつ、青丘学会や震檀学会などが設立され、多様な立場の朝鮮知識人たちによる「朝鮮学」の復興運動——民族の精神史的研究、実証的歴史研究、社会経済史的研究など——が盛んに行われた(45)。中南澈もこうした活動に積極的に介入し、「歴史科学的な方法」による朝鮮学を唱えた。京城帝国大学で西洋哲学を身につけたマルクス主義哲学者の中南澈は、つねに科学的な分析方法に基づいた歴史研究を須要のものとしていた。彼によれば、歴史研究から始まる朝鮮学は、「表面的な考証や年代記」ではなく、「科学的な必然性の法則を客観的な発展の中で発見し、諸形態の交互関係を組織し、理解する」ものでなければならない(46)。中南澈は歴史の内面的な原動力である「社会的な生産関係」を「科学的な法則」によって把握するとともに、そのようにして明らかになる「朝鮮の経済・政治史、民俗・美術・文学史」が「現代的な状況」、すなわち一つの歴史的な時代である「現代」がどのように形成されたかという問いに接続されるべきだと力説していた(47)。こうした科学的な分析による朝鮮学は、さらに「東洋学」の成立の一契機にならなければならない。

このような意味で「朝鮮学」は、朝鮮の社会構成態の社会的－経済的－政治的－観念的－諸形態をその物質的な基礎構造から分析し、またその発達の歴史を歴史的な法則として整斉し、朝鮮社会の世界史的地位を確定する、そのような「朝鮮研究」でなければならない。しかし私は、「朝鮮学」と言うと従来の訓詁的・観念的な歴史研究を主とするものだと考える反科学的な態度を連想させる危険があることを懸念している。〔…〕「朝鮮学」とは言っても、けっしてそれを朝鮮の特殊性のみを抽出し一定の政策に隷属させるものだと考えてはならない。それは朝鮮の歴史的かつ社会的な諸現象をその土台から分析・整斉し、その現段階の地位を決定すると同時に、「東洋学」へ解消する一契機として、それと関連するアジア的農業社会が発展してきた一般的な法則を考慮しなければならない。なぜなら、朝鮮の歴史的な諸発展の時代は何も近隣諸国から独立して形成されたのではないため、アジア社会の一般性と、またそれとの連関関係においてのみ、その地位が明白になるからである。(48)

これは、一九三四年三月に書かれた「東洋思想と西洋思想」と同年に発表された「朝鮮研究の方法論」の一節である。不思議に思えるかもしれないが、「東洋思想と西洋思想」において東洋と西洋の区別を否定した後に、申南澈は科学的な方法による朝鮮学の研究とその東洋学への解消について述べていたのである。こうしたことからも、彼がたんに東洋の存在を否定していたわけではないということがわかるだろう。引用部は、申南澈の東洋論における「反東洋主義」と「東洋主義」の矛盾を埋めてくれる一つのピースとなる。科学的な研究によって発見される朝鮮の媒介的特殊性は、東洋へ解消し、朝鮮の世界史的地位を確定するものでなければならない。ここでは、朝鮮／東洋／世界が、媒介的特殊性によって統一的に把握されている。つまり、世界史の発展という「現在」の観点からそれらは探索され、構成されるべきなのである。朝鮮と東洋／アジアが「過去」において社会的な連関を持っていたとすれば、東洋と西洋の媒介による世界への発展は、「現代」における世界史の趨勢――転換期の課題を反映するものである。

ここで一つ注意を喚起したいことは、前節で触れた「東洋精神の特色」における「東洋道徳の優越性」という表現が、アジアの「停滞」から「道徳」を救い上げるための言説装置であって、何も西洋の「劣等性」を意図するものではないということである。世界への発展は、それぞれが「優越」している「道徳」と「科学」の媒介によって行われるのでなければならない。では、こうした申南澈の構想はいったいどこに向かうのだろうか。言い換えれば、優れた東洋の道徳が西洋の科学に媒介されるとき、どのような結末を迎えるだろうか。

そこで、「東洋精神の特色」の直後に発表された「自由主義の終焉」[49]（一九四二年七月）という論稿に注目したい。本章の冒頭でも触れたように、この論稿は総督府の機関紙的な役割を果たしていた『毎日新報』に「事変記念文化論文」として掲載されたものである。その冒頭で申南澈は、「大東亜」や「日本的決意」、「御稜威」、「神国」などといった言葉を並べながら、「大東亜共栄圏」が完遂されるとき、「世界史は新たな出発を準備する」ことになると述べていた[50]。こうした言の表層のみを辿ることで、彼の「協力」を確認することは容易かもしれない。あるいは、このような言の体裁でしか発言が許されない植民地知識人の苦悶に満ちた言説戦略として理解することも可能なのかもしれない。ただここでは、日本帝国主義が遂行する「大東亜戦争」を彼が受け入れていたかどうか、という事実の確認ではなく、その方法に目を向けたい。というのも、その解明を通してはじめて、「大東亜戦争」を肯定するかたちで発せられる彼の真の声に真摯に向き合うことができると考えるからである。

申南澈が言うように、「大東亜共栄圏」の完遂が「世界史」の新たな出発を意味するとすれば、「大東亜戦争」の性格は、むしろ世界史によって規定されてしまうことになるだろう。彼は言う。「大東亜戦争が支那事変の終結を通してその目的を完遂できた日、これまで世界歴史の中枢的な依拠原理であった自由主義の秩序とその理論はそのままの面貌を維持できなくなり、新しい秩序と理論に転化し終焉を告げる」[51]と。では、中南澈が「大東亜戦争」にかけている、自由主義に代わるものとはいったい何であるか。

自由主義は、その誕生の淵源がとにかく「個人」の自由を国家から強調するところにあった。いわゆる個人主義というのは、真の国家的要員としての責任を自覚した――ここに真の自由があるが――、換言すれば、死によって再生する「個人」ではなく、国家の支配を干渉だとして忌避する、そのようなものである。国家を離れれば真の個人の自由を実現する基盤は喪失するのである。〔…〕しかし、自発的かつ自主的に、より大きな全体の目的に没入し、献身する自由なる個人は夢想すらもせず、文字通りの「個人」のために恣意的な利益追求に関する経済的、政治的な自由放任を主張する、そのような個人主義として登場したのが、いわゆる自由主義の原型であった[52]。

個人主義における「個人」は、国家から離れる自由を強調し、それゆえ「恣意的な利益追求」を唱える。これが「西欧的な近代人間の理念」である。中南澈によれば、「民主主義」もまたこの理念の実現手段として登場した「多数決主義」にすぎない[53]。新しい秩序の原理は、こうした自由主義の終焉のうえに現れるものでなければならないが、引用部にあるように、そのためには「国家的要員としての責任を自覚」することが重要である。ここで問題なのは、それが、「自由」を放棄することではなく、「自主的」で「真の自由」を実現することだという点である。「自由」と「自由主義」は区別されなければならず、「自由」は廃棄ではなく「超克」されなければならない[54]。中南澈は、新しい自由の実現が国家という全体に没入することによって得られると主張する。

自由主義の原理的な批判から我々は来るべき偉大な新世紀の根本原理の原型を見つけることができる。即ち、建立されつつある大東亜共栄圏の指導原理が自由主義のはずがないということ、したがって合理的（主知的）、抽象的な多数決主義ではなく、道徳的全体としての国家の絶対的な優位を条件とするものでなければならないということは、疑いようがないのである。(55)

ここにきて、彼の東洋論のゆくえが明らかになる。東洋の媒介的特殊性として確認された「道徳」は、国家という全体へと結合する。自由主義を超克する新しい秩序もしくは原理は、絶対的な道徳的全体である国家に「個人」が没入し、それによって「自由」が達成されるようなものでなければならない。「一つの「自己」にすぎない「自由主義」における個人の死を以て再生する、そのような肯定・否定の立場」(56)に立つとき、自由な存在としての「個人」は更新される。また申南澈は、これまでの自由主義では「個人」と「国家や民族、あるいは種族」の関係についてはほとんど考慮されなかったと述べ、「個人」がそのために「自己のすべてを犠牲」にし、「真の生」を発見しうるものは、歴史世界においては絶対的な国家のほかにはないと断じる。つまり、彼の言うところの新しい秩序における〈自由なる個人〉とは、「国家目的の理念を自覚し、その理念をよりよく実現するために責任の意識を持ち、精神的な自発性」を持つ主体概念である。(57)

このように、申南澈の東洋論が行き着いた国家と個人の合一の思想は、「東洋精神の特色」で示された東洋の優れた道徳、すなわち「文武不岐」や「教学一本」に表される「不二一元」の思想を応用したものである。(58)では、媒介される「西洋」はここでどのような役割を果たしているのだろうか。申南澈は西洋的近代を象徴する自由主義を批判しており、ゆえにそれを支える「合理的」（主知的）、「抽象的」な形式論理も斥ける。だが、彼はいわゆる「合理主義」と距離を取りつつも、「科学」を生んだ西洋の合理的な「知」そのものを排したりはしない。中南澈は他の論稿で、西田幾多郎や三木の歴史哲学を彷彿とさせるようなかたちで、客観的な「歴史的現在」とともに生きる主体的な「歴史的身体」の自覚が必要だと主張しながら、そのための「歴史的認識」はあくまでも「合理的なもの」でなければならず、ゆえに「歴史的実践」が生まれ、歴史の「創造」と「発展」につながると述べていた。[59] そもそも彼の、「大東亜戦争」が世界史に働きかける外的な力であるという客観的な分析は、西洋文化が生み出した学問的方法によるものである。[60] また、道徳的な全体として「国家」を措定し、それに従属しながらも行為する個人の主体的な自由を主張することも、西洋的なモダニティの否定ではなく、むしろ真に実現するものとされていた。したがって、中南澈にとって新たな「自由」の達成は、東洋と西洋の弁証法的な統一によるものであったと言えるだろう。

このように、道徳的な絶対者としての国家に個人が融合することで真の自由を実現するというのが、まさしく「自由主義の終焉」に刻まれた彼の真の声であった。中南澈の構想において「個人」は、あくまでも国家によってのみ自由を実現する主体たりうる。言い換えれば、自己を殺し、国家に没入するところに、自己の再生が行われるのである。そしてこの場合の国家は、ほかならぬ日本であった。こうした意味において、中南澈の思想行動は日本帝国主義への協力であるという評価を免れ得ない。新たなる自由は、道徳的全体である日本国家と合一することによって達成されるのであり、「大東亜戦争」はそうした自由を実現するためのものでなければならない。こうして中南澈の東洋論は、「大東亜戦争」と軌を一にする。そして、同時期に行われた、座談会「総力戦の哲学」（一九四三年一月）での高山の次のような発言と運命を共にすることになる。

僕は西洋近代の文明は自我や自力に勝ち過ぎた文明で、印度や支那の文明は無我や諦念に勝ち過ぎた文明

だと思つてゐる。日本の文明は少し違ふんで、自我即無我といふやうな精神から出来てゐるといつて差支えないと思ふ。(61)

これまでも言及してきた「世界史の哲学」をめぐる一連の座談会において高山は、「モラリッシェ・エネルギー」(道義的生命力)が「大東亜戦争」の中にあり、それは「国民」を主体とするものだと述べていた。(62) 彼によれば、「国民」は国家に対する「責任主体」であり、「自発性」がなければならない存在である。このような国家への責任を徹する自由な主体は、他の一切から制限され得ない「絶対の無」に直面し、「無我」となる。すなわち、「責任主体性の立場において有我の極致に行けば必ず翻つて無我に転ずる」(63) のである。また、右の引用部は、道義的生命力を持つ「大東亜戦争」を日本が主導しなければならない理由を端的に示している。西洋が「自我の文明」だとすれば、東洋は「無我の文明」であり、それらを弁証法的に統一させるのが、ほかならぬ「日本の文明」なのである。よって、「日本人」は西洋と東洋が統合される新たな秩序を導く存在、すなわち道義的生命力を持つ世界史的な主体である。次のような高山の発言に表れる「日本人」と、中南渤の東洋論が行き着いたところに現出する〈自由なる個人〉が、はたしてどれほど異なるところにいたのか、もはや楽観的には見られないだろう。

今日、戦場で「天皇陛下万歳」を称へて死に就くのもさうではなからうか。真に自分の責任を尽くした最後の瞬間に出る絶対の言葉で、日本人としての責任主体性に徹しないものに、本当に心から唱へられるものではなからうと思ふ。(64)

中南渤の東洋論が辿り着いた東洋と西洋の弁証法的な統一の構想は、高山の「世界史の哲学」と合流する。絶対的かつ道徳的な全体としての国家に没入する〈自由なる個人〉は、高山の言うところの「国民」、すなわち「日本人」と重なり合う。このような高山と中南澈の構想を支えているものは、西洋中心的な一元史観やその反動としての東洋主義などではなく、東洋と西洋が相互媒介的な多元的一元史観とでも呼ぶべきものであった。新たな世界史をリードするのは日本国家であり、それを担うべき責任主体は国民としての〈自由なる個人〉だったのである。

ところが、こうした中南澈の協力を、日本帝国主義に対する無条件の同調としてのみ簡単に一蹴してしまうことは早急すぎる。というのも、彼の構想は、植民地朝鮮という場所から転換期における新たな歴史の創造を要請するものであり、それゆえ、進行する現実が歴史の創造に見合うものなのかどうかが、彼の「協力」の条件として付与されるからである。たとえば、中南澈は「自由主義の終焉」において次のように述べている。

国家は一者であり、全体者である。したがって、国家のために犠牲になるということは最高の善として要請されるのである。即ち、その要請によって国家は道徳的な存在でなければならず、したがって、国家のための忠は、また孝になり、忠と孝が一本の最高善の世界において個人である人間の「ヒューマニティ」――人間性の自由が復活すると考えられる。人間性の自由なくして決断の主体性は現れない。(65)

ここでは、国家という全体者のための犠牲が、すなわち「最高善」であるとされているが、注目すべきは、この「最高善」の要請によって、言い換えれば、「最高善」であるための条件として、国家が「道徳的な存在」でなければならないと主張されている点である。ここでは、たんに国家に没入する主体として個人が措定されているのみならず、同時に、それを導くべき国家が、「道徳的な存在」であるかどうかを審判する可能性も介在している。

国家が新たな秩序の建設という「普遍的な国家の目的」を有しているからこそ、個人はその理念を自覚し、よりよく実現させるための責任意識を持つ〈自由なる個人〉になるのである。[66] では、日本という国家の「普遍的な国家の目的」とはいかなるものであるのか。申南澈は新しい秩序原理を要請する「大東亜戦争」の思想史的な意義が「東亜の解放」にあるとしながら次のように訴える。

それでは、東洋の解放とは何を意味するのか。それは、東亜の諸地域の住民たちを英米の植民地的な隷属から民族的に解放するのであり、またその民族自体の内部の絶対多数の人々の人間性を封建的な隷属から解放するところにある。[67]

新しい秩序を創造すべき「大東亜戦争」は、「東洋の解放」という目的を遂行するものでなければならない。それは、西洋的な近代の帝国主義からの「解放」、そして、「封建的な隷属」からの「解放」を意味する。このような解放が行われない限り、「普遍的な国家の目的」は留保され、「国家」＝日本が「道徳的な存在」であることへの疑念も拭えなくなるだろう。そうなれば、〈自由なる個人〉の実現は不可能になる。

これまで申南澈の思想的行跡を、戦時期の協力へとつらなる「連続」として捉えてきた。ここで、一つ付言しておかなければならないことは、たしかに彼は帝国日本の遂行する「大東亜戦争」に思想的に協力していたが、それは普遍的な国家の目的を遂行する限りにおいてであったということだ。彼にとって、「民族国家」や「連邦国家」といった国家の形態は問題の本質ではなかった。[68] 国家が「道徳的な全体者」として「東亜の解放」を目的とし、それによって〈自由なる個人〉が実現できるかどうかが重要であったと言えよう。それが認められる国家であれば、彼は協力を続け、もし不可能だと判断すれば、その協力を取りやめるという抵抗に転じるであろう。実際に申南澈は「自由主義の終焉」を脱稿した後、戦争が終わるまで口を噤んでしまった。おそらく彼は、国家への責任を持たない被植民者として隠遁の道を選んだのではないだろうか。戦時期に申南澈は、東洋主義に偏向し、その中で普遍主義的な抵抗を試みていたのではない。まさしく、普遍主義的な思考をしていたがゆえに、彼は日本帝国主義に協力し、また強力な国家主義による抵抗の可能性も留保し得たのである。

解放後の申南澈はすぐに活動を再開し、教育問題、政治運動、アカデミズム組織活動など、多岐にわたって東奔西走する。[69] 解放直後、彼は京城大学の教授に就任するが、一九四七年頃に越北し、金日成綜合大学の教授となった。また、最高人民会委員なども歴任したと言われている。

註

（1）近代初期日本における「東洋」という概念の発明については、Stefan Tanaka, *Japan's Orient*, University of California Press, 1995, Berkeley を参照されたい。

（2）この点について、たとえば東洋史学者の津田左右吉は一九三一年に書かれた有名な論文「東洋文化、東洋思想、東洋史」（『歴史教育』六ノ八、歴史教育研究会、一九三一年一一月）の中で、「東洋の文化」や「東洋の思想」と「日本」のそれを同一化することに対して次のように批判している。「日本の文化、日本の思想を東洋文化、東洋思想として見、それを支那や印度の文化や思想と一つのものとして見ようとするのは、一つは東洋という地理的呼称に文化的意義を有たせようとするところから生じた誤であり、また一つは文学の上の知識のみを見て生活そのものを反省しないところから生じた妄想であると共に、今一つは儒学や仏教の教養をうけたものが知らず知らずの間に馴致せられた事大思想の現われでもある〔後略〕」（引用は、今井修編『津田左右吉歴史論集』岩波文庫、二〇〇六年、一四九頁）。津田は日本の文化や思想が「東洋」に収斂されるものではないと説明していたが、こうした彼の主張から、逆説的に「日本」を「東洋」として同一視していた当時の状況が浮かび上がる。

(3) 子安宣邦は『「アジア」はどう語られてきたか――近代日本のオリエンタリズム』(藤原書店、二〇〇三年、八九頁)において、「東洋」は岡倉天心によって成立した文明論的な概念であり、「東亜」は、一九三〇年代以降の帝国日本の歴史的段階において強く政治的な意味合いを担うようになった概念であると説明している。

(4) Kakuzō Okakura, *The Ideals of the East with Special Reference to the Art of Japan*, John Murray, 1903, London.

(5) 岡倉天心『東洋の理想』浅野晃訳、倉元社、一九三八年。

(6) 『思想』(特集「東洋と西洋」)一九三八年一〇月号の執筆者は、和辻哲郎、土井光知、野上豊一郎、大久保幸次、田中美知太郎、清水幾太郎、佐野一彦、土井虎賀寿、中村元、高倉テル、小島威彦、池島重信、浅野晃、斎藤晌、羽仁五郎、片山敏彦、河上徹太郎、佐藤信衛である。

(7) 趙憲泳「동양과 서양의 대조――묵은 문제의 새로운 음미(一)」『朝鮮日報』一九三六年一〇月一一日付。

(8) 鄭鍾賢は前掲『동양론과 식민지 조선문학――제국적 주체를 향한 욕망과 분열』(三三―三四頁)において、戦時期朝鮮の知識人たちが「東洋論」を媒介に「疑似‐帝国主体」(帝国的主体)を欲望したことを説明している。

(9) 申南澈における西洋哲学の受容については、권용혁「역사적 현실과 사회철학――신남철을 중심으로」(『東方学誌』第一一二巻、延世大学校国学研究院、二〇〇一年六月)、이병수「1930년대 서양철학 수용에 나타난 철학1세대의 철학함의 특징과 이론적 영향」(『시대와 철학』第一七巻第二号、二〇〇六年六月)、이태우「신남철의 마르크스주의 철학의 수용과 한국적 변용」(『東北亜文化研究』第四六輯、二〇一六年三月)を、また申南澈の「朝鮮学」運動への関与については、조형열「1930년대 마르크스주의 지식인의 학술문화기관 구상과 〝과학적 조선학〟 수립론」(『역사학연구』第六一巻、二〇一六年二月)などを参照されたい。

(10) たとえば、このような立場で行われた近年の研究としては、홍영두「1930년대 서양철학 수용과 일본형 오리엔탈리즘 문제」(『사회와 철학』第二七輯、二〇一四年四月)、이태훈「일제하 신남철의 보편주의적 역사인식과 지식인 사회 비판」(『民族文化研究』第六八号、二〇一五年八月)などを挙げることができる。

(11) 鄭鍾賢「신남철과 〝대학〟 제도의 안과 밖――식민지 〝학지(學知)〟의 연속과 비연속」(『韓国語文学研究』第五四輯、二〇一〇年二月)。

(12) 申南澈「文化創造와 教育」『人文評論』一九三九年一一月号、一五頁。
(13) 申南澈「동양사상과 서양사상――양자는 과연 구별되는 것인가」申南澈著、鄭鍾賢編『신남철 문장선집Ⅰ――식민지 시기편』(以下、『選集Ⅰ』と略記) 成均館大学校出版部、二〇一三年、二三四―二三六頁 (初出は、『東亜日報』一九三四年三月一五日～二三日付)。
(14) 同右、二三七―二三八頁。
(15) 同右、二三九頁。
(16) 同右、二四〇頁。
(17) 同右、二四一―二四二頁。
(18) 申南澈は「입장의 문제와 이데올로기――이 글을 조선의 평론가들에게 보낸다」(『選集Ⅰ』、一一六―一一七頁、初出は『批判』一三～一四号、一九三二年五～六月) において、イデオロギーを「一定の歴史的段階における精神、価値判断、観念、規範等の意識の全内容」と規定し、マルクスとエンゲルスの解釈に従えば、「社会的、経済的関係の基礎の上に立っている上部建築」だと説明している。
(19) 申南澈、前掲「동양사상과 서양사상――양자는 과연 구별되는 것인가」、二四四頁。
(20) 同右、二四三頁。
(21) 同右、二四七―二四八頁。
(22) 同右、二四八頁。
(23) 同右、二四九頁。
(24) 同右、二四九―二五〇頁。
(25) たとえば、前掲「1930년대 서양철학 수용과 일본형 오리엔탈리즘 문제」(三五八頁) において홍영두は次節で取り上げる申南澈の一九四二年の論稿について説明した後、次のように述べている。「東洋文化と西洋文化の区別を要請した近代日本のイデオロギーは日本型オリエンタリズムである。申南澈のこのような〔一九四二年の論稿における〕書き方は一九三四年に東西洋を区別する言説が日本の現代的、政治的要請であると批判するときの申南澈のそれとは異なる」。

(26) 申南澈、前掲「동양사상과 서양사상――양자는 과연 구별되는 것인가」、二四五―二四六頁。
(27) 同右、二四四頁。
(28) 同右、二五〇頁。
(29) 申南澈は「東洋思想と西洋思想」の発表前後に、「최근 조선연구의 업적과 그 재출발――조선학은 어떻게 수립할 것인가」(『東亜日報』一九三四年一月一日～七日付)や「조선연구의 방법론」(『青年朝鮮』一九三四年一〇月号)など、一連の「朝鮮学」関連論文の中で「東洋学」に触れている。たとえば「조선연구의 방법론」の中では、西洋において資本主義的な発展を改善するために「東洋学(Philologiaorientalis)」が注目されるようになったと言いながら、それが「科学的研究方法」によってではなく、「政策」学的に「東洋の研究を分散的に進めている」にすぎないと指摘し、そこに「歴史的考察」が欠けていたと批判した。だが一方で、一九二〇年代以降中国で「革命的支那学」が勃興し、「科学的な分析」による東洋研究が行われるようになり、マルクス主義的な方法による「東洋学(Orientalistik)」が学問として成立しつつあるとも述べていた。そしてこうした「学問」の方法が、そのまま「朝鮮学」に適用されるべきだと主張していた(『選集I』、二七三―二七五頁)。
(30) 第2章で触れたように、高山岩男は一九四〇年から四二年にかけて発表した論稿をまとめて『世界史の哲学』(岩波書店、一九四二年)を出版した。「世界史の哲学」として広く知られる彼の歴史哲学議論は、同時期の日本のみならず植民地朝鮮においても大きな影響を与えた。『世界史の哲学』に収録されている「世界史の理念」で高山は、ヨーロッパ中心の「一元史観」は「素朴な世界一元論」だと指摘し、「多元史観」に基づく特殊的世界(東洋)と特殊的世界(西洋)の媒介による「真実の世界史」の立場を提唱した。
(31) 申南澈「東洋精神의 特色――한개의 東洋에의 反省」『朝光』一九四二年五月号、一七四頁。
(32) 『朝光』一九四二年五月号の「東洋精神特集」には申南澈の他に、朱炳乾「東洋精神의 本質」、徐斗銖「文学의 日本心」、孫明鉉「東洋精神과 西洋精神」、金剛学人「東西洋精神의 認識論」が掲載されていた。
(33) 申南澈、前掲「東洋精神의 特色――한개의 東洋에의 反省」、一七四頁。
(34) 同右、一七五頁。

（35）同右。

（36）同右、一七五—一七六頁。

（37）申南澈は、近代中国の哲学者・馮友蘭が留学先のアメリカでタゴールと会見したときの記事（『東西文化及其哲学』の付録）を引用している。申南澈はこのほかにも「왜 〝지나〟 에는 과학이 없나——지나철학의 역사와 결과에 대한 일 해석」（『春秋』朝鮮春秋社、一九四一年六月号）において一九二二年四月に発表された馮友蘭の論文（Yu-Lan Fung, "Why China has no Science-An Interpretation of the History and Consequences of Chinese Philosophy" *International Journal of Ethics*, Vol. 32, No. 2, The University of Chicago Press, April 1922, pp. 237–263）を紹介する論稿を書いている（彼は馮友蘭の思想が「支那思想研究に大きな示唆を与えている」としている）。その中で申南澈は、諸子百家の一人である墨子の思想に触れ、そこに「発展と未来に対する強い願望」が表れていると言い、過去よりも未来の「利」が重視されていたと述べている。また、「未来を支配するために過去を利用する」ということが「科学的なもの」であると説明している。このように東洋には「近代的な科学思想の萌芽」があったにもかかわらず、「科学」に辿り着けなかったが、しかし東洋には「科学の力」ではなく、「道徳的な実践としての力」を享受したと述べている。この論稿は「東洋精神の特色」でも度々言及されていたことから、申南澈の〈東洋〉論において馮友蘭の思想的影響があったことがうかがえる。

（38）申南澈、前掲「東洋精神의 特色——한개의 東洋에의 反省」、一七八頁。

（39）同右、一八〇頁。申南澈はこの部分について、秋沢修二の「アジアの統一とアジア的性格」（『新亜細亜』満鉄東亜経済調査局、一九四〇年五月）を参照していることを明らかにしている。秋沢は右記の論稿において、「アジア的性格」がすなわち「アジア的停滞性」であると述べ、「アジアの解放」は「失われたアジアの性格的統一」を取り戻し、「新しきアジア的性格の形成」するところにあると唱えていた。そしてそのときの「アジア的性格」は次のように説明される。「要するに、東洋思想の根本特徴は、客観と主観、自然と自我、実態と主体、普遍性と個別性との対立の滅却、それらのものの直観的直接的合一、無差別、無差別者＝普遍者への直観的没入、個別性の消没、宗教と哲学・科学との未分化、つまり、直観性と直接的合一性、不二一元、一如、これである」（引用は、秋沢修二『労働の理念』白揚社、一九四二年、二八五—二九一頁）。「東洋精神の特色」の、特に後半の議論は驚くほどに秋沢の議論と相似している。秋沢、そして申南澈の思考には西田哲学や彼らに師事した京都学派の影響が色濃く反映されていた。近代以前の東洋の特殊性をたんに再現するのではなく、西洋を媒介し、新たな文化へ昇華させようとしていた。

(40) 同右。
(41) 同右。この「原始的な合一性」という語も前掲の秋沢の議論から借用したものと考えられる。
(42) 同右、一八一頁。
(43) 同右、一八一—一八三頁。
(44) 同右、一八三頁。
(45) 米原謙ほか『東アジアのナショナリズムと近代』大阪大学出版会、二〇一三年、二三二—二三四頁。
(46) 申南澈「최근 조선연구의 업적과 그 재출발——조선학은 어떻게 수립할 것인가」『選集Ⅰ』、二二三頁(初出は、『東亜日報』一九三四年一月一日〜七日付)。
(47) 申南澈、前掲「조선연구의 방법론」、二七二頁。
(48) 同右、二七五頁。
(49) 申南澈「자유주의의 종언」『毎日新報』一九四二年七月一日〜四日付。
(50) 同右、引用は『選集Ⅰ』、七三〇—七三一頁。
(51) 同右、七三一頁。
(52) 同右、七三一—七三二頁。
(53) 同右、七三二頁。
(54) 同右、七三五—七三六頁。
(55) 同右、七三三頁。
(56) 同右、七三四頁。
(57) 同右、七三四—七三五頁。
(58) 申南澈、前掲「東洋精神의 特色——한개의 東洋에의 反省」、一八〇頁。

(59) 申南澈「문학의 영역――신체제 - 문학자의 해석은 이렇다」『選集Ⅰ』、六六二頁（初出は、『毎日新報』一九四〇年一一月二七日〜二九日付）。

(60) 申南澈は前掲「東洋精神의 特色――한개의 東洋에의 反省」（一八〇頁）や他の論稿でも繰り返し東洋と対比される西洋の科学の発展は「分析、批判、帰納」によるものであると述べていた。

(61) 前掲座談会「総力戦の哲学」、一〇五頁。

(62) 前掲座談会「世界史的立場と日本」、一八三―一八五頁。「モラリッシェ・エネルギー」という言葉は、座談会でも触れられているように、近代歴史学に多大な影響を及ぼしたドイツの歴史学者レオポルト・フォン・ランケが『政治問答』（一八三八年）の中で「世界史的な勢力」になろうとするときに必要なものとして挙げているものである。実は申南澈も、戦時期にランケの研究者として有名な鈴木成高の議論を参照しながら朝鮮文壇にランケを紹介する文章（「랑케전（ランケ伝）」『世界名人伝・三』朝光社、一九四〇年七月）を書いていた。

(63) 前掲座談会「総力戦の哲学」、一〇四頁。

(64) 同右、一〇五頁。

(65) 申南澈、前掲「자유주의의 종언」、七三五頁。

(66) 同右。

(67) 同右、七三六頁。

(68) 同右、七三三頁。

(69) 解放後の申南澈の足跡については、鄭鍾賢、前掲「신남철과 〝대학〟제도의 안과 밖――식민지 〝학지（學知）〟의 연속과 비연속」を参照されたい。

第5章　憂鬱な種蒔く人——金南天の小説実践と〈歴史〉

第1節　転換期の克服と小説実践

一九四六年一月、植民地朝鮮が解放された直後の座談会「碧初洪命憙先生をめぐる文学談議」[1]の中で、近代朝鮮文学の巨匠である洪命憙《ホンミョンヒ》は、当時『自由新聞』に連載されていた金南天《キムナムチョン》の小説「一九四五年八・一五」に言及し次のように批判している。

「八・一五」を書くといううわさを聞いて、私はまだそれが早すぎるのではないかと思いました。作家は群衆の中の一人としてその光景を観るのではなく、いつも観照的な態度で検討し批判しなければならないが、相当な時間が経過してこそ検討し批判できるようになる、作家の頭が冷静になると思いますが。[2]

洪命憙は一九四五年八月一五日、すなわち「解放」という出来事を描くのは時期尚早だと言い、そのためこの小説は必ず失敗すると豪語した。その場で話を聞いていた作者・金南天は、「現実の流れの中で作者がその流れに流されずにどれだけ冷静に、かつ批判的な観察ができるかが問題」であると答えた後、だからこそ作家がどのような体験をするかが大事であると説明した。しかしその直後、洪命憙は「体験以前の、重要な要素として精神的な準備もなければならない」と一言付け加える。これに対し、それまで冷静な態度を保っていた金南天は、かつて「観察文学」の代表であると評価していた「先生」[3]についに反駁する。

八月十五日以後に新しい思想や世界観を持たなければならないという意味では、私は何の新しい精神的準備も必要ではなかったのです。[4]

洪命憙の「精神的な準備」という発言を、解放を契機とする「新しい思想」や「世界観」として捉えた金南天は、それは必要ないと言い返した。ここで注目したいのは、小説の評価をめぐる洪命憙と作者・金南天の対立ではない。解放という出来事によって、金南天の思想や世界観にはなんら変化がなく、むしろ必要ですらなかったと明言していることである。なぜなら、彼にとって解放は、新しい思想や世界観をもたらすような出来事ではなく、解放前から準備されていた思想に基づく体験にすぎなかったのである。では、彼の言う、解放前に用意されていた「新しい思想」もしくは「世界観」とはいかなるものであったのだろうか。

1　可能性としての歴史と「真摯なリアリズム」

本章では、一九三〇年代半ば以降、植民地朝鮮のプロレタリア文学を代表する作家・批評家の一人金南天（一九一一～一九五三?）が、自身の批評において転換期の克服、すなわち新たな歴史の創造のための小説実践の重要性を訴えていたことに着目し、そのようなモチーフが連作「浪費」「経営」「麦」（一九四〇～四一）にいかに反映されていたのかについて分析することを目的とする。金南天の小説実践を通じて、戦時期植民地朝鮮の文学の場において〈近代の超克〉という課題へのアプローチがどのように可能であったか、あるいは不可能であったかを探ってゆく。

金南天は植民地朝鮮の平安南道成川で生まれ、一九二九年に平壌高等普通学校を卒業した。その後、法政大学予科に入学し、朝鮮プロレタリア芸術家同盟（ＫＡＰＦ）・東京支部で活動しながら、機関誌『無産者』などにも関与した。一九三〇年初頭には林和《イムファ》などとともにＫＡＰＦの方向転換を主張し、一九三一年一〇月の「ＫＡＰＦ第一次検挙」の際には唯一実刑を宣告された。保釈された一九三三年頃から小説と評論を精力的に発表し、ＫＡＰＦ解散（一九三五年）後は、同時期の歴史哲学論議に影響を受けつつ、転換期の克服のための文学実践を行なった。

戦時期に書かれた「転換期と作家」（一九四一年一月）の中で、金南天は、朴致祐《パクチウ》、徐寅植《ソインシク》など当代の批評家たちの言葉を参照しながら(5)、「転換期」を否定される時代と新しい時代の間に挟まれている時期だと捉えていた。しかしながら、そのような新しい時代のために必要な「彼岸の構想」がいまだ明確になっていないと指摘し、転換期が内包している「危険性」について次のように説明していた。

> 最初に言わなければならない危険性は、転換期というのをごく短い期間として考えようとする意見である。〔…〕それは決して、二、三年や四、五年のような短い瞬間ではないのである。〔…〕次に我々が話さなければならない危険性は、転換期を経て否定から肯定へと至る過程は一つの歴史の法則によって行われるのであるため、我々は何もしなくてもそのような時代に移るという、あまりにも呑気な考え方である。これは、歴史的必然性というのを神様のように大事にしている人々が陥りやすい楽観主義の一つの面貌であるが、このような人々は神様を祀るだけで、なんとかこの時期をやり過ごせば歴史の摂理がおのずと問題を解決して現代

人を此岸から彼岸へと引導してくれると思っているのである。しかしこれは、歴史的観点を言いながら、その実は歴史的立場を拒否している理論である。(6)

金南天は、転換期を「世界を統一させる一つの構想が現れ、世界的欲求を満足させる時期」(7)と把握し、それが短期間で終わるという考えを退けようとした。ここで注目したいのは、第二の「危険性」である。彼は転換期における「歴史的必然性」への信奉は「歴史的立場」ではないとして警戒し、そこから「可能性」としての歴史を切り離そうとした。「歴史の摂理」をたんなる必然性としてではなく可能性として捉え、それを「必然性にまで至らせる」ことが重要であると訴えた。彼にとって転換期は、あくまでも「一つの可能性として理解しなければならない」ものだったのである。(8)では、その具体的な構想はどのようなものであるべきか。まず金南天は、当時日本で広く読まれていたオルテガ・イ・ガセットの『現代の課題』(『現代文化学序説(現代思想全書一五)』三笠書房、一九三八年に収録)を取り上げ、西洋中心的な一元史観を批判する。

西洋という概念が持っていた文化的な近世的理念が変化したことを自ら認めながらも、オルテガは依然として人類発展の軌道に対する一つの信仰のみを持っている。その信仰は何か。人類発展はもっぱら一つの道しかなく、この軌道の先頭を歩いているのは欧羅巴の諸民族という信仰である。彼らにとって歴史はまるで上から下に流れる川のようである。欧羅巴の諸民族が先にいて、次に亜細亜が何百年も遅れてそれを追うかのように流れており、その亜細亜の後ろにまた未開の諸民族が付いて来るというのが彼らの信仰である。(9)

そしてこの後、金南天は転換期において東洋の知性が建設のために努力していることの確認を行う。そこで注目されたのが、戦時期日本の歴史哲学論議を牽引していた高山岩男であった。金南天は高山の論文「世界史の理念」(『思想』一九四〇年四〜五月)や『文化類型学』(弘文堂書房、一九三九年)に言及し、次のように述べる。

〔高山〕氏はまず世界史の基礎理念の確立において、欧羅巴史学が建設した一元史観の拒否を宣言する。言い換えれば、歴史の流れを一つの流れとして見る西洋史学の文化的信仰を壊し、世界の歴史を多元史観から見ようとする。このように氏にとっては、東洋は西洋の後ろを流れるのではなく、東洋は東洋自体が一つの完結した世界史を持っていると理解される。〔…〕世界各民族の文化を比較研究し、その類型を発見しようとする企図は、確かに、学問といえば西洋学問の観念しか知らない一元史観の立場から離れて、世界各民族の歴史を多元史観によって成立させようとする東洋的自覚によるものであると理解できよう。西洋の没落を西洋文化の類型の中から究明し、東洋文化の将来に新しい光を当てようとするのは凡てこのような考えによるのである。

しかしそれにもかかわらず、ここで我々は一つの事実を忘れてはならない。即ち、西洋という文化的概念が持っているのと同一の統一性を東洋は持っていないという事実である。〔…〕高山氏以外の論者たちは皆これを認めて、このような前提から東洋の知性が持たなければならない転換期思想について言及しているのである。[10]

当時、日本を中心に議論されていた近代の超克をめぐる議論や東洋論に金南天が多くの影響を受けていたことはすでに知られている。[11]「転換期と作家」のこの箇所は、高山に代表される歴史哲学論議に刺激を受けつつも、批判的な距離を表していたとして度々言及されてきた。[12] 金南天が言うように、実際に高山が東洋の統一性を唱え、また「高山氏以外の論者」は本当にそうではなかったのかについては慎重に検討しなければならないが、[13] 彼が植民地朝鮮において転換期の歴史意識を共有し、さらに作品を通してそうしたモチーフを消化しようとしたほとんど唯一の作家であったことは動かぬ事実である。[14] 東洋論について指摘した後、さらに金南天は「作家の任務」について、それが「真摯なリアリズム」を全うすることだと主張する。[15]

思うに、小説が転換期の克服に参与して新しい彼岸の発見に協力しなければならないのは自明のことだが、〔…〕それはいつも転換期が内包している様々な生活感情の観察の中からしか、発展と飛躍の契機を把捉することができないからである。転換期が持っているあらゆる感情や生活、性格を描く道を避けて、浅薄な観念の世界を手探りしたり、空想の中へ飛び込んだりすれば、文学は偉大な創造品をもって新しい秩序建設に貢献することができないだろう。〔…〕真摯なリアリズムによってのみ小説の新しい様式は獲得されるのであり、自由主義と個人主義が残した、腐敗した個人意識や歪曲された人間性の掃蕩を経てこそ完美なる人間性がもう一度見つかる日が来るのである。[16]

引用部に示されているように、彼にとって転換期の克服は、自由主義や個人主義を乗り越えるところに存在する。とはいえ、彼はナチズムのような血統理論による全体主義を志向していたわけではなかった。[17] 小説は、転換期の克服という歴史の創造に参与するために、その方法として「真摯なリアリズム」をとらなければならない。「論理や分析、科学的方法」を通じて構想される思想とは方法が違えども、小説は、「生活と人物の行動心理の観察を経てそれを形象化」し、思想と「同一の目的地に到達する」ものでなければならなかった。[18] では、小説を通して行われる実践とは具体的にどのようなものだったのか。こうした問いに対して、本章では同時期に書かれた金南天の連作小説「浪費」「経営」「麦」に注目する。次節では、作品の分析の前に、金南天が同時期の批評において転換期の克服、すなわち新たな歴史の創造のための方法論として提唱した「真摯なリアリズム」とはどのようなものであったのかについて、あらかじめ検討しておきたい。

2　個人と社会の弁証法

彼の小説は、よく知られているように、評論での主張に沿って書かれている。[19] 一九三〇年代後半から四〇年代にかけての活動は、金南天自身の言葉によって「自己告発－モラル論－道徳論－風俗論－長編小説改造論－観察文学論に至る文学的な行程」[20]として集約されている。ＫＡＰＦ解散後における社会主義リアリズムの新たな方法論的模索にあって、金南天はまず「リアリストの固有の精神的発展」[21]のための「告発文学」を唱えるようになった。これは、「抽象的な主観をもって客観的な現実を裁断するのではなく、あくまでも客観的な現実に作家の主観を従属させる」[22]文学的実践を通して、「歴史的な推進力」を看破しようとする試みであった。[23] 金南天はこうした告発文学論を具体化してゆくためにモラル論から風俗論へ、さらに長編小説改造論に向かったのである。[24] こうしてめざされるリアリズムの新たな局面は、個人と社会が乖離し、その矛盾や分裂を経験する現代の超克、すなわち〈個人と社会の弁証法的な統一〉を課題とするものであった。[25] 連作「浪費」「経営」「麦」は、まさにこの課題と関連する文学実践であった。

連作が発表された一九四〇年から四一年にかけては、批評家・金南天の小説理論がオノレ・ド・バルザックを介して「観察文学論」に向かっていた時期である。[26] 連作の前後で多くの評論を執筆し、繰り返し転換期の克服、そして新しい様式の小説の必要性を唱えていた。連作の発表が途絶えた直後の一九四一年三月、「麦」が掲載された『春秋』に評論「小説の将来と人間性問題」が発表された。その中で、金南天は転換期の小説実践に言及し、それが「前の時代に基礎となっていた古い人間を否定して新しい人間理念を創造し確立しなければならない」と述べ[27]、そのために「ルネサンスのヒューマニズムと人間理念を克服し超越する」ことが必要だと主張した[28]。彼によれば、ヒューマニズムの基本的な概念が規定されたルネサンス時代における歴史的な条件は、中世の封建的な人間理念の揚棄と新しい近代的な人間理想の創造であった。しかし、「環境と文化は人が作ったものであるが、それは再び人間をセメントの中に硬化させてしまった[29]」とあるように、その後に新しく見つかった近代の人間、その人間が作った社会環境と生活文化は、人間性を個人主義の慣習の中に閉じ込める結果をもたらした。すなわち、「近代の終焉が近づくにつれ、漸次人間自体を疎外し、個人主義と人間の堕落を結果する[30]」に至ったのである。したがって、転換期における新しい人間の確立には自由主義や個人主義の清算が必然となる。こうした新しいヒューマニズムの問題が、人間社会の反映である小説の将来と切り離せないのは言うまでもない。金南天は、近代資本主義社会の勃興とともに生成・発展した小説が、新しい人間の創造期である転換期を迎え、「崩壊」あるいは「改造」の道を歩まざるを得なくなったと説明する[31]。

中世から近代への移行期であったルネサンスは、人間中心的な世界観と人間無垢の本性論がその基底にあった。だが、人間無垢の理想的な社会の実現を目標とする近代社会は、産業革命による機械の採用とそれによる失業者の出現、世界的な大恐慌等により矛盾を露呈してしまう[32]。金南天はアメリカの社会学者であるジョン・デューイの議論を参照しつつ、こうした状況の中から出現した二つの新しい思想が、一つは「社会絶対主義」、もう一つは「人間本能説」であると述べる[33]。中世の神から自立した近代の人間は社会という不可思議な存在の前に跪き、「社会絶対主義」に転化する。一方で、近代の人間無垢の思想は、醜い現実の根源が人間の内部、つまり本能にあるとする「人間本能説」に切り替えられてゆく。こうした傾向は小説とも軌を一にするが、人間本能説に基づけば近代小説は個人の内面に閉じることによって「崩壊」に向かってしまう。金南天はその例として「浪費」の登場人物の李観亨《イグァンヒョン》が「不在意識」の文学者として乗り越えようとするジェイムズ・ジョイスを挙げ、ジョイスは「心理意識の一代記念碑を築いた」が、しかし彼の作品からは「人間的な価値が発見されたり創造されたり」しなかったと批判する。また、同じ傾向としてフランスの作家、アンドレ・ジッドにも触れ、「彼〔の作品〕においても人間はそのまま社会や集団とは何の関係もない個人である」と述べ、「人間の完美なる統一の姿」が失われるようになったと酷評する。(34)

とはいえ、小説実践は、もう一方の「社会絶対主義」に基づくものであってもならなかった。金南天によれば、社会の再発見により古代叙事詩への接近を通じて、小説の様式の「改造」に向かわなければならない。

〔…〕近代と欧羅巴の精神、それ自体の臨終に際して小説を改造し、新しく発展させるもう一つの方向は何であり、また何でなければならないか。市民小説の様式の本質が「認識された個人主義」にあり、近代人間の形成と密接に関係しているのであれば、近代人間の理念を超えて新しい人間を創造する道が、集団と個人の分離を超克し、行動と思想が統一された完美なる性格を創造することで可能になることを我々はすぐに想像できるだろう。言い換えれば、社会と個人との、個人主義的、自由主義的な関係を清算し、古代希臘的な人間理念を実現するような、新しい秩序を創造する道の上にのみ小説の改造は達成できるのである。従って、長編小説を改造し発展させようとする考えが、集団と個人の直接的な統一が実現していた古代社会と、そこで発火した古代叙事詩との様式上の接近を図ろうとするのには十分な理由があると思われる。(35)

転換期にあるべき小説実践として、金南天は個人と社会の統一が行われる新しい人間の創造を志向している。彼が新しい小説の様式として念頭に置いているのは「古代叙事詩」であった。ただ、「古代叙事詩」のようなものを創造する道もけっして平坦とは言えない。少なくともそれは、彼が「小説の運命」（一九四〇年一一月）においてすでに批判しているようなマクシム・ゴーリキーの作品に見える接近法ではない。(36)

個人と社会の新しい関係を反映する小説の「改造」の道はさまざまな危険を伴っている。まず警戒すべきは、近代の転換期であるにもかかわらず依然として「ルネサンスの人間」に新しい人間型の模範を求めることである。「人間本能説」や「社会絶対主義」はともにルネサンスの人間の固有の制限から生まれたものである。(37)それゆえ、近代の転換期の克服をもたらすものではないのである。対して、金南天の姿勢は実に弁証法的である。彼によれば、人間はけっして無垢な個人などではなく、社会を媒介する有限な存在であり、それゆえ「一つの慣習の統一体」として「人間」を捉え直す必要がある。(38)個人と社会はけっして対立的なものではない。人間は「社会によって作られた」のであり、また「社会を作ってゆく」のである。

現代のヒューマニズムにおいては、人間は作られたものであり、また作ってゆくものであるということが深く把持されなければならない。人間は社会によって作られたものであるにもかかわらず、社会を作るものである。或は、社会によって作られたものであるからこそ、社会を作ってゆくものとして動くことができるのである。(39)

このように、金南天は同時代の西田幾多郎の歴史哲学を援用し、個人と社会の否定／肯定の弁証法を通じて具体的な人間が把握されるところにのみ、「歪曲された人間性に対する憎悪」と「人間能力の無限なる可能性に対する賛美」がいかなる矛盾もなく統一されると捉えていた。(40)こうして〈個人と社会の弁証法的な統一〉によってこそ、「完美なる人間」が創造され、また転換期が克服されうるのである。このような歴史の過程を把握するための

「真摯なリアリズム」は、「転換期に産出される各層の代表者の個別的な性格の創造を通して、歴史的な法則の暴露に到達する文学の方法」にほかならない[41]。金南天は、「歴史的な時代の内的行進」の「矛盾の様態」をそのまま描くことによって[42]、それ自体が一つの思想（イデア）として表現される文学実践をめざしていた[43]。

第2節　座礁した「クレアタ・エト・クレアンス」――「浪費」について

このような金南天の唱える「真摯なリアリズム」が、作品に反映されていたことは言うまでもない。連作「浪費」「経営」「麦」の物語内容は、驚くほどに批評家・金南天の世界観と重なっていた。

連作「浪費」「経営」「麦」は、一九四〇年に入ってから立て続けに発表された。時期を辿ると、最初に「浪費」（『人文評論』一九四〇年二月号～一九四一年二月号、全一一回・未完）の連載が始まり、その後に「経営」（『文章』一九四〇年一〇月号）が発表され、「麦」（『春秋』一九四一年二月号）が掲載された同じ月に、長編「浪費」の連載が中絶する。これらの連作は同時期の植民地朝鮮が舞台であり、「浪費」と「経営」の重要人物である李観亨《イグァンヒョン》と呉時亨《オシヒョン》の物語が「麦」の崔武卿《チェムギョン》を通して接続される構造になっている。小説内の時間も、「浪費」と「経営」が同時期であり、「浪費」と「経営」のその後が「麦」に接続される複合的な設定になっている。

前掲の評論「転換期と作家」の直後に連載が中断する連作「浪費」「経営」「麦」は、日中戦争勃発後の植民地朝鮮の転向知識人を描いた小説として広く知られている[44]。従来、作中の登場人物である呉時亨や李観亨に作者・金南天を重ね合わせ、そこから戦時期日本の帝国主義イデオロギーとの距離を確認する作業が往々にして行われてきた。一方で、二〇〇〇年代以降、「告発文学」を通して「主体の再建」を求めていた金南天が、当時の日本の近代の超克論に影響を受けたために、結局のところ「主体の喪失」という逆説に直面したという厳しい評価も受けるようになっている。[45] チャン・ソンギュは、こうした金南天の作品に対する二分化した評価は、「金南天の転向の議論が持つ重層性や複合性に起因する」と指摘し、そのため、慎重にアプローチしなければならないと指摘している。[46]

一方で、本章の課題である、連作の中の転換期のモチーフについて、特記しなければならないものはイ・ジンヒョンの研究である。イ・ジンヒョンは、「人間の歴史」の比喩として用いられている「麦」という記号が反復と飛躍としての歴史を意味し、金南天が登場人物である崔武卿の「麦」への解釈を通じて「未来の可能性」について考察していたと指摘した。[47] 金南天の歴史哲学的な関心が連作の中でどのように表れているのかについて追及した画期的な研究である。だが、そこでは李観亨が中心人物として物語が展開される長編「浪費」についての分析は行われていない。[48] そのため、「麦」の解釈においても、その話題を提供し、崔武卿に問いかける李観亨という人物の視点が十分考慮されていない。金南天自身が、「浪費」「経営」「麦」が連作であることを最後に書かれたとみられる「麦」にわざわざ附記[49]していることなどを勘案するなら、「麦」の象徴性は、長編「浪費」および李観亨の視点との連関において解明される必要がある。よって、本章では、金南天が転換期の新たな歴史の創造を〈個人と社会の弁証法的な統一〉として捉え、連作「浪費」「経営」「麦」の中で模索していたことを、作中の人物形象、特に李観亨に焦点を合わせ追及してゆく。まず、最初に連載が始まった「浪費」について見ておこう。

「浪費」は植民地朝鮮の元山の海辺にある別荘で、京城帝国大学の講師になるために論文を作成している李観亨を中心に物語が展開される。彼の論文のテーマは「文学における不在意識――ヘンリー・ジェイムズにおける心理主義とインタナショナル・シチュエーション（国際的舞台）」である。論文を通して李観亨は、ヘンリー・ジェイムズの文学を「時代」と関連させ、その背後にある社会的な意義を追求しようとする。[50] 論文の核心的なキーワードである「不在意識」とは、アメリカとヨーロッパ、そのいずれにも「心の故郷」を見出せなかったジェイムズにおける「ジッテ」（Sitte 慣習）と「ゲミュート」（Gemüt 心理）の分裂した意識状態を指す。[51] 希望を失った二つの世界と闘うための力を持てなかったジェイムズの文学は「内部生活」にその方向を変えた。李観亭は、それがジェイムズ・ジョイスに至る「新心理主義文学」の源流を形成したことを論文の中で明らかにしようとしている。[52]

　李観亭は、「自分の独断と主観による早急な分析や論理の方法」をとる人物ではない。しかしだからといって、「直観的な鑑賞力、感受性」に身を任せるような人でもなく、むしろそうしたものを「分析や論理が必要な一つの難雑な素材」だと思うような、「科学的な方法」を徹底する人物として描かれる。[53] 彼がジェイムズの「不在意識」を論文のテーマにしている理由は、「これと闘って倒さない限り、私の世界は開かれない！」[54] という内面の声が表すように、ジェイムズと同じ運命に置かれているのではないかという不安ゆえである。李観亭がジェイムズを越えなければならない理由は、ジェイムズの文学が行き着いた「心理と意識が錯綜し混迷する精神の孤独な雰囲気」、つまり「諦観」に陥らないためである。[55] ジェイムズの文学は、「共感がないところ」から生まれる「不在意識」によって表現されたものであり、それゆえ心理状態の描写は、人間の欲求や潜在意識によって把握されるべきではない。そのため、社会に注目した説明を試みることでジェイムズを乗り越えようとするが、しかし、彼自身はジークムント・フロイトの精神分析学にあるような「性欲」や「潜在意識」に翻弄され、また囚われてさえいる。[56]「浪費」の語り手はこうした内面世界を、李観亭に寄り添い、自由間接話法を用いて代弁しているのである。

　作品の中の「欲求」や「潜在意識」といった表現が批評家・金南天の言う「人間本能説」に対応することは言うまでもない。李観亭によってデカダンスの象徴として語られる洋装店の女主人・文蘭珠《ムンランジュ》は、まさに人間本能説を体現しているが、李観亭が文蘭珠の肉体から距離を取り、論文の執筆に励むようになる過程は、本能を取り除き、科学的な態度を取り戻そうとする道程として描かれる。

「浪費」において李観亭は、ジェイムズ文学に着目し、不在意識を社会との関連において明らかにしようと論文を書き進める。しかし途中で、フロイトを介して彼自身が潜在意識に悩まされてしまう。だが、論文完成の頃には、ジェイムズの不在意識は個人の内面に注目する心理学のみによって究明されうるものではなく、「社会的なもの」にこそ大きな原因が見出される、と確信するに至る。[57]こうして彼が辿り着くのは、人間の不在意識を個人的なものとして処理することでもなく、しかし、たんに社会的なものとして捉えることでもない。社会によって人間が作られ、人間が社会を作る、つまり〈個人と社会の弁証法的な統一〉として「人間の本質」を捉え直すことである。論文の核心的内容は、選考委員の一人である向坂教授との対話の場面において、西田哲学の主要概念である「絶対矛盾的自己同一」を端的に表す「クレアタ・エト・クレアンス（creata et creans）」という言葉によって次のように示される。[58]

向坂　全体的な印象として、心理学が社会学の下に包摂されるような印象だったが、実際そのように考えていますか？

〔…〕

李　そんなことはないです。〔…〕しかし常識的に考えて社会というと外部的なものであり、心理というと内部的なものだと考えて、きっと内部と外部が統一されるところをみつけることができると漠然と考えてきました。

〔…〕

向坂　クレアタ・エト・クレアンスという言葉を使用しているけど、いったいどういう意味で使っているんですか？

李　人間は環境によって作られたものですが、またそれは環境を作る力も持っているという意味で使いました。仮に、ある時代の人間観においては、人間はただ作られたものとしてしか認められなかったのですが、それは間違いであり、その次に興った人間観のように、人間を作る能力だけで考えて、人間が作った社会や環境がまた人間を作っていることを認めないのも間違いだと考えました。人間は社会によって作られたものですが、同時に人間は社会を作るものである。作られながらまた作る、こういうものとして人間の本質を把握しようと思って使いました。(59)

一方、西田幾多郎は、一九三六年に「クレアタ・エト・クレアンス」に言及し、次のように述べていた。

我々が道具を以て物を作るといふことが、既に弁証法的自己同一の過程でなければならない。〔…〕我々の身体といふのも、形作られたものであり、又形作るものである。与へられたものは、単に求められたものではなくして、求めるものでもなければならぬ。絶対否定の肯定の立場からは、我々の自由意志的自己も形作られたもの、創造せられたものである。形成作用といふことは創造作用といふことである。そしてそれは又創造するものである。クレアタ・エト・クレアンスである。而して作られたものは、我が作つたものではあるが、又我を離れたものであり、創造するものなるが故に、対象界に束縛せられない、即ち自由と考えられるのである。我々は内に絶対否定を含む歴史的生命の世界の個体であるのである。(60)

イ・ジンヒョンは、次節で取り上げる「麦」における崔武卿の歴史の解釈に注目しながら、「人間の歴史」は「「反復」として解釈することもできるし、「飛躍」として解釈することもできる」が、金南天は「現在」を「「反復」としての可能性と「飛躍」としての可能性が同時に内包されている状態」として描写していると述べている。[61]ここには、金南天が作品を通じて描く現在は、反復と飛躍が分かたれたまま、そのどちらかが未来となりうるものであることが見受けられる。それゆえ、反復と飛躍の統一の可能性には目が向けられていない。だが、西田哲学を駆使する李観亨に着目すると、歴史は反復と飛躍のどちらかのかたちで進行するものとみなすことはできない。「浪費」において李観亨は人間を、社会によって作られながら、また社会を作る存在として捉えている。作られたものである人間が社会を作るとき、慣習（ジッテ）と心理（ゲミュート）の分裂は統一され、歴史は螺旋を描くかのように、反復と飛躍が統一されながら進行してゆく。その原理を端的に示す「クレアタ・エト・クレアンス」という言葉には、明らかに転換期の克服のために〈個人と社会の弁証法的な統一〉を訴えていた批評家・金南天の姿勢が投影されている。

　このように李観亨は西田哲学を文学研究に援用しようとするが、しかし作者・金南天は、これを手放しで肯定的には描かなかった。

　李観亨は文学における社会的なものの根源性を指摘するのみで、帝国日本に批判的な姿勢はけっして示さない。先行論では、しばしば李観亨の不在意識が日本と朝鮮の間で生じるものとして指摘されてきたが、[62]これは、あくまでも西洋と東洋の間に生じるものであり、日本と朝鮮の植民地的関係は、認識はされていても不在意識の直接の原因ではない。[63]李観亨は、むしろ個人と社会を統一させようとするがゆえに〝朝鮮的なもの〟を隠そうとさえする。論文を書き終えた後、英国批評史の研究を志し調査に励んでいる彼は、英語と批評の関係について考えるようになるのだが、その様子について次の場面に注目したい。

　英国語の発達が遅れたため英国の批評の発達が他の国よりも遅れてしまったというのを発見したときには、

ハングルの状態についても必ず考えが広がるのであるが、彼はわざとそのような考えが染み込まないように目を逸らそうと努めた。(64)

ここでは、李観亨が〝朝鮮的なもの〟を回避しようとすることに対して、語り手を通して金南天が批判的な視線を送っていることが読み取れる。李観亨は作中の文蘭珠との対話の中で「医者じゃなかったら、朝鮮人は博士になんてなれない」と話したり、博士に「なれるという望みが持てないので最初から考えていなかった」と吐露したりする。(65) しかしそれが彼の行動に影響を及ぼすことはなく、むしろその意識を逸らすことによって帝国大学の講師になれるのではないかと仄かな希望を持つ。だが、こうした行動は、思わぬかたちで座礁してしまう。「人間の本質」を〈個人と社会の弁証法的な統一〉として捉えようとする李観亨が論文において社会的なものに着眼したことが、心理学教授・向坂によって〝植民地朝鮮〟あるいは〝社会主義〟を含意するものとして誤解され、次のように見事に否定されるのである。

向坂　ヘンリー・ジェイムズを選択した動機はどこにありますか？

〔…〕

文学的な理由以外に社会的な理由というのもあるのではないですか？　ヘンリー・ジェイムズは君の説明にもあったように、亜米利加生まれだけど、欧羅巴と亜米利加の間で彷徨しながらそのどちらにも精神の故郷を発見できなかったと言われるでしょう。また彼の後輩と言えるジェイムズ・ジョイスは愛蘭生まれではないですか？　それだけでなく、君が不在意識の闡明の核心を慣習と心理の葛藤、矛盾、分離から探っているのには、単純に文学的な理由だけでは解釈されない違う動機があるのではないですか？

李　違います。けっして文学的な理由とは違う動機はないです。どの文学であれ、環境と分離されているものはないと思います。文学というのは、個人的な創造物と言えますが、やはり文学を誕生させる土台は環境にあると思います。

〔…〕

向坂　とにかく、君がこの論文で使用した方法が社会科学的方法であることは確かではありませんか。言うまでもなく社会科学的方法というのは[66]……。

ここで浮かび上がるのは、李観亨の挫折だけでなく、植民地的関係の矛盾そのものである。この描写によって、植民地朝鮮人の不在意識は新たな社会＝帝国日本への統合を通して克服されないどころか、統合への希望すらも拒まれてしまうというアイロニカルな植民地的現実を、金南天は否定的に捉えていたのではないだろうか。こうして講師採用への期待が霧散することが「麦」で判明する。

次節では、「浪費」の連載中に発表されたもう一つの物語「経営」に目を向け、呉時亨と崔武卿の人物形象について検討するとともに「麦」において李観亨と呉時亨、崔武卿の物語が接続される様相を把捉してゆく。

第3節　麦／人間の〈歴史〉――「経営」「麦」について

1　個人と社会の相克、あるいは統一

「経営」では、呉時亨と崔武卿の関係を中心に物語が展開される。ソウルの「やまとアパート」の事務員をしている生活力の強い女性、崔武卿は、「思想犯」である婚約者の呉時亨を支えながら彼の釈放後の幸せな生活を夢見ている。しかし、彼女の努力が実を結び保釈された呉時亨は転向を決心し、崔武卿を置いて父のいる平壌へ戻ってしまう。「麦」では、その後呉時亨が公判で見事に転向を遂げ、崔武卿を裏切って平壌の有力者の娘と結ばれることを仄めかす結末が待っている。一方、呉時亨のために用意した「やまとアパート」の部屋に一人で暮らすことになった崔武卿の隣部屋に、京城帝国大学の講師採用試験に失敗した李観亨が新しく引っ越してくる。崔武卿は李観亨との対話を通して、自身の境遇を作った原因である呉時亨の転向思想について理解しようとする。

「経営」「麦」に登場する呉時亨は、経済学（マルクス主義）から哲学（多元史観―東洋／日本主義）への転向を遂げた、この時代の知識人の一つの典型を示す。彼は保釈された後、一度も連絡のなかった父と再会し、転向を決心する。「哲学」は彼にとって「環境を完全に忘れる」ためのものであるため、『ソクラテスの弁明』におけるソクラテスの立派な態度は、彼に不快感さえ覚えさせる。[67] 作中で「昔の友人」が公判に支障を与えるかもしれないからという父の言葉に従って平壌に戻ることからもわかるように、転向とは、呉時亨がそれまで置かれていた環境、すなわち社会から身を引き、新たな自己の確立をもって実現するものである。

この新たな自己の確立は、新たな社会への順応によって成し遂げられるものでもある。たとえば、保釈中に泊まっているやまとアパートを訪れた父に対し、彼は「父子間の情」を確認するが、[68]「麦」では語り手によってその

ときの彼の心境が次のように説明される。

これまで仇敵のように思っていた父が、息子の出監を聞き、上京してアパートを訪れた時に、時亭の内部生活の複雑な面貌は一つの表現を見せた。彼はすぐに父と妥協したのである。人情と隔離され愛情に飢えた生活を営為する人が父の態度の変化に感激し興奮したからだけではなかった。息子と父の間は一つの血統であるから大きな不和があったとしても、それは刀で水を切るようなもので、彼らはいつでも再び和合される血筋を持っていると解釈するだけでは、それも多少の不十分なところがなくはない。あれこれあるが、決定的な原因となったのは、呉時亭の心の中の父までも含めて彼が今まで相手にしていた一切の「対立物」を受け入れる準備ができていたことにある。(69)

呉時亭の新たな自己の確立は、「人情」や「愛情」、あるいは「血統」として表象される〝父なるもの〟を媒介し、「対立物」であった新しい社会を受け入れることによって成し遂げられる。彼の父は平壌で府会議員を務め、商工会議所にも関わっている有力者であるが、(70)「対立物」であった父を受け入れることは、まず近代資本主義への回帰として描かれる。父からもらった新しい革靴を「五十五ウォン」(71)もすると喜ぶ姿は、それまでの思想や環境を清算し、近代資本主義的な精神と、新たな社会、すなわち〝父なるもの〟に追従してゆくことを象徴的に示す。崔武卿宛に平壌から送られた次の手紙は、そうした呉時亭の告白である。

今私が考えているのは私の将来についてのことです。私がどうすれば精神的に再生し、自己を強くして成長させることができるかという問題です。かつて私は批判の精神を学びました。しかし自身への批判を繰り返すだけだと、それは自虐になりがちです。私は自虐に陥りたいとは思いません。外部世界に対する峻烈な批判さえあれば凡てが上手く行くという最近の知識人たちの通弊に、私はもう左袒を表明することができません。悲観するだけでは創造は出来ないからです。従って、仮にその結果到達するのが一つの自愛に止まり、外部環境への順応に終わるとしても、私は今私の心の中で育っている新しい萌芽について多大な愛を持たざるを得ません。新しい情勢の中で私の未来を確立するために今まで到達した一切の過去とそれに付随するあらゆる事物が犠牲にされ、また蹂躙されるとしても、それもまたどうしようもないことではないかと思います。(72)

呉時亨によれば、社会への順応によって得られるのは「未来」、すなわち「自己」の再生と成長である。その「萌芽」は、「過去」との断絶によって自覚されるものである。呉時亨の転向は、〈個人と社会の弁証法的な統一〉の一つの具現である。〃社会批判＝自虐〃と対置される〃社会順応＝自己再生〃は、個人と社会をともに生かすものである。では、それまでの個人と社会を否定し、新たな肯定に転じた後、いったいどこに行き着くのか。それは、〃父なるもの〃としての国家、そして飛躍した国民としての自己であった。国民服の姿で公判に現れた呉時亨は、ついに日本帝国主義への順応を誓う。

欧羅巴の人々は歴史に対する一つの信念を持っていると思います。彼らは、歴史はまるで流れる水や梯子のようなものだと信じています。先方で前進しているのは欧羅巴の民族であり、その後ろで、欧羅巴民族が通り過ぎた過程に追い付こうとするのが亜細亜の諸民族であり、一番後ろでそれを追っているのが未開人の民族であるという思想がそれです。古代から中世へ、近代へ、そして現代へ一つの水のように歴史は流れていると言います。〔…〕言ってしまえば、これが歴史における一元史観だと思います。しかしこのような考えから離れて私たちの手で多元史観の世界史が達成できる日に、このような歴史についての迷妄は破れると思います。歴史的現実はこのようなことを見せてくれています。〔…〕私の思想的な経路は、ディルタイの人間主義からハイデガーに移ったと思います。ハイデガーが一種の人間の検討からナチズムの礼賛に至ったことにとても感銘を受けました。〔…〕和辻博士の風土史観的な観察や田辺博士の著述は、やはり国家、民族、国民の問題を討究し、大きな示唆を与えてくれています。(73)

作中の呉時亭は、批評家・金南天が「転換期と作家」で取り上げていた転換期の思想の一部を肯定し、また一部を否定している。呉時亭は一元史観を批判しつつ、「ナチズムの礼賛に至ったハイデガー」に共感しているのである。ここに、ヨーロッパ中心の一元史観への批判から血統理論に徹するナチズムの礼賛に向かう一つの道標がある。〝父なるもの〟は、「血統」という記号によって国家に接続される。個人と社会の結合は、〝父なるもの〟としての国家への順応を経て、国民という自己の再生に向かうのである。それが、多元史観による日本帝国主義の肯定であることは、裁判官の「満足げな微笑(74)」によって承認される。

この呉時亭という人物に対して、作者・金南天は一定の距離を置き、批判的に描いている。長い間呉時亭を支えていた崔武卿に対する裏切りという物語の挿入によって、彼の転向は道義的批判に晒される。「麦」の最後の公判の場面で、呉時亭の後ろに座っていたのは、道義的背信を確信させる新しい婚約者（元道知事の娘）と父である。

呉時亭の裏切りは、崔武卿への焦点の転換を促す物語装置でもある。「経営」「麦」で崔武卿は、呉時亭のためにアパート事務員という職業を選択し、貯金をしながら彼のための部屋を用意するなど、「天から授かった(75)」生活力を持つ気丈な女性として描かれる。呉時亭に「過去」の人物として否定されるまでは、転向という問題が彼女自身の生活や彼との関係にいかなる影響を与えるかについては考えてこなかった。しかし、彼の転向と裏切りがきっかけとなり、彼女は「一人で生きる」(76)ことを決心するようになる。「部屋も、職業もこれからは私のために持とう！」(77)という心の声は、呉時亨とのそれまでの関係が否定され、崩壊したときに、はじめて「個人」の自覚が行われることを表している。

ここで、崔武卿に個人の自覚のみならず、「社会」への意識が同時に芽生えたことは注意すべきところである。それまで彼女は「恋人」や「娘」といった他者との関係性の中で成立する自己のみを生きていた。しかし、そのような他者との関係性、つまり社会の喪失——「恋人」の裏切りや「母」の再婚——を経験することによってはじめて、社会を対象化し、個人としての意識にも目覚めるのである。だが、こうして「一人で生きる」ために彼女が辿り着くのは「能動的な諦観」であった。

どうすることもできない難関に直面し、陥穽に陥ったときに彼女が考えたのは、あらゆる運命の苦い酒を避けずに呑んでしまおうという一種の「能動的な諦観」であった。(78)

崔武卿にとって「能動的な諦観」とは、次の引用の心理描写にあるように、社会の喪失を個人の境遇において理解することである。

呉時亨が父に従って平壌に行くこと——それは彼の今後の生活を営為するために必ず必要なことだと思われる。(79)

お母さんが将来の生活に対する幸せな設計をしようとしたからといって、それを窘めることはできない。[80]

崔武卿に「一人で生きる」ことを決心させる動力は、彼女を取り巻く社会的な関係をあくまでも恋人や母の「個人」の生活に置き換え、彼らの幸せのためならと呑み込むことである。このようにして、崔武卿は社会を認識しはじめるが、それを個人に閉じることによって、内実までは理解することができない。このことは、彼女に寄り添った内面描写に努めている語り手の次のような非焦点化からも読み取れる。

〔崔武卿は、〕呉時亭のこのような転向がいかなる精神的な内容を持っているのか、またそのような内面的な精神上の問題が自身との関係や生活態度のようなものにいかなる影響を与えるのかについては何の考えも持てなかった。彼の変わらない愛情だけで十分だったのであり、彼女が今まで実践した様々な行動から来る矜持と陶酔によってそんなものには考えも及ばなかったのである。しかし、時亭の内面生活は武卿が考えるよりもっと複雑な過程を経験していた。[81]

引用部の後は、先述した「対立物」を受け入れる呉時亭の思考の描写につながる。崔武卿にとって彼の転向は、新しい社会を受け入れることで成し遂げられる「精神上の問題」ではなく、あくまでも個人の生活の安定のために行われるものである。だからこそ、二人の関係性も、自身の献身と彼の愛情があれば成り立つと思うのである。語り手の非焦点化は、金南天の思考する、社会によって個人が作られるという考えに至らない崔武卿との距離を表す。

さらに、彼女における個人と社会の乖離は、社会よりも個人を優位に置く、近代の資本主義社会を支える生活の確立によって克服されようとする。呉時亨が平壌に戻った後、母は鄭一洙《チョンイルス》と再婚するが、母と暮らしていた家は売られ、崔武卿の貯金通帳に巨額の金が入る。父が残した土地も崔武卿に相続され、鄭一洙にそれを管理させながら年に一度金を受け取ることにする。また、彼女は自身のために、資本主義社会における新しい経営形態であるアパートの事務員を続け、そのアパートに移り住むことになる。そして、新しく引っ越してきた李観亭と出会うのである。(82)

2　李観亭と崔武卿／呉時亨の「齟齬」

「経営」「麦」における呉時亨と崔武卿は、二人とも近代社会を乗り越える転換期の人物としては肯定的に描かれてはいない。ともに転換期の二つの典型だと言えるが、(83)呉時亨が新たな社会に順応し、近代の資本主義的な個人の確立をめざすのに対して、崔武卿は近代の資本主義的な個人の確立を求めながら、彼女にとっては空虚な社会を、呉時亨の視点を手に入れることで理解しようとする。崔武卿は、大学で教えていたという李観亭に「東洋学という学問は成立しますか」(84)と問いかける。次の引用部はそれに対する李観亭の発話である。

私の考えでは西洋人が彼らの学問的な方法を持って東洋を研究するのと東洋人が欧羅巴の学問世界から東洋を分離しようとして東洋を新しく構成する努力とに分けることができると思いますが、どちらも独自の学問を構成することは難しいと思います。西洋の学者が欧羅巴の学問の方法を持って東洋を研究するからそれを東洋学だとしてしまうと、それは地域的な意味しか持たなくなるから、別に新しい意味があるわけではなく、ただの便宜的な名称にすぎないでしょう。また東洋人が私たちの東洋を西洋の学問の世界から分離して構成するということも、よく考えてみると、いろんな困難があると思います。仮に東洋学を建設するといっても、我々のほとんどは欧羅巴の近代を輸入してから学問の方法が欧羅巴のようになったのではありませんか。〔…〕東洋が持っている固有の学問方法で東洋を研究しなければならないのですが、私が英国の文学を学んだ人だからかわかりませんが、社会科学や自然科学、哲学や心理学、欧羅巴的な学問の方法なしでは、一歩も前に出られないのです。[85]

「東洋学」について悲観的な態度を見せる李観亭が、その成立を唱えて転向した呉時亭と対照的な人物であることは言うまでもない。「欧羅巴的な学問の方法なしには、一歩も前に出られない」という発話は、第3章で取り上げた徐寅植を想起させる。また、「東洋という概念は西洋や欧羅巴という言葉が持っているような統一性を持ったことがない」[86]と話す場面は、批評家・金南天がそのままオーバーラップするかのようである。こうした李観亭の考えに対する崔武卿の判断は、次のように呉時亭の思考を当てはめて行われる。

東洋人としてあんなに東洋を貶さずにはいられないのも一つの悲劇だと思われた。彼女はしばらく呉時亭の手紙を思い出した。批判するだけで自ずと何かが出来ると考えるのは最近の知識人の一つの通弊だと言いながら、批判よりも創造を急ぐと言ったのはこういうことに対してだろうか。[87]

ここでも、李観亭に投影される徐寅植の姿が見て取れる。「批判よりも創造を急ぐ」ことに躊躇し、批判的知性の復権を訴えた徐寅植の最後の評論「郷愁の社会学」が発表されたのが「麦」が描かれる直前であったことを考えれば、李観亭という人物の形象に金南天が徐寅植の思想や姿勢から少なからず影響を受けていたことがうかがえる。

このように崔武卿が李観亭との対話を通じて呉時亭の転向を瞬間的に理解した直後、李観亭は最近「愛している」言葉があるとして、フィンセント・ファン・ゴッホに言及する。ゴッホが「人間の歴史」を「麦」と比喩したことをめぐる二人の対話は次のように続く。

李　人間の歴史は、かの麦のようなものだ。花を咲かせるために土の中に埋められなくたってよいではないか。挽かれてパンになるのだから。挽かれなかったものこそ可哀想だ。どうですか？

〔…〕

崔　それがどうだって言うんですか。土の中に埋もれるよりも、粉になってパンになった方がよいということですか？　それとも、土の中に埋もれてたくさん種を作っても、それもやはりパンになる、ということですか？

〔…〕

李　いろんな意味で解釈されるからこそ名句になるのです。解釈は自由ですからね。

崔　じゃあ私はこう解釈してみたいです。同じように挽かれてパン粉になるのなら、さっさと挽かれて粉になるよりも、土に埋もれて花を咲かせてみよう。[88]

李観亭は問いを投げかけ、「解釈は自由」だと言うのみで、イ・ジンヒョンが指摘しているように右の引用部では歴史についての解釈はもっぱら崔武卿によってのみ行われる。[89]彼女が提示する歴史の道は次の三つである。①土の中に埋もれるより、パンになったほうがよい。②土の中に埋もれても、それも結局はパンになる。崔武卿は①と②、つまりパンになることには重きを置かず、③「土の中に埋もれて花を咲かせてみよう」、と自身の意志を披瀝する。

これに対して李観亭は、彼が投げかけた言葉が「欧羅巴の精神が行き詰まったとき、彼らがニヒリステックに投げかけた言葉」であること、またそれをマルティン・ハイデガーが「欧羅巴が没落するというのに、精神を成長させる事業に従事したって意味がない」と解釈したことを補足し、崔武卿の解釈は「健康的で明るい」と話す。(90)

もちろん麦の会話において歴史の解釈を行うのは崔武卿である。ただ、崔武卿が「花を咲かせてみよう」と答えたことによって、「パン」と「花」は対立的な関係に置かれるのである。しかし、そもそも麦の比喩が含意するものは、その問いを設定している李観亭の視点を分析することによってより深く把握できるのではないだろうか。

また、李観亭の視点が脱落すれば、次のような齟齬について理解することが困難になる。崔武卿にとって李観亭は自由主義や個人主義が衰退する時代をニヒリスティックな態度で悲観している人物として捉えられる。〝李観亭＝ゴッホの言葉＝ニヒリズム〟という理解の図式が成立し、英文学を学んだために西洋が没落する状況に順応できず、「大学で失敗」した人物として把握される。ところが、李観亭は崔武卿のそうした理解に対して「そうでもない」と言い、失敗したのはむしろ「自由主義的ではない」からだと話す。(91) そうした李観亭の話に崔武卿はさほど興味を示さない。(92) ここで、二人の間には明らかに齟齬が生じている。この齟齬について理解するために重要となるのは次の疑問であろう。李観亭はなぜゴッホの言葉をわざわざ引いたのか。「花を咲かせてみよう」との崔武卿の答えが「健康的で明るい」という李観亭の真意は何か。さらに、李観亭の「失敗」の原因に対する崔武卿の理解が「そうでもない」とはどのようなことなのか。次節では、これらの問いを中心に検討してゆく。

第4節　憂鬱な種蒔く人

李観亭は、京城帝国大学の講師採用に失敗した後、崔武卿が勤めるやまとアパートに引っ越してくる。そこで、呉時亨の思想を理解しようとする崔武卿を媒介に「東洋学」について話し合い、やがて話題は「麦」、すなわち「人間の歴史」に及ぶ。李観亭はなぜ麦の話を崔武卿に投げかけたのだろうか。

周知のように、ゴッホは麦を題材にして多くの絵画を残した画家である。日本でも一九一〇年代から彼の手紙が翻訳されはじめ、一九三〇年代以降もゴッホの存在はつねに注目され続けた。(93) なぜゴッホなのか。まずはゴッホが弟テオドル宛の手紙の中で、実際に人を麦に喩えている箇所を紹介する。

> 以前君に言ったことがあるが、いったい僕はどんなことをいつも考えているのか知っているのか？　もしたとえ僕が成功しなくても、僕のやりかけていた仕事が続けられるという信念だ。直接でなくとも、真実の事がらについて考えるのは決して自分一人ではないはずだ。個人の場合は問題じゃない！　僕は人の生涯は麦の生涯のような気がして仕方がない。もし芽を出すために地に蒔かれなかったら、どうなるだろう、粉にされてパンになってしまう。
>
> 幸運と不運の違いだ！　双方とも必要だし、有用でもあり死とか消滅も同じように……関連があるし……人生も無論だ。(94)

引用部で注目すべきは二ヶ所である。まず一つは、やりかけていた仕事は引き継がれるという信念から、それは「個人の場合は問題じゃない」という言葉に導くところである。ゴッホは、「僕」という個人を自分以外の社会に開いて思考している。そしてそのような「人の生涯」が麦のようだと綴っている。したがって、麦の「芽」が〈個人〉の確立、また「パン」が〈社会〉への還元の比喩であることが読み取れる。「浪費」の内容を考慮すれば、李観亭がゴッホの麦の話の引用を通して、個人と社会の関係に注目していたと考えるのは自然であろう。

もう一つここで注目すべきは、ゴッホは、社会への還元（パン）と個人の確立（芽）を両方とも必要であると言っていることである。ゴッホの言には、「パンになってしまう」とだけあり、「パン」と「芽」のどちらかを肯定しているわけではない。一方、李観亭がゴッホの言の「芽を出す」を「花を咲かせる」に置換したうえで、崔武卿に投げかけた問いには、挽かれてパンになるのだから「挽かれなかったものこそ可哀想だ」というゴッホの言葉にはない解釈が最後に付け加えられている。

これによって、「パン」と「花」は対置され、「パンになった方がよい」という意味が付与されるのである。そして、李観亭は自身の解釈を提示するのではなく、これは「欧羅巴の精神が行き詰まったとき、彼らがニヒリステックに投げかけた言葉」であると説明する。

問いかけに対する崔武卿の返答は、社会への還元ではなく、個人の確立のメタファーである「花を咲かせ」ることであった。ここでの個人は、すでに述べたように、近代の資本主義社会において成立するものである。ただ、土に埋もれて花を咲かせた麦も、結局のところパンになるのだが、彼女は「土の中に埋もれてたくさん種を作っても、それもやはりパンになる」という解釈には重点を置かず、一時の鮮やかな状態としての「花」を咲かせることを志向する。

崔武卿はあくまでも、李観亭の提示する「パンになった方がよい」に対峙する「個人」を選んだにすぎない。麦をめぐる会話の場面において、ゴッホの言葉の真意を把握し、問いを構築しているのはほかならぬ李観亭である。

崔武卿が問いに答え、解釈を行うとしても、それが人間の歴史とどのような関連があるのかについて、彼女自身は明確に認識していないのである。麦の会話の後、前節の最後に言及したように、李観亭の大学での失敗は彼が自由主義的だからと考える崔武卿に対して、李観亭は「大学で失敗したのはむしろ自由主義的ではないから」だと答える。ここに見られる齟齬は、「花を咲かせ」る＝資本主義的な個人の確立を目指す崔武卿が、その背景に自由主義や個人主義があると自覚していないことから生まれるのではないだろうか。じっさい、崔武卿は呉時亭の転向と同様に、李観亭の「精神の秘密」[95]についても深く理解することができない。「浪費」において李観亭は社会的なものを追求したがゆえに、講師採用試験に失敗した。彼は、たんに自由主義的であったのでも、社会的なもののみを絶対視するのでもなく、「クレアタ・エト・クレアンス」に端的に表れているように、〈個人と社会の弁証法的な統一〉の視点を有していたのである。

さらに崔武卿の答えを聞き、李観亭が「健康的で明るい」と話すのは、あくまでもヨーロッパのニヒリステックな言葉に対して彼女の解釈――パンよりも花を選ぶこと――が明るいという意味ではないだろうか。それは、花を咲かせた麦もまたパンになることについては無頓着であるがゆえに可能な解釈である。あくまでも李観亭は、これから個人の確立をめざす崔武卿の前向きな態度を肯定していると考えられうる。

そして、崔武卿は、「麦」の最後の場面では、李観亭が「慶州方面」に旅に出ることを知り、「お母さんが言うように東京にでも勉強しに行こうかな」[96]と思いつく。これまで彼女は、東洋学を受け入れ、日本帝国主義への転向を宣揚した呉時亭へ「付いて行き、あなたを越える！」[97]ことを目標としてきた。にもかかわらず／だからこそ、帝国の中心である東京へ吸い込まれようとする。ここで語り手は、崔武卿が「そんなことを考えてみたが、すぐに元気も出てこなかった」と述べる。作者・金南天は、語り手を通して崔武卿の「花を咲かせてみよう」とする意志がけっして明るい未来には容易につながらないことを暗に示していたのではないだろうか。

一方、李観亭は麦の会話の後、この時代の人びととの不在意識による「倦怠」と「疲労」について語り、「しかし、私のような人は非衛生的なところにも徹底して陥ることのできない人のようです。パン粉になるよりも何か土の中に埋もれていることを本能的に希望する人物なのかもしれません。その方がもっと悲劇的ですが」と話す。[98] 李観亭も崔武卿と同様にパン粉になることは選ばず、「土の中に埋もれている」ことを希望するような性向を持つ憂鬱な人物として自身を説明する。ただ、崔武卿が土に埋もれて花を咲かせることを目標にするのに対し、李観亭は花を咲かせるのでもなく、パンになるのでもない、土の中に埋もれていようとするのである。土の中に埋もれていることが悲劇的なのは、一時的に花を咲かせても、結局はパン粉になることを自覚しているため、そのどちらかを対比させて選ぶことができないからであろう。こうした彼の姿勢について、河應柏は「懐疑主義の悲劇性、どこでも安住できない放浪の悲劇性、すなわち不在意識の悲劇性」といった彼の「優柔不断」を表していると否定的に評価した。[99] たしかに、李観亭はハイデガーを讃える呉時亭のようにパンになることを選ぶのでもなく、資本主義的な個人の確立をめざす崔武卿のように花を咲かせることに進むのでもない。しかし、李観亭は懐疑的に土の中に埋もれているままであろうか。

「麦」の最後の場面で、李観亭は家に伝えた「慶州方面を旅行するという嘘」を真にするために旅に出ると崔武卿に言い、「麦の種をもう一度土の中に埋めようかな」と告げる。[100] 崔武卿の健康的で明るい態度に刺激を受けた決心である。ここで発話される「もう一度」という言葉に着目すると、李観亭は、すでに一度麦を埋めていたということになる。これを物語内容に照らせば、李観亭が「失敗」と捉える、「浪費」での経験を指すと考えられる。李観亭は、「浪費」では、自身の本能を取り除き、科学的な態度を取り戻そうとし、〈個人と社会の弁証法的な統一〉の視点に立脚して論文を書き進めるが、失敗してしまう。だが、「麦」の最後の場面では、埋もれていることを本能的に希望する麦としてあるのではなく、もう一度、種を埋めようとするのである。

この場面で重要なのは、懐疑的に土の中に埋もれているのではなく、麦を埋めようとする積極的な意志が表れていることである。では、このように埋もれている麦ではなく、むしろ麦を埋めようと主体的な人間として表象される意味は何か。それは、次のように思考できるのではないだろうか。

麦は挽かれ、やがてパンになる。挽かれなかったものは種として埋められ、花を咲かせた後、パンになるか、それとも再び種となって埋められるかの運命に置かれる。パンになることは「死」による社会への還元を意味する。挽かれた麦はパンになり、人間に摂取される。そしてそのパンによって生命を維持する人間が、種を埋めるのである。花を咲かせた麦は、結局のところ挽かれ、パンになって人間に還元される。パンにならなかったものもまた、人間によって種として埋められる。李観亨が埋もれる麦ではなく、麦を埋める主体的な「人間」になろうとするとき、花（個人）とパン（社会）は統一される。まさに人間こそが、パンを摂取し、また種を埋めることができるのである。

こうした李観亨を介した麦をめぐる視点の転換には、〈個人と社会の弁証法的な統一〉を通して転換期の克服＝歴史の創造を訴えていた金南天自身が映し出されているのではないだろうか[101]。連作「浪費」「経営」「麦」の登場人物はけっして肯定されるべき時代の英雄たちではなかった。個人と社会の矛盾や分裂を体現し、デカダンスやニヒリズムに溺れるか、社会絶対主義のために転向するか、あるいは資本主義的な個人の確立をめざす人びとである。また、不在意識を克服し、個人と社会を結合させようともがいてみても、結局は帝国日本の磁場に引き寄せられてしまう憂鬱で非力な被植民者である。だが、このまま歴史の進行に埋没するわけにはいかない、という「一つの可能性」として歴史を理解しようとした金南天の姿勢が、「埋もれている」ままではなく、「埋めよう」とする人物として李観亨を表象したのではないだろうか。

このように、金南天は、個人と社会の矛盾を統一させようと悩みもがく植民地の人物形象を通して矛盾そのものを否定的に捉え、可能性としての歴史の臨界を示していたのである。金南天のこうした文学実践は次のような否定の弁証法を通して行われる「告発の精神」に基づくものであった。

私にとって必要なのは、否定の否定が肯定であるということ、止揚のうえに立つ高い肯定のみが理解されなければならないということである。告発の対象は憎悪に該当する一切であり、そうした憎悪に勝つための告発の精神は憎悪に値するものをも広く含めて、人間の偉大な能力とその生活を愛する肯定の感情であるということ、これが正当に理解されることを私は希望する。(102)

〝朝鮮的なもの〟を押し隠し、国家という社会への統一に近づこうとした李観亨が崔武卿との対話を通じて人間の主体的な力、つまり社会を作ってゆく歴史的主体の可能性に希望を見出すとき、それはどのような形になるのか。朝鮮を代表する地域である慶州でもう一度麦を埋めることは何を意味するのか。

連作の掲載中断後、金南天自身は希望と絶望の間で彷徨っていたようにも思われる。たとえば、総督府の機関紙的な役割を果たしていた『毎日新報』に発表されたドイツ小説に関する評論「二人の医師の小説」は、その痕跡なのかもしれない。その中で金南天は、K・A・シェンチンガーの「アニリン」とハンス・カロッサの「医師ギオン」を比較しながら後者を「高貴で希望的かつ予知的な瞬間を持とうとするとき、任意の一、二節を翻読することで、読者は魂と精神の深い体験に向かい、自身の考えと心が美しく暖かく純化されることを感じ満足するだろう」と高く評価する。そしてその直後、一つの文学的結論に至ったとしたうえで、「愛国思想、愛国心、愛国魂（その他どんな観念であれ）の文学的表現の成功率は文学的形式と表現様式の純粋度の高さに正比例するという初歩的な常識の想起がそれである」と書いている。(103) 戦時期に、彼が「民族への大きな愛(104)」を持っていると見做した二人のドイツの作家の作品を取り上げ、「愛国文学」について語るとき、朝鮮と日本の関係はどのように想定されていたのか。個人と社会の弁証法は、国家＝日本へ統一されてゆくものであったのだろうか。この「愛国」ばかりが響き渡る奇妙な評論の位置づけは簡単ではない。

ところで、解放後の金南天にとって「愛国」の対象は当然ながら新生朝鮮へと無理なく移行できた。この章の最初に確認したように、解放という出来事を前にして「新しい思想」や「世界観」は必要なく、転換期の克服への志向／思考はそのまま新たな民族国家の建設という歴史的状況に接合したのである。連作のうち、「経営」と「麦」は一九四七年一一月に乙酉文化社から刊行された金南天創作集『麦』に収録された。初出と比べると、ストーリーやプロットの改作は行われず、形式上の若干の修正のみが施された。興味深いのは、その際にすべての外来語——日本語もしくは外来語の日本語表記——のハングル表記に傍点が置かれたことである。[105] 作者の転換期の克服というモチーフは変化しないまま、解放後の新生朝鮮の建設という断絶が表記によって刻まれていたのである。

その後、金南天は一九四七年頃に越北し、第一期最高人民代表委員に選ばれる。また朝鮮戦争勃発後は従軍記者としても参戦したが、しかしその直後、金日成政権への参加を断り、粛清されたと言われている。

註

（1） 座談会「碧初洪命憙先生을 둘러싼 文学談議」『大潮』一九四六年一月号。出席者は洪命憙、李泰俊、李源朝、金南天である。

（2） 同右、八〇頁。

(3) 金南天「체험적인 것과 관찰적인 것(발자크 연구 노트4)」정호웅、손정수編『金南天全集Ⅰ』(以下、『金全集Ⅰ』) 박이정、二〇〇〇年、六〇三頁(初出は、『人文評論』一九四〇年五月号)。

(4) 前掲座談会「碧初洪命憙先生을 둘러싼 文学談議」、八〇頁。

(5) 金南天「転換期와 作家」『朝光』一九四一年一月号、二五八―二五九頁。この評論のタイトルには「文壇과 新体制」という一文が付いているが、評論の中で彼は「新体制」については特に言及していない。おそらく「文壇과 新体制」というテーマで朝光社から頼まれたものであったと考えられる。金南天の評論の直後には金建「新体制下의 演劇」が載せられていた。また、金南天が冒頭で言及しているのは、李源朝「文学의 永遠性과 時事性」(『人文評論』一九四〇年八月号)、朴致祐「東亜協同体論의 一省察」(『人文評論』一九四〇年七月号)、徐寅植「現代의 課題」(『歴史와 文化』学芸社、一九三九年八月号)、同「文学과 倫理」(『人文評論』一九四〇年一〇月号)である。

(6) 同右、二五九―二六〇頁。

(7) 同右、二五九頁。

(8) 同右、二六〇頁。

(9) 同右、二六三頁。

(10) 同右、二六四―二六六頁。

(11) たとえば、金哲「"근대의 초극"、『낭비』그리고 베네치아 (Venetia) ――김남천과 근대초극론」『民族文学史研究』第一八号、二〇〇一年六月、三九三頁。

(12) たとえば、車承棋、前掲『반근대적 상상력의 임계들――식민지 조선 담론장에서의 전통・세계・주체』(二一七頁)、李慧眞「근대의 초극 혹은 근대문학의 종언――김남천의「경영」、「맥」、『낭비』연작을 중심으로」(『国際語文』第四一輯、二〇〇七年一二月、七五頁)など。

(13) これまでの研究は金南天の文章をそのまま受け取り、高山が東洋の統一性を主張したこと、そして金南天がそれに批判的であったことが強調されてきたが、本書で見てきたように、高山は東洋の統一性のみを主張していたわけではなかった。「転換期と作家」における金南天の主張は高山の主張とそれほど遠くない。たとえば『世界史の哲学』(岩波書店、一九四二年）において高山は次のように述べている。「東洋の中には多数の民族あり、文化あり、宗教があって、地域的にも近代まで独立性を有するところ多く、ヨーロッパを一個の歴史的世界というような意味で、東洋を一個の歴史的世界ということは許されないのである。日本・支那より印度を含む東亜、更に中央アジア・小アジアを通って、エジプトに及ぶところの地域的な意味の東洋が、東洋という一個の統一せる歴史的世界を構成した如きことはない。況やこのような東洋世界の東洋文化とか東洋精神とかいうものが存するわけはない。ヨーロッパが世界であるという意味で、東洋は世界ということさえできない。東洋とは歴史的世界でなく、便宜上の地理的概念に過ぎない。いわゆる東洋には多くの世界が存在するのである」（高山著、花澤編、前掲『世界史の哲学』、二五頁）。したがって、問題の所在はたんに金南天が高山の東洋論に批判的であったということではないだろう。

（14）鄭鍾賢、前掲『동양론과 식민지 조선문학——제국의 주체를 향한 욕망과 분열』、二四一頁。また、金哲、前掲「〝근대의 초극〟、『낭비』그리고 베네치아（Venetia）——김남천과 근대초극론」、三九三頁。

（15）たとえば李慧眞は前掲「근대의 초극 혹은 근대문학의 종언——김남천의「경영」、「맥」、『낭비』연작을 중심으로」の中で、戦時期知識人たちの「転向」が題材となっている連作「浪費」「経営」「麦」に注目し、「金南天はこの連作を通して理想的な人物／主体を提示しようとしたのではない。彼は自身の時代について体験し、観察したものを歪曲せずに描写するリアリズムの精神を最後まで推し進めたのである」（七六頁）と説明している。

（16）金南天、前掲「転換期와 作家」、二六六頁。

（17）同右、二六一—二六二頁。

（18）同右、二六六頁。

（19）金南天「양도류（両刀流）의 도량（道場）」『金全集Ⅰ』、五一一頁（初出は、『朝光』一九三九年九月号）。

（20）金南天、前掲「체험적인 것과 관찰적인 것（발자크 연구 노트4）」、六一〇頁。

（21）金南天「고발의 정신과 작가——신창작이론의 구체화를 위하여」『金全集Ⅰ』、二三一頁（初出は、『朝鮮日報』一九三七年六月五日付）。

（22）金南天「창작방법의 신（新）국면」『金全集Ⅰ』、二四二頁（初出は、『朝鮮日報』一九三七年七月一五日付）。

(23) 金南天「지식인의 자기 분열과 불요불굴의 정신」『金全集Ⅰ』、二四六頁（初出は、『朝鮮日報』一九三七年八月一四日付）。
(24) 和田とも美「金南天長編小説論——新聞連載小説、その可能性の追求」『朝鮮学報』第一六七輯、朝鮮学会、一九九八年四月、一一一頁。
(25) 金南天「자기분열의 초극——문학에 있어서의 주체와 객체」『金全集Ⅰ』、三二六—三三〇頁（初出は、『朝鮮日報』一九三八年二月一日・二日付）。
(26) 金南天は、近代への転換期に行われた小説実践としてバルザックに注目し、「観察文学論」を展開した。それは、「시와 문학의 정신——발자크적인 것에의 정열」（『東亜日報』一九三九年四月二九日～五月七日）に始まり、「발자크 연구 노트（1）——고리오옹과 부성애、기타」（『人文評論』一九三九年一〇月）、「발자크 연구 노트（2）——성격과 편집의 문제」（『人文評論』一九三九年一二月）、「발자크 연구 노트（3）——관찰문학소론」（『人文評論』一九四〇年四月）、「발자크 연구 노트（4）——체험적인 것과 관찰적인 것」（『人文評論』一九四〇年五月）の一連の論文に続いた。
(27) 金南天「小説의 将来와 人間性問題」『春秋』一九四一年三月号、二五〇頁。
(28) 同右、二五二頁。
(29) 同右、二五一頁。
(30) 同右。
(31) 同右、二五三頁。
(32) 同右、二五六頁。
(33) 同右。ここで金南天はジョン・デューイの議論を参照し、『思想』一九三八年四月号（「自由主義検討」特輯）にそれが紹介されていることを注記している。同号にはデューイの研究者として有名な社会学者・清水幾太郎が「自由主義の系譜」を書き、さらに金南天も言及していたデューイの『自由主義と社会的行動』（一九三五年）を紹介する文章も書いている。また、金南天は「小説의 将来와 人間性問題」の末尾にジョン・デューイ『生の論理』（清水幾太郎訳、三笠書房、一九三八年）および清水の評論集を参照していると明記している。ちなみに、清水は西田幾多郎の哲学から多くの思想的影響を受けており（清水の学問形成に西田哲学の影響が大きかったことについては、庄司武史『清水幾太郎——異彩の学匠の思想

と実践』ミネルヴァ書房、二〇一五年、一一〇―一一三頁参照）、「転換期와 作家」で金南天が言及している『思想』一九三八年一〇月号（「東洋と西洋」特輯）の寄稿者の一人でもある。後に言及するように、金南天が連作において西田哲学を援用していたことは、こうした思想的経路を通じて可能になったのではないかと考えられる。

(34) 同右、二五八頁。

(35) 同右、二五九頁。

(36) 金南天「小説의 運命」『金全集Ⅰ』、六六六頁（初出は、『人文評論』一九四〇年一一月号）。金南天は、ルカーチ・ジェルジュの小説理論に触れ、彼がゴーリキーを「古代的叙事詩」との形式的接近に至った作家として挙げていたことに言及している。このような見解について金南天は、ゴーリキーが描いた「人間性の解放」は「堕落した個人主義の意識」にすぎず、そこにあるのは「個人主義の亡霊」と「人間性への憎悪」であると厳しく批判していた。

(37) 金、前掲「小説의 将来와 人間性問題」、二六〇頁。

(38) 同右。

(39) 同右、二六一頁。

(40) 同右。

(41) 金南天「명일에 기대하는 인간타입――소설가의 입장에서」『金全集Ⅰ』、六一五頁（初出は、『朝鮮日報』一九四〇年六月一一・一二日付）。

(42) 同右。

(43) 金南天は前掲の「체험적인 것과 관찰적인 것（발자크 연구 노트 4）」（六〇七―六〇八頁）において、文学における「思想性の真髄」を「客観的、写実的な方法」にあるとし、「主人公＝性格＝思想」という主観主義的な公式、つまり「思想家を主人公にするときのみ思想があるという文学」を「原始的な思想主義」であると批判した。そのため、彼は「主人公＝性格＝思想」ではなく、「世態＝事実＝生活」が妥当であろうと主張した。

(44) 金允植は前掲『한국근대문학사상사』（二九七頁）において、連作が「転向小説の最高峰」であると説明したうえで、呉時亨を「多元史観」の代表として、李観亨をそれに対立する「懐疑論者」として捉えている。そして崔武卿がその間でバ

ランスを取っていると指摘した。この先駆的な研究以降、連作は「転向小説」の代表として注目されるようになった。その主なものとして、李東夏「일제말 지식인의 고뇌와 갈등——김남천의「경영」-「맥」연작」(『現代文学』第三五巻第九号、一九八九年九月)、河應柏「부재의식과 전향소설——김남천의 후기소설을 중심으로」(『慶熙語文学』第一一輯、一九九〇年一二月)、신동욱「김남천의 소설에 나타난 지식인의 자아확립과 전향자의 적응문제」(『東洋学』第二一輯、一九九一年一〇月)、이덕화『김남천 연구』(청하、一九九一年)、변정화「김남천의 전향소설 연구」(『論文集』第一六輯、一九九四年)、이건제「김남천의 소설을 통해 본 일제말 〃전향〃 과 〃근대성〃 문제——「경영」과「맥」의 인물 분석을 중심으로」(『語文論集』第三七号、一九九八年二月)などを挙げることができる。

(45) 金哲、前掲「〃근대의 초극〃、『낭비』그리고 베네치아(Venetia)——김남천과 근대초극론」、三九〇頁。さらに金哲は日本で発表された前掲「同化あるいは超克——植民地朝鮮における近代超克論」においても金南天について言及し、戦時期朝鮮の「転向」マルキストたちがマルクス主義に取って代わる普遍的な思想として「東洋主義」を受け入れたと指摘している。これ以降、「近代の超克」・「東洋」論に対する金南天、あるいは登場人物の批判の契機を見つけようとする研究(例えば、최택균「전향문학의 논리와 서사구조연구——김남천의『경영』、『맥』、『낭비』를 중심으로」『語文学教育』第二三輯、二〇〇一年一一月、김수영「김남천의〈경영〉과〈맥〉에 나타난 〃동양론〃 고찰」『韓民族文化研究』第一八巻、二〇〇六年六月、노상래「김남천 소설에 나타난 자기식민화 양상과 근대초극론」『現代文学理論研究』第三三巻、二〇〇八年四月など)や、戦時期の新体制理念に金南天のリアリズムが吸収されていったことを指摘する研究(崔珠瀚「신체제 이념과 김남천의 리얼리즘론」『大東文化研究』第五六輯、二〇〇六年一二月など)、金南天のリアリズム論と戦時期の連作との関連を分析する研究(李慧眞、前掲「근대의 초극 혹은 근대문학의 종언——김남천의「경영」、「맥」、『낭비』연작을 중심으로」)、金南天の連作に表れる「転向」の性格について植民地の法体制や「主体化の過程」に注目した研究(최영욱「전향이라는 法、김남천의 Moral」『語文学』第一一六号、二〇一二年六月、影本剛「유령、객관、패배——김남천 소설에서의 전향과 주체화」『尚虚学報』第四三輯、二〇一五年二月)などが行われてきた。一方、連作「浪費」「経営」「麦」を日本ではじめて本格的に検討した藤石貴代の「金南天の「浪費」「経営」「麦」連作について」(『朝鮮学報』第一七一輯、一九九九年四月)は、金南天がヘーゲル哲学やバルザックを援用していたことに注目し、連作を通してリアリズムの方法論を模索しようと

したことを論じた点で先駆的である。

(46) 장성규「카프 문인들의 전향과 대응의 논리――임화와 김남천을 중심으로」『尙虛学報』第二二輯、二〇〇八年二月、三六一頁。

(47) 이진형「김남천, 식민지 말기 〝역사〟에 관한 성찰――「경영」과「맥」을 중심으로」『現代文学理論研究』第四七輯、現代文学理論学会、二〇一一年一二月。

(48) この点について、이진형は同右論文の「註17」において「浪費」は李観亨を中心に物語が展開されているのに対し、「麦」は崔武卿を中心に物語が展開されていること、また、「何よりも「浪費」が未完のまま中断されたことによって、作品解釈に根本的な困難を内包している点」(二八〇頁)から「経営」「麦」と「浪費」を別々に考察する必要があると述べている。

(49) 「附記」は次の通りである。「この小説に登場する人物たちは「経営」と長編「浪費」の作中人物である」(金南天「麦」『春秋』一九四一年二月号(以下、「麦」とのみ記す)、三五〇頁)。

(50) 金南天「浪費」『人文評論』一九四〇年二月号、二一八頁。

(51) 同右、二一九頁。よく知られているように、金南天の小説における「不在意識」、すなわち「ジッテ(Sitte)」と「ゲミュート(Gemüt)」の分離・相剋というモチーフは、同時代の批評家・徐寅植の影響である。金南天は前掲の「小説의運命」の中で、徐寅植に触れて、「ジッテ」と「ゲミュート」の相克は「一つの社会が不安と動揺の段階に到達したことの表徴である」と説明している(引用は、『金全集I』、六六八頁)。

(52) 同右。

(53) 金南天「浪費(第二回)」『人文評論』一九四〇年三月号、一八六頁。

(54) 同右、一八七頁。

(55) 同右。

(56) 同右、一九九―二〇〇頁。

(57) 金南天「浪費(第九回)」『人文評論』一九四〇年一一月号、一四五頁。

(58) 西田幾多郎は『思想』一九三九年三月号に発表した「絶対矛盾的自己同一」において次のように述べている。「現実の世界は何処までも多の一でなければならない、個物と個物との相互限定の世界でなければならない。故に私は現実の世界は絶対矛盾的自己同一というのである。〔改行〕かかる世界は作られたものから作るものへと動き行く世界でなければならない。〔…〕何処までも与えられたものは作られたものとして、即ち弁証法的に与えられたものとして、自己否定的に作られたものから作るものへと動いて行く世界でなければならない」（引用は、上田閑照編『西田幾多郎哲学論集Ⅲ――自覚について 他四篇』岩波書店、一九八九年、七―八頁）。「クレアタ・エト・クレアンス」はこうした西田哲学の弁証法的思考を端的に表す言葉である。

(59) 金南天「浪費（第一一回）」『人文評論』一九四一年二月号、二〇三―二〇四頁。

(60) 西田幾多郎「論理と生命（一）」『思想』一九三六年七月号、三〇頁。「クレアタ・エト・クレアンス」によって金南天と西田をつなげていたのは清水幾太郎ではないかと考えられる（金南天が清水の文章を多く参照していたことは本章の註33を確認されたい）。清水幾太郎は評論集『人間の世界』（刀江書院、一九三七年）に収録されている「悪に就いて」（四四―四五頁）において「クレアタ・エト・クレアンス」に言及し次のように述べている。「人間は文化への適応の中に生きる限りに於いては有限なる存在として動物との共通性を持つ。〔…〕人間はこの意味に於いて常に造られたものであり有限なものであることを避け得ないが、それと同時に作るもの der Bildende でなければならぬ。文化への否定に於いてあるところの文明への適応に生きつつ歴史的限定に於ける社会或は文化をその有限性に於いて捕へ、更に自己の有限性をも批判して文化と教養との上に超出しようとするところに文明の無限なる働きを托された人間の面目があるのである。クレアタ・エト・クレアンスといふことこそ人間の行為の本質である」。

(61) 이진형、前掲「김남천、식민지 말기 〝역사〟에 관한 성찰――「경영」과「맥」을 중심으로」、二九〇―二九三頁。

(62) たとえば、노상래は前掲「김남천 소설에 나타난 자기식민화 양상과 근대초극론」（三一一頁）において、「ジェイムズが経験した文明間の衝突が朝鮮と日本の間の衝突に似て」おり、そのため李観亨がジェイムズをモデルとして転換期を乗り越えようとしたと述べている。

(63) 李観亨はあくまでも、「西洋」と「東洋」（朝鮮／日本）の間で「不在意識」を感じていた。「麦」では「西洋」と対置される「東洋」が、①東洋、②日本、③朝鮮に置換される。①は崔武卿に対して「我々は東洋人じゃありませんか」（三四四頁）と言い、「欧羅巴の文化を表面的に学んだ」ことが問題だと指摘するところに、②は「麦」めぐる会話の直前、「東洋学」の成立が簡単ではないとしながら、「日本固有の哲学思想を創造」（三四〇頁）しようとする西田幾多郎に言及するところに、③は朝鮮の「ティピカル」な光景として、「二階では洋食を食べて、一階に来てはカクテキを食べる」（三四五頁）と説明しているところに端的に表れている。

(64) 金、前掲「浪費（第九回）」、一四一頁。

(65) 金、前掲「浪費（第二回）」、一九三頁。

(66) 金、前掲「浪費（第一一回）」、二〇四―二〇五頁。

(67) 金南天「経営」『文章』一九四〇年一〇月号（以下、「経営」とのみ記す）、三三二頁。

(68) 同右、四四頁。

(69) 「麦」、三〇九頁。

(70) 「経営」、四一頁。

(71) 同右、四三頁。ちなみに、やまとアパートの一ヶ月の家賃は「三十五ウォン」である（「麦」、三〇五頁）。植民地朝鮮の人々に「円」は「ウォン」として通用していた。

(72) 「麦」、三一二―三一三頁。

(73) 同右、三四八―三四九頁。

(74) 同右、三四九頁。

(75) 同右、三〇九頁。

(76) 同右、三〇七頁。

(77) 「経営」、四六頁。

(78) 「麦」、三一〇頁。

(79) 同右。

(80) 同右。

(81) 同右、三〇八—三〇九頁。
(82) 同右、三一一—三一七頁。
(83) この点について、金南天は前掲の「명일에 기대하는 인간타입——소설가의 입장에서」において、「典型的な性格」を発見することが「散文精神」であると述べていた(『金全集Ⅰ』、六一三—六一四頁)。
(84) 「麦」、三三九頁。
(85) 同右、三四〇頁。
(86) 同右、三四二頁。
(87) 同右。
(88) 同右、三四二—三四三頁。
(89) 이진형、前掲「김남천, 식민지 말기〝역사〟에 관한 성찰——「경영」과「맥」을 중심으로」、二九一頁。
(90) 「麦」、三四三頁。
(91) 同右。
(92) 同右、三四六頁。
(93) 日本では木村荘八訳『ヴァン・ゴォホの手紙』(洛陽堂)が一九一五年に刊行され、その後も一九二七年にアトリエ社から、一九三三年には春陽堂から出版された。また一九三九年には、式場隆三郎編『ヴァン・ゴオホ』(美術発行所)が出版され、太平洋戦争の真っ只中である一九四二年には土井義信訳『ファン・ゴッホの手紙』(甲鳥書林)や、式場隆三郎訳編『ヴァン・ゴッホの生涯——フィンセントよりテオへの手紙』(東京堂、一九四三年)など、多くのゴッホ関連書籍が出版された。金南天はこうした同時代的な状況の中でゴッホに関心を寄せることになったのではないかと考えられる。
(94) J・V・ゴッホ・ボンゲル編『ゴッホの手紙——テオドル宛 下』硲伊之助訳、岩波文庫、一九七〇年、二〇四—二〇五頁。また、引用部の「僕は人の生涯は麦の生涯のような気がして仕方がない」という一文は、同時代に刊行された式場隆三郎訳編『ヴァン・ゴッホの生涯——フィンセントよりテオへの手紙』(東京堂、一九四三年)においては「僕は人間も麦と同じだ、と実に強く感じる」と訳されている。実際に金南天が「麦」のモチーフをどこで得たかは不明である。

(95)「麦」、三四四頁。

(96)同右、三五〇頁。

(97)同右、三一四頁。

(98)同右、三四四―三四六頁。

(99)河應柏、前掲「부재의식과 전향소설――김남천의 후기소설을 중심으로」、六九頁。

(100)「麦」、三五〇頁。

(101)この点について、批評家・金南天が前掲「자기분열의 초극――문학에 있어서의 주체와 객체」(三三〇頁)において個人と社会の分裂を統一するための文学実践が必要であるとし、次のように唱えていることは注目に値する。「こうして、悠久の人類の歴史が我々に賦課し、同時に、遠い後の日の幸福な後世の人が、現瞬間の現代作家に要求するところのものは、市民社会のカタストロフィーの時代における社会と個人との複雑で激化した分裂を広範に概括すると同時に、これの超克と統一のために払われる努力と苦難の繁栄を立派に盛り込んだ文学的財産であろう」。

(102)同右、三二七頁。

(103)金南天「두 医師의 小説――『아니린』『医師기온』読後記(五)」『毎日新報』一九四二年一〇月二〇日付。『アニリン』は藤田五郎訳が一九四二年に天然社から出版された。また、「医師ギオン」は一九四一～一九四二年に刊行された『ハンス・カロッサ全集』の第四巻(三笠書房)に収録されていた。

(104)同右。

(105)金南天創作集『麦』乙酉文化社、一九四七年一一月。一例を挙げれば、初出の「経営」の冒頭にある「야마도 아파ー트」という表記は「야마도 아파아트」(九八頁)に変えられている。

第6章　「学」と「思想」のあわいで——朴致祐「東亜協同体論の一省察」再読

第1節　方法としての「学」(theoria)と「思想」(ism)

思想家とは特別な人ではなく、現実の強迫、現実がその解決のために我々に向かって叫んでいる声を「心臓」を通じて力強く聴くことのできる人を言うのではないでしょうか[1]。

この一文は、一九三〇〜四〇年代に政治哲学、歴史哲学を駆使しながら旺盛な活動を行なっていた植民地朝鮮の批評家・朴致祐《パクチウ》(一九〇九〜四九?)が、自身の活動の場をアカデミズムからジャーナリズムへと転回したときに発表された「アカデミー哲学を出て」(一九三六年一月)の一節である。朴致祐は自身の知的営為をもって「思想家」たろうとした。彼の言う思想家とは、現実の声を聴き、それを打開するために声を発する(＝行動する)主体であり、その対岸には、真理をみつめるために静的な「観」のみを行う「(哲)学者」が想定されていた。だからこそ思想家たる者は、「アカデミー哲学を出る」ことが求められたのである。

「アカデミー哲学を出る」という宣言は、しかしながら、学問的な知そのものの放棄を意味するわけではない。(2) 朴致祐は、アカデミズムの中で培った近代的学知と現実との間に広がる「真空地帯」に身を置き、絶えずそれらを交渉・接続させるための知的実践を模索しようとした。(3) アカデミーを出た「学者」、哲学を駆使する「思想家」として、自身の思想行為を定立しようとしたのである。こうした営みを、彼の愛用した「学」(theoria) と「思想」(ism) という二つの語を用いて言い換えるならば、「学」=アカデミズムと「思想」=ジャーナリズムに内在する否定の契機を抽出しつつ、それらを弁証法的に結合させる、〈学－思想〉(theoria-ism) の知的実践だと言えよう。本章では、朴致祐の思想を根底において支えるこのような方法的視座から、戦時期に東亜協同体論に関与したことで知られる「東亜協同体論の一省察」(『人文評論』一九四〇年七月) というテクストを読み直してゆく。

朴致祐は他の朝鮮知識人がそうであったように、実に波乱万丈の人生を歩んだ。彼はキリスト教の伝道師だった父・朴昌英《パクチャンヨン》のもと、一九〇九年に咸鏡南道端川(4)で生まれた。鏡城高等普通学校を経て、一九三三年三月に京城帝国大学法文学部哲学科を卒業した後、同大学の助手を務め、一九三四年九月からはキリスト教系の崇実専門学校で教鞭を取るようになった。しかし、植民地朝鮮において戦時動員が強化されてゆくなか、一九三八年三月に神社参拝の拒否問題で崇実専門学校が廃校になると、その後は『朝鮮日報』の記者になった。だが、『朝鮮日報』も一九四〇年八月には総督府の圧力によって廃刊となり、その後は姉妹雑誌『朝光』を発行していた朝光社の監事を務めた。また、一九四三年に突如中国へ渡り、北京で解放を迎えた。解放後は朝鮮に戻り、左派系の文化団体である朝鮮文学建設本部、朝鮮文学家同盟の理論家として東奔西走し、『現代日報』の主筆としても活躍した。だが、一九四六年一〇月、米軍政に抗議し全国に広がった人民抗争の後に越北し、一九四九年末、パルチザン活動中にその短い人生を終えた。

朴致祐は、京城帝国大学では東京帝国大学出身のカント哲学者として著名な安倍能成や宮本和吉などに師事し、同時代的な新カント派の影響を受け、「ニコライ　ハルトマンの存在論について」というタイトルの論文を卒業時に提出した。その後、「危機の哲学」(『哲学』一九三四年四月)で登壇し、一九三〇年代半ば以降の植民地朝鮮の批評界において多くの論稿を遺した。解放前には「自由主義の哲学的解明」や「全体主義の哲学的解明」、「全体主義の論的基礎」などの論稿を発表し、解放後には民主主義論や民族文化論に取り組んだ。一九四六年一一月にはそれまでの論稿を集めて『思想と現実』(白楊堂、一九四六年)を刊行した。[5]

朴致祐が遺した幾多のテクストのうち、これまでに最も注目されてきたのが戦時期に書かれた「東亜協同体論の一省察」という論稿である。これは、タイトルが明示しているように、日中戦争期の変革を求めて帝国日本の革新的知識人たちを中心に提起された東亜協同体論への同時代的批評を綴ったものであり、当時の政治的状況に対する朴致祐の立場を表明した文章として度々取り上げられてきた。たとえば、韓国の著名な文学者である金允植は『韓国近代文芸批評史研究』において、東亜協同体論に関与した朴致祐をはじめとする戦時期知識人たちの思想について触れ、それらが当時の日本の議論を無批判に受容した「親日」言説であり、「植民地意識のない」ものだったと厳しく批判した。[6] 解放後の韓国では、朴致祐が日本帝国主義政策の一環として唱えられた東亜新秩序構想の理論的な裏づけとなった東亜協同体論に「関与」したことから、日本帝国主義に協力した親日批評家――あるいは転向社会主義者――としてみなされてきた。[7]

ところが、一九九〇年代以降、民主化後の韓国では社会主義関連書籍の解禁を経て、それまでにほとんど顧みられることのなかった、朴致祐を含む戦時期知識人たちの思想が注目されるようになった。[8] 解放後の韓国の植民地時代に対する歴史認識を克服するものとして、つまり、「抵抗」-「協力」という二項対立的な分析フレームでは捉えきれないものとして、彼らの知的実践が再認識されるようになったのである。こうした文脈において、日本でいち早く朴致祐の思想に着目し、「東亜協同体論の一省察」を翻訳・紹介した崔真碩は、「現代韓国の植民地時代に対する歴史認識では、朴致祐の動員や同化の暴力に対峙する身構えや朴致祐の記述に痕跡として残されている植民地支配に対する抵抗の契機を感知することができない」[9]と指摘し、「民族／反民族」「反日／親日」「抵抗／協力」といった二項対立において、後者に属するものだと振り分けられてきた朴致祐の言語実践に刻印されている抵抗の契機を再評価した。こうした研究も含めて、「東亜協同体論の一省察」に言及する多くの著作はこのテクストにのみ着目する傾向がある。したがって、朴致祐の思想の総体的な把握とともに、他のテクストとの連関の中でもう一度「東亜協同体論の一省察」を読み直す必要があると思われる。

もう一つここで「東亜協同体論の一省察」に注目する理由は、従来このテクストに与えられてきた特殊な位置と関連する。哲学を専攻した朴致祐が、一九三〇年代以降の批評界で活動したことから、彼に関する研究は主に哲学研究や文学・思想研究分野で行われてきた。時局的な評論である「東亜協同体論の一省察」は、哲学研究ではなく、文学・思想研究においてその政治的機能を中心に論じられてきた。哲学研究では、マルクス主義哲学者として評されてきた朴致祐の哲学内容に研究の重点が置かれていたため、「東亜協同体論の一省察」はほとんど注目されてこなかった[10]。だが、彼が遺したこの論稿は、冒頭で言及した朴致祐の方法的視座、すなわち「学」（＝哲学内容）と「思想」（＝政治的機能）の弁証法が実践されているテクストである。「学」（theoria）と「思想」（ism）の弁証法という朴致祐の方法的視座は、その産物であるテクストの内容を方向づけ、また規定している。にもかかわらず、これまで「東亜協同体論の一省察」は、哲学と思想とを二分する認識の場において、哲学的内容よりも、思想的機能を中心に読まれてきたのである。もし「東亜協同体論の一省察」を、彼の方法的視座に基づいて忠実に読もうとするならば、現実の問題を打開するための声／思想としてその政治的機能に注目すると同時に、その哲学的内容の把握も必要になるだろう。朴致祐は学知と現実のあいだで絶えずそれらを交渉・接続させる知的実践を試みていたからである。よって、本章で試みるのは、同時代植民地朝鮮／帝国日本の〈近代の超克〉をめぐる議論に触発されて書かれた「東亜協同体論の一省察」を哲学的に読み直し、同時代的な文脈の中で政治的に布置し直すことである。

第2節　「哲学すること」(Philosophieren) における傍点の移動

まずは「東亜協同体論の一省察」を読み進める前に、朴致祐の方法的視座である「学」(theoria) と「思想」(ism)、そしてそれらに対応する諸概念の輪郭を鮮明にしつつ、彼の思想的行程を追跡してみたい。すでに言及したように、一九二〇〜三〇年代は世界史的な転換期であった。第一次世界大戦、世界恐慌などを経て資本主義の矛盾が明らかになり、自由主義や個人主義に代表される近代を乗り越えるための新たな秩序の建設が緊急の課題として現れた。こうした世界史的な転換期の歴史意識とともにそれを克服しようとして擡頭したのがファシズムやナチズムの思想運動にほかならない。アジアにおいても、一九三〇年代以降、満洲事変から日中全面戦争につらなる新たな帝国日本の展開とともに、日本帝国主義政策の一環として「東亜」を掲げる新秩序構想が提示されていった。植民地朝鮮でも、一九三〇年代半ば以降、民族主義や社会主義の運動が弾圧によって後退させられてゆき、思想的空白が強く意識されるようになった。「主体の危機」、「知性の危機」、「近代の危機」などと言われる危機の歴史意識を植民地朝鮮の知識人も共有していたのである。

朴致祐の批評活動は、こうした「危機」の把握から始まった。一九三四年四月に朴致祐が論壇デビューを果たした論文のタイトルは、まさしく「危機の哲学」であった。彼はこの論稿の中で、危機の時代を克服するために必要な「実践」の構造を哲学的に模索していた。注目に値するのは、その論理構成において、彼の方法的視座である「学」(theoria)と「思想」(ism)の原型がすでに垣間みえていたことである。「危機の哲学」において朴致祐は、客体的（＝社会的）矛盾が主体的（＝交渉的）に把握される特定の時期を「危機」だとし、実践的な把握を経てのみそれが克服されると捉えていた。

それでは一般に、矛盾を克服するための武器はどのようなものなのだろうか？　そのような武器は「実践」の他にはないと私は主張したい。矛盾の克服は、したがって危機の克服は、ただ一つ実践によってのみ可能である。[11]

朴致祐によれば、社会的矛盾が自覚される危機の時代を克服するために必要な実践とは、ロゴス(logos)を内包した行動、つまり理性＝ロゴスによって発現されるものであり、だからこそ実践はつねに建設と結合される。しかし、だからといって行動がロゴスに従属するわけではなく、「パトス（または行動）は実践の動力」となり、「ロゴス（または理論）は実践の指針」として機能しなければならない。[12] 朴致祐は行動＝パトスと理論＝ロゴスの弁証法的把握を通して「実践」(praxis)の概念を導き出そうとしたが、その際に見られる理論＝ロゴス／行動＝パトスという構図は、その後の彼のテクストにおいて、学／思想、テオリア／イズム、真偽／善悪、冷静／情熱、容／用、文字／声といった諸用語に変装しながら繰り返し登場する。[13] こうして朴致祐は、二分法によって現前する「学」(theoria)と「思想」(ism)の両者を、独立しながらも弁証法的に円環する統一体として捉えようとしていた。

一九三四年九月に京城帝国大学の助手を辞職し、崇実専門学校に職場を移した朴致祐は、それ以降、アカデミズムの「学」を遠ざけてジャーナリズムでの批評活動を行なってゆく。すでに冒頭で引用した「アカデミー哲学を出て」で朴致祐は、哲学が「いま、ここで、われわれにとってどういうものでなければならないか」をまず問わなければならないと述べ、「いま」という時間と、「ここ」という空間、「われわれ」という主体との緊密な結びつきなしに、「哲学とは何か」は究明され得ないと強調した。危機の哲学から出発した朴致祐が、その翌年に発表した「私の人生観――人間哲学序想」の中で、哲学を「哲学すること」(Philosophieren)として問わなければならないとする所以はまさにここにある。彼のジャーナリズムへの態度的転回は、次の一文からも読み取ることができる。

しかし私は聞きたい。一体哲学が「学」でなければならない本質的な理由はどこにあるのか、と。哲学は本来「学」であるというよりも、「哲学すること」(Philosophieren)でなければならないのではないか?[14]

「する」という動詞から哲学を捉え直した朴致祐は、自身の思想行為をアカデミズムではなく現実との交渉過程において再定位しようとした。[15]アカデミズム――とりわけ植民地朝鮮の哲学界[16]――に対する批判的姿勢から静的な「学」(=「観」)の態度を退け、動的な「思想」(=「声」)、すなわちジャーナリズムの必要性を積極的に唱えたのである。この頃の朴致祐は、実践の内実を「喪失された人間性の奪還」に求めていたが[17]、そのために提唱される「人間的な哲学」では、「学」の姿勢が「非人間的なもの」として否定的に捉えられていた。「思想」(ism)を重視する人間的な哲学の矛先は、朴致祐自身の語を用いれば、「哲学のための哲学」を行う「哲学学者」に向けられていた。[18]「人間的な哲学」は次のように説明される。

したがって、新しい哲学は「文字」としてではなく、いわば「声」として、「訴え」としてのみ、自身の哲学を要求する人間的な哲学でなければならない。「学」としてではなく、むしろ「イズム」(主義)としての世界観、人生観の表現を要求する哲学でなければならない。〔…〕私はこのような哲学態度を、従来のあらゆる非人間的な、あまりにも学的な哲学と区別して、人間的な哲学という名で呼びたい。[19]

ところが、人間的な哲学の実践によって当時朝鮮で交わされていたヒューマニズム論争にコミットしていた朴致祐は、一九三〇年代半ば以降、朝鮮の批評界における論議がヒューマニズム論から知性論、古典論などへと多様化してゆくなか、今度は「思想」(ism)ではなく、「学」(theoria)の擁護へとその立ち位置を変えてゆく。[20] 彼自身がかつて人間的な哲学に取り組んでいたことも、一九四〇年七月に発表された「東亜協同体論の一省察」の中では次のように自己批判される。

現代のあらゆる不幸の原因を近代文化の普遍的様相である理性的な部分に求め、現代の危機を「人間の危機」、「非人間の破綻」として捉えようとするのがそうであるが、これは実存哲学を中心とした、いわば「主観性の哲学」とあらゆる人間学的な哲学の共通傾向のようだ。〔…〕これが理知的思考と制度に対して極度の炎症を起こした一部の若い哲学徒に与えた影響というのは驚く程であり、やはり筆者も一時はその群れの一人であったが、今になっては反問したいことがある。というのも、理性的な、あまりにも理性的な人間のせいで、人類が今日のような行き詰まりに至ったのだという現代の人間学の主張が真理であるならば、我々は蒙昧のみが人間の真の幸福を約束するということを証明しなければならない義務がある。[21]

こうした態度の切り替えを、「変化」として捉えることは容易かもしれない。だが、転回を繰り返す言説の表情を追うのではなく、そのような転回を支える構造に目を向ければ、そこには、二分法によって互いが否定され

る関係としての「学」と「思想」ではなく、両者が止揚を通じて弁証法的に結合される〈学－思想〉(theoria-ism)の姿が浮かび上がる。朴致祐が「哲学の党派性――テオリアとイズム」で述べているように、そもそも彼にとって「学」と「思想」はそれぞれが独立しているものではない。両者はつねに統合される運動＝イデオロギーとして存在する。たとえば、朴致祐はこのような〈学－思想〉(theoria-ism)――イデオロギーのロゴス的性格を「容」という漢字で表し、他方、そのイズム的性格には「用」という漢字を用いているが、それらはあくまでも技術的な区分であって、本来区分されるべきものではないことは、「容」と「用」がハングルでは同じく「용《ヨン》」と表記・発音することからも類推できるのではないだろうか。[22] したがって、一九三〇年代半ば以降の朴致祐の言説実践における「思想」から「学」への転換は、「哲学すること」における傍点の移動――「哲学すること」から「哲学すること」へ――にほかならない。

ならば、次に問わなければならないのは、彼に傍点を移動させる動機、つまり彼が向き合っていたものは何か、であり、それは朴致祐の思想の核心を明らかにすることでもある。初期の言説実践における「思想」(ism)の強調が、現実と乖離してゆくアカデミズムへの批判的な姿勢からなされるものであったならば、一九三〇年代半ば以降に見られる「学」(theoria)の強調は、イデオロギーとしての「全体主義」－「ファシズム」と対峙するための思想行為であった。[23] どうして彼はこうした認識に至ったのだろうか。先に取り上げた「危機の哲学」における次の一節はその手がかりとなる。

> 一時的かつ衝動的な足掻きの行動も、それが生きている力である以上、一時的には危機を克服したかのように見えるかもしれない。しかしそれは、克服というよりも、その瞬間の危機に対する単純な破壊である。この破壊が終わってからすぐに立ち現れる危機、その破壊によって生じる新しい危機、これを我々は忘れては

ならない。(24)

危機の克服のための行動が破壊に終わってしまうから、いや、むしろその破壊によって新たな危機が生じるからこそ、行動はつねに指針である「学」(theoria)を求めなければならない。ここで言う「破壊によって生じる新たな危機」とは、当初ファシズムからの文化擁護を掲げて擡頭したヒューマニズムが、たんに「文化擁護」という「善意志」の段階にとどまっていることを示す。反ファシズムとして提示されるヒューマニズムが、たんなるファシズムの否定に終わってしまうのであれば、あるいは、パトスによる破壊がロゴスを内包する建設を伴わないのであれば、それは却ってファシズムと親和的にならざるを得ない。なぜなら、ファシズムを支える原理が理性の排除として働き、ヒューマニズムが行き着くところの「不安の文学」(シェストフ)や「不安の哲学」(ハイデガー)なども、反理性の精神がその基底にあるからである。したがって、反ファシズムの運動が「真の実践」たりうるためには、指針としてのロゴスの導きがなければならない。朴致祐はそれが、「歴史の法則」に対する「冷静な科学的認識」を通して得られるものだと捉えていた(25)。

一九三五年六月、『東亜日報』紙上に発表された「不安の精神とインテリの将来」は、こうした歴史的予知としての知性=「学」(theoria)を当代の朝鮮知識人が保持すべきであると朴致祐が力説している文章である。その中で彼は、危機の時代を生きる多くの知識人が不安や絶望から、知性の「確実性、正確性」を駆逐し、「誠実性、真実性」に突進していると警鐘を鳴らし、知識人が取るべき道として「自覚の道(歴史的覚醒へ)」を提唱した。この「自覚の道」において要請されたのが「冷静」と「勇気」である。「冷静」は現代の歴史的な根拠に対する客観的な認識である「学」(theoria)を、また「勇気」はこのような認識から必然的に噴出され、実践へと志向される「情熱」としての「思想」(ism)を含意するものであった。こうした朴致祐の主知主義的な姿勢には、人間の理性の自律的なあり方を考究するカント哲学の影響が垣間見える。彼にとって不安の哲学や文学、そしてそれらに拠って立つヒューマニズムは、「情熱はあっても認識がない」、「破壊はあっても建設がない」、いわば「知性の断念」として映っていたのである。(26) だから彼は、一九三九年に書いた「教養の現代的意味——不惑の精神と世界観」において、建設のために行われる科学的認識による歴史の把握、すなわち「学」(theoria)を放棄しないヒューマニズムを訴えたのである。

我々は、至急我々の世界観を我々の手で作らねばならない。〔…〕とにかくこのような世界観は、いつも確固たる史観によってのみ不動の土台を得ることができるからこそ、人間性の開発だとか、完成だとか、という漠然とした話よりも、時代を正当に貫く未来を予見できる眼と世界観を準備せねばならないし、またそのために特に歴史の構造と方向についての深い歴史哲学的な教養を何よりもまず積んで置く必要がある。〔…〕これが事実であれば、これも一種の、新しい意味においてのヒューマニズムだと言っても差し支えないだろう。(27)

かくして朴致祐は、一九三〇年代後半になって「哲学すること」における傍点を「思想」(ism)から「学」(theoria)へ再び移動させた。そしてこのことが、彼に科学的な認識による史観を要請し、自由主義が出現する「近代」、ファシズムと全体主義が融合する「現代」に向き合わせることになったのである。(28)

第3節　朝鮮の「宿命」、植民地の「運命」——「東亜協同体論の一省察」再読

一九三七年から始まる日中戦争が長期化するなか、日本帝国主義政策の一環として打ち出された東亜新秩序構想（第二次近衛声明、一九三八年一一月三日）を契機として、昭和研究会の革新的知識人たちを中心に戦時変革をめざして東亜協同体論が唱えられた。これは、日中戦争の最中の日本を世界史的な文脈の中で自己理解し、西洋を中心に展開されてきた自由主義や個人主義、全体主義をも修正するような、新たな理念の提示を目標とするものであり、当時朝鮮においても反響が大きかったことは第1章で述べた通りである。こうして朝鮮に転移された東亜協同体論は、朝鮮総督府の統治理念であった「内鮮一体」をめぐる議論と連動するかたちで植民地朝鮮の知識人を巻き込んでいったが、こうした歴史的文脈の中で書き下ろされたのが朴致祐の「東亜協同体論の一省察」（『人文評論』一九四〇年七月）であった。

ここまで一瞥してきたように、一九三〇年代後半になると、朴致祐は全体主義が登場するようになった歴史への診断作業に取りかかり、「学」（theoria）＝理性の重要性を訴えるようになっていた。しかしそれは、「学」のイズム性の放棄やアカデミズムへの逆戻りを意味しない。彼は実践の指針たるべき「学」（theoria）を強調していたのであり、それ自体、行為遂行的に「思想」（ism）として機能するのである。「東亜協同体論の一省察」は、まさに彼の弁証法的な方法的視座が色濃く反映されているテクストである。その中で朴致祐は、あらゆるイデオロギーは「ロゴス的性格」と「イズム的性格」を具有していると述べていたが[29]、こうした視座に基づき、危機の時代に現れた全体主義と東亜協同体論を同線上に並べ、それらの実践的把握を試みた。具体的に「東亜協同体論の一省察」を読み進める前に一つ確認しておきたいことは、朴致祐の方法的視座である「学」（theoria）と「思想」（ism）

の弁証法の二重性についてである。この方法的視座は、分析対象のイデオロギー――全体主義とファシズム――を捉えるための方法的視座であると同時に、彼自身の思想実践をも拘束する。したがって、ここではテクストの内部だけでなく、テクストを超えた外部との交渉についても注意を払いたい。

1　学的内容――「弁証法的な全体主義」

「東亜協同体論の一省察」というタイトルが冠せられたにもかかわらず、朴致祐はその中で東亜協同体論に直接触れることなく、その指針である「学」（theoria）＝非合理性の原理が東亜協同体の思想原理として妥当かどうかを問うてゆく。論稿はこう始まる。

現下の難局を打開し、新しい秩序を建設するのであれば、何よりも先に旧秩序のイデオロギーである個人主義、自由主義を処分せねばならない。〔…〕それでは、このような〔革新〕思想家たちが前記したような目的を達成するために、果たしてどのような思想的武器を採用しているのか。〔…〕周知のように、それは一つの哲学的原理としての「非合理性の原理」である。理論よりも行動を、理性よりも本能を、知性よりも感性を、論理よりも現実を、法則よりも事実を、科学よりも神話を、血を、土を、一層根源的であるとつねに考え、そのためそれを重視するような精神、これがまさにそれである。ならば、このような精神は、今我々が問題にせねばならない、到来する新東亜建設の原理としてはどうだろうか。[30]

朴致祐にとって新秩序として提示されるべき東亜協同体は、その方法にこそ問題の核心がある。ゆえに、問題とすべきは東亜協同体の政治的形態というよりも、むしろその指針たる「学」（theoria）である。[31]そこで、来たるべき東亜協同体の方法原理を採ろうとして彼が目を向けたのが、近代の旧秩序を変革しようとするファシズムであった。思想運動として始まったファシズムは、どうして「非合理性の原理」をその学、すなわち理論として援用するに至ったのか。彼は次のように述べる。

非合理主義とは、理性的なものに対する不信の精神にほかならないのであり、また理性的なものに対する侮蔑の精神であり、理性的なものに対する反逆の精神であることが分かる。真理の問題においても、道徳においても、また歴史や社会の問題においてもそうだった。したがって、理論嫌悪、没法則、論理蔑視、反科学、行動第一、神話尊重、無歴史等々がその特性である。とにかく反逆の精神としてこれ以上鋭いものもなければ、変革の理論としてこれ以上便利な武器もないだろう。しかも、市民社会は理性社会、あるいは人間理性に対する絶対的な信頼を基礎にして成立した社会であり、それゆえ、理性的なものは旧秩序の市民社会の守護神である。だからまずそれらを根こそぎにする必要がある。まずは理性から打倒しよう。理性によって考えたり判断したり評価したりする習慣から直してゆく必要がある。現代の革新思想が非合理性の原理を採択するようになったのは実にこのためである。(32)

非合理性の原理においては、理知的な「計算・企画・推理・予見」は真理の把握には無力だとされ、「情」や「意」、あるいは神秘的な直感が実在の「真」の把握につながると見做される。だから非合理性の原理は、つねに「没道徳・反社会・無歴史」と隣り合っていると言える。ただ、現代の非合理性の原理が社会変革のモチーフとして登場したことは注意すべきである。それを説明するために、朴致祐はフランスの思想家であるジュルジュ・ソレルの「行動（至上）主義」を取り上げ、さらに彼の社会的な「神話」（myth）概念に注目した。社会的な神話とは、過去に属するたんなる説話のことではなく、「未来社会に向かって我々の感情と本能が漠然と念頭に置いている本能的な一つの構想」であり、それゆえ、「その瞬間の創造的行動の飛躍によってのみ」、未来が自己のものになるという信念をあらわした概念である。(33) 朴致祐はこうした神話に代表される非合理性の原理が、変革の理論として機能しうるからこそ、革新思想であるファシズムがそれを受け入れ、また民族や国家にも当てはめていると捉えていた。(34) 思想運動であるファシズムと、その「学」(theoria)として機能する非合理性の原理を技術的に分離した後、朴致祐はそれが来たる東亜協同体の指導原理として充分かどうかをさらに問い詰めてゆく。

しかし、このような非合理性の原理を信奉する現代の非合理主義は、何の「端緒」や飛躍もなしに、そのまま、到来する新秩序の原理として充分なのか？　完全なのか？　〔…〕非合理主義は本質上、揺動・混沌・非常時の精神、この意味において実にそれは「秩序以前」の原理であると言うことはできるかもしれないが、「秩序」の原理にはならないからだ。到来する新秩序が一時的な反動にとどまらず、確固たる一時代を画さねばならないとするなら、それは真に新秩序という字に合うような「秩序」でなければならないし、またこれが事実であれば、真の秩序は形式で、調和で、均衡であり、ゆえにいつも理性の領域に属さねばならないというのは自明な理知ではないか？(35)

民族や国家が全体者として設けられること、それ自体は朴致祐にとって問題の核心ではない。それが理性以前のもの、すなわち本能の領域に属する「血と土」のような非合理的なものを媒介するからこそ問題なのである。非合理性の原理は、「理性の介入を峻拒」する「繋辞によって縛られる」のであり、(36) ゆえにそれは、新／真秩序の原理には相応しくないのである。

しかし、朴致祐における理性の問題は、たんに理性と非理性を対置させることで解決しうるようなものではなかった。なぜなら、理性を非理性から擁護しなければならない所以は、現代の非合理主義が「血と土」という特殊な媒介者を導入し、古い非合理主義の諸々の問題点を克服しようとしているからである。「血と土」の媒介により、民族や国家のような全体者が個人よりも優位に置かれる現代の全体主義は、従来の非合理性の原理が持っていた行動力はそのまま継承しながら、その「最も大きな弱点であった没道徳、反社会、無歴史等々から自身を救出するのに成功」しつつある。[37] つまり、現代の非合理主義は旧秩序の破壊にとどまらず、「神話」(myth) や「血と土」の概念を導入することによって、古い非合理主義が軽視していた歴史や社会の建設に向かおうとしているのである。非合理性の原理は、もはや歴史や社会と無縁なものではない。自身の合理化を通じて、それらを専有しようとしている。現にそれは、新たな秩序の建設をめざしているのである。朴致祐が危機から建設に向かう道程において理性を擁護しようとした背後には、非合理主義とともに建設をうたう歴史主義が擡頭したという歴史的診断ゆえの不安があったのだろう。

ただ、現代の非合理主義は、それが歴史の建設を専有しようとしているからこそ、従来の非合理主義であれば問題にならないはずのいくつもの難点も浮上したと朴致祐は診断する。それをまとめると次の三つになる。[38]

①個人意識が発達した現代社会において、自然的な共感性に基づく個人と全体の結合は可能か。
②国民と民族の外縁の不一致を血の同一性で解決できるか。
③西洋の民族概念をもって新たな東亜協同体は実現できるか。

ここにきて、東亜協同体の存立条件が具体的に問われることになる。①はその「全体性」に対する問題提起であり、近代のアトム的な個人意識がすでに浸透している状況の中で、それを自然的な共感性、つまり「血と土」によって有機体的な全体へと結合させることがはたして可能なのか、という反語的な問いかけになっている。そして、この個と全体の関係は、そのまま②の民族と国民の関係のアナロジーとなる。近代の民族意識がすでに形成されている状況の中で、帝国日本のような外縁の一致しない民族と国民を自然的な共感性によって結合できるだろうか。もちろんそれに対する朴致祐の答えは「否」であり、こうした問いかけから、彼が血の結合をうたっていた当局側の内鮮一体政策に批判的であったことはすぐに確認できよう[39]。ただ、問題はそこで終わるのではなく、③において、自然的な共感性からなる民族の概念をもってしては新秩序たるべき東亜協同体は実現できないということが確認されるに至っている。

東亜協同体の原理を民族と国民の不一致から問い直すことに、植民地知識人としての朴致祐の立場性がよく表れていると言えよう。しかし彼の声の発源地は、一層深いところにある。というのも、自然的な共感性によって可能となる民族そのものも問いの対象となっているからである。

かくして朴致祐が非合理性の原理では解決困難な①〜③の問題の発見によって、歴史哲学的な問いに辿り着いたことは注目に値する。現代の非合理主義が新しい秩序の建設をめざし、可能性としての歴史を専有しようとしているからこそ、「歴史」をめぐる根本的な問いに立ち戻り、歴史の生成する地点を把捉しなければならなかったのだろう。そのような歴史の起点に遡行し、朴致祐が提出したのが、ほかならぬ「運命」の概念であった。現代の非合理主義的なイデオロギーが「血と土」のような自然的な必然性＝「宿命」によって全体へと結合し、次なる時代の秩序を建設しようとしているのに対し、「運命」の概念を媒介とする結合は、歴史の可能性による開かれた建設でなければならない。

血と土は本質的に、いわば宿命の系列に属するものであり、それゆえ宿命の持つ根本的な欠陥である保守性から抜け出すことはできない。言い換えれば、運命のような可能的側面、即ち開放的かつ創造的な側面を持つことはできないのである。〔…〕運命は本来このようなものであるからこそ、血と土を乗り越え、結合の媒介になれるのであり、仮に運命を一緒にして生きてゆく限り、国内においての血の異質性のような問題はそれほど気にしなくてもよいのであり、また同一の運命に置かれている限り、国境の相違のようなものはそれほど大きな障壁ではないだろう。ただ、運命は血と土の宿命のように自然的なものではないだけに、それを媒介する結合体は血と土に比して自然的な凝結性が弱くなる可能性があり、また宿命のように端緒（出生）によってではなく、終末（目的）への考慮によって結合されるものであるだけに、運命を媒介する結合は目的への意識の差異によって縦に横に比較的自由に応便的な錯綜した運命圏を創ることができるため、これが弱点と言えばそうかもしれないが、とにかく血や土よりも融通性があるのである。(40)

朴致祐にとって、「血と土」を媒介とする結合は、過去＝自然的な必然性の負荷、いわば「宿命」によるものとして把握される。一方、それに置き換えられるべき「運命」は、未来＝可能性の現在的統一を意味する。そしてこのような「運命」を自覚することによって、未来的現在である「使命」が倫理として現前する。(41)

ここで、確認しておきたいことが二点ある。まず一つは、「運命」という概念の不安定さについてである。「国内においての血の異質性」という表現にあらわれているように、朴致祐は帝国日本内において朝鮮民族が異質な存在であると理解していた。しかし、これがただちに「内鮮一体」の否定とはならないだろう。血を超える「運命」は、国内に限定されず、国境を超えるものであり、こうした運命による結合の論理は、三木清などの東亜協同体論にも同様に見られるものである。それは、朴致祐が右の引用文の直後に「欧米帝国主義からの共同防護(42)」

を例として挙げていることからも読み取れる。こうしたことへの躊躇なのか、朴致祐の運命をめぐる着想は自信に満ちているとは言えない。また、「凝結性が弱くなる」という運命の弱点に言及しているところからもわかるように、その筆跡は不安定なものと言わざるを得ない。「血」の捉え方も含めて、このような控えめな論調を、当時の時局に便乗した戦略として読むべきか、それとも、彼の限界として捉えるべきか、意見が分かれるところであろう。

しかし、不安定な運命の概念ではあるが、朴致祐は宿命に「運命」を対置させることによって、「運命」の思想ならぬ意志を明瞭に表現している。そこに表現されているものとは、まさに「可能性」＝自由への意志である。

> 宿命は人間の力ではどうしようもない必然性であるのに対し、運命は人間の努力如何では改め直すこともできる、そういう可能性を意味する。(43)

第3章で確認したように、高坂は自身の「民族の哲学」において世界史の主体であるべき「国家的民族」の理論を提唱した。それに対し、三木は民族（主義）の要求を自然的なものとして認めたうえで、世界主義的構想を展開していた。朴致祐の「運命」は、自然的なものとして民族を認めてはいる。しかし結合はあくまでも自然的なものを媒介としてはならず、それとは切り離された「運命」、すなわち「可能性」によるものでなければならない。よって、運命を媒介とする結合の主体はけっして民族などではない。それは、非合理的なものを媒介しない、合理的なものでなければならない。このように朴致祐は、自然的なものを斥け、普遍的な人間の理性＝「学」（theoria）を歴史の創造における動因力として捉え、そこに「自由」への可能性を見出していた。(44) では、この「運命」はどのような「可能性」なのだろうか。

ただ、このような可能性としての運命をどのようにして現実的な「使命」の位置にまで引っ張ってくることが可能か。つまり、運命の使命化・倫理化の問題が残っているが、とりわけここで我々が忘れてはならないのは運命の概念の背後に隠れている峻烈無双な弁証法の存在である。〔…〕運命の同一性を媒介にする結合というものは媒介される両極が他者であることを前提条件にしてのみ可能な結合である。絶対の他者として自己を定立しながら、他者が、実は他者ではなく、自己だということを真に感じ得ない限り、こうした結合は不可能である。こうした意味において、この結合は文字通り「自覚的結合」でなければならない。〔…〕したがって、真にそれは弁証法的な結合でなければならない。血の直接性による一つの結合を企図する非合理主義的な原理によってではなく、「個」の高度な自覚を経て絶対的他者が一つになる弁証法的な統一によってのみこのような結合は可能だからだ。〔…〕全体主義だからと言って窘《たしな》めるわけではない。分有論理の時代に通用する素朴で範囲の狭い有機体説的な全体主義をもってしては国内の錯雑としている諸懸案さえも充分納得させることが困難なだけでなく、到来する新東亜建設の思想的武器としても充分ではない。個体の真の個体意識を土台にした弁証法的な全体主義というものもある。(45)

運命の概念を支える認識論的な枠組み、それは、朴致祐の方法的視座である弁証法にほかならない。東亜協同体の思想原理が、自由主義を超えようとする全体主義に求められていること自体が問題なのではない。それが非合理性の原理を採用しているから、言い換えれば、「学」(theoria)=理性による弁証法的な統一としての「全体」ではないことが問題なのである。「弁証法的な全体主義」は「個体の真の個体意識を土台にした」ものでなければならず、また絶対的な他者としての自己を定立しながらも、他者が自己であることを自覚する、すなわち目的意識による結合でなければならない。こうした自覚的結合であるからこそ、東亜協同体のみならず、「個人対個人」、「個人対国家」、「個人対民族」の結合を支える普遍的真理になりうる。(46) こうして朴致祐は、個の高度な自覚を経て、可能性としての運命を媒介とする弁証法的な全体主義がその原理でなければ、東亜協同体は必ず限界にぶつかる、との結論に至る。彼は、宿命に還元され得ない個と全体の弁証法的な結合、その具現体として東亜協同体を志向していたのである。

2 思想的効用——「内鮮一体」論との間隔

「東亜協同体論の一省察」における「学」(theoria) の重要性を唱える声は、非合理主義が歴史の可能性を専有しようとする不安から発せられたものであったが、まだそれが植民地朝鮮の現状とどのように関わっているかは不透明なままである。非合理性の原理を批判する朴致祐の姿勢から、当時の「内鮮一体」の理念に対する彼の民族的な「抵抗」を確かめることはできるかもしれない。あるいは、民族を超えた結合をうたう東亜協同体論に「協力」する無力な植民地知識人を認めることも可能かもしれない。

まず早急に確認しなければならないのは、朴致祐の声が向かう先はどこか、ということである。そしてそれを紐解く作業は、「東亜協同体論の一省察」というテクストの思想的効用を浮き上がらせることになるだろう。ひとまずここでは、テクストが直接対峙していた朝鮮との関係について考えることにしたい。というのも、大前提として、この論稿は朝鮮語で書かれている。しかも朴致祐は、批評行為そのものにつねに自覚的であろうとしていた。(47) 朴致祐が全体主義や東亜協同体論への批評を朝鮮に向けて書かずにはいられなかったその緊張感にこそ、「東亜協同体論の一省察」というテクストの「用」(ism) なるものも見出されるだろう。

第1章で確認したように、朝鮮における東亜協同体論は、当時の植民地朝鮮の統治理念であった「内鮮一体」

をめぐる議論と連動して行われた。一般に、植民地朝鮮の知識人たちが展開した議論は、その内容によって徹底的内鮮一体論（民族同化論）と協和的内鮮一体論（民族協同論）に大別される。「東亜協同体論の一省察」は「内鮮一体」について直接言及しているわけではないが、後者の協和的内鮮一体論との主張の類似性がしばしば指摘されてきた(48)。

そこで注目したいのは、代表的な協和的内鮮一体論として知られる印貞植《インジョンシク》と、金明植《キムミョンシク》(49)（一八九一～一九四三）の言説である。朝鮮知識人の東亜協同体－内鮮一体論は、転換期の全体主義をめぐる議論の延長上にある。朴致祐が「東亜協同体論の一省察」で言及しているように、内鮮一体は国内の全体＝日本、東亜協同体は国外の全体＝東亜をどのように建設するかをめぐる方法的問題であり、その意味において、それらはまさしく連動している。また、内鮮一体をいかに構想するかは、東亜協同体に植民地朝鮮人がどう参画してゆくかという問題にもつながる。全体としての日本や東亜の構成において、朝鮮の文化的主体性を維持するかたちでその中に織り込もうとしたのが協和的内鮮一体論であった。たとえば金明植は、「東亜協同体論の一省察」が発表される数ヶ月前に全体と個の関係を国家と民族の関係に置き換え、次のように述べていた。

> 内鮮一体の意識は八紘一宇の観念であり、個性の抹消を意味しない、万邦協和の縦的関連を表示するものであるため、朝鮮の言語、産業、文化等はすべて朝鮮的に向上発展させ、共存共栄を図らなければならない。それが道徳的であり、能率的であるからだ。〔…〕したがって、全体的な立地から特殊単位の有機的関連を図らなければならないし、個体的な立地から様々な単位の特殊性を没却してはならない(50)。
>
> しかし日蘇支〔日満支？〕の経済ブロックが具体化するとともに朝鮮の経済政策も再検討を要求する現実に

おいて、朝鮮の特殊性を考慮しないこと、即ち、歴史的伝統を放棄して地位的条件を抹消することは、個的には固より、全的にも利にならないため、八紘一宇の観念をもって共存共栄し、協和万邦によって実践を図らなければならない。かくして、かつての時代の俗学的言論を再生産することなく、「個」と「全」の有機的関連から内鮮一体の意識を正当に認識し、「個」は「全」のために「全」は「個」のための協和観念を把握しなければならない。[51]

協和的内鮮一体論が内鮮一体を唱えている以上、それは徹底的内鮮一体論と同様、全体の否定ではない。しかしここで重要なのは、徹底的であれ協和的であれ、それらが内鮮一体を掲げていた、という事実よりも、むしろその方法である。周知のように、徹底的内鮮一体論が完全なる民族的同化を唱えていたのに対し、協和的内鮮一体論は、朝鮮人の民族的伝統である言語、文化を生かしながら、つまり個の特殊性を保持したまま、全体との有機的関連において結合される内鮮一体を志向していた。

では、「東亜協同体論の一省察」の学的内容は、このような協和的内鮮一体論に対してどのような位置を占めていたのだろうか。弁証法的な全体主義の論理に即して考えるなら、まず全体と個の結合は有機的関連において構想されるべきではない。[52]また、金明植の言うところの有機的関連は、朝鮮と「内地」の「縦的関連」を意味するが、[53]そうした有機的結合のために媒介項として設けられるのが「皇室中心主義」を象徴する「八紘一宇」のような「神話」（myth）の観念であることも朴致祐と金明植の差異を決定的なものとする。[54]また、戦時期日本の大陸侵略を支えるもう一つのスローガンであった「鮮満一如」の「一如」の場合も、金明植は「鮮満間の縦的関係」[55]を意味すると述べ、「縦的関係」を拡張することで解決しようとするが、朴致祐は「国内」のみならず、東亜や世界に通じる普遍的な原理——有機的関連を持つ帝国主義的拡大ではなく——を求めていた。

それだけではない。全体を構想しようとする転換期の思考は、それが新たな歴史の建設を訴える限りにおいて——その行為が自覚的であれ、無自覚的であれ——、歴史の原動力に対する何らかの判断を前提にせざるを得ない。朴致祐の運命概念は、歴史過程の中から必然的なものと偶然的なもの＝可能的なものを自覚・区別し、後者を歴史の創造や秩序の建設における動力として抽出したものであった。[56]このように運命の自覚による結合の過程として歴史の建設を捉えていた朴致祐の議論が、次に引用する印貞植の協和的内鮮一体論と一定の距離を画していたことはもはや明らかであろう。

> まず、内地人と朝鮮人が同根同祖の血統的連関を持っていることは〔…〕小学校児童でもみんな知っていることだ。〔…〕ただ問題は、現今の内鮮人を通古斯時代の昔に回帰させ、感情において、意慾において一体化させようとすればどのようなものが要求されるのかを発見するところにある。この契機が発見されるときにのみ、同根同祖の契機を現実において生活化することができるし、また実践化することができるだろう。〔…〕私はこの現実の契機を、内鮮人の運命の共通性とまたこれを実証する東亜の情勢に見つけることができると考える。[57]

印貞植は感情と意欲における「同根同祖＝内鮮一体」（精神的・内容的な全体）の現実的契機を「内鮮人の共通の運命」に見出していた。それは、可能的な未来——この場合は東亜協同体——を契機とする点で、朴致祐の言うところの運命とも一見重なって見える。しかし、それが朴致祐の唱える運命と決定的に異なるのは、印が運命を可能的なものとして捉えながらも、必然的な「過去」に還元されるものとして、つまりそれを必然的な構造連関の中に位置づけているということである。印の協和的内鮮一体論においては、過去と未来の円環として「全体」が措定される。印が他のところで「必然的だということは、可能的だということを意味する」と象徴的に語っているように、彼にとって歴史の原動力を支えているのは「可能性＝必然性」の原理であり、それは「神話」(myth)を媒介にして建設される歴史にほかならない[58]。それに比して、朴致祐が提示していた運命による結合は、自然的な必然性ではなく、人間の理性による作為的な可能性によって結合される全体、すなわちあくまでも可能性のまま開かれている運命を媒介とする結合であった。このような運命の概念は、彼の方法的視座である〈学－思想〉(theoria-ism)に対応するものでもある。歴史を動かすのは、指針としての科学的判断から必然的に導き出される実践的把握＝「思想」(ism)である。歴史の可能性のベクトルは、過去の必然性に帰せず、未来に向かって開かれているのであり、けっして、非合理的な「血と土」や「神話」などに還元される可能性ではないのである。

つまるところ、「学」(theoria)に傍点を打つ朴致祐の思想実践は、このような朝鮮の東亜協同体－内鮮一体論に向けられていたのではないだろうか。徹底的内鮮一体か協和的内鮮一体かは重要ではない。そのような対立の背後に潜む、「非合理性の原理」が歴史の可能性を専有しようとすることこそが問題なのである。「東亜協同体論の一省察」は、まさしくこうした危機感から発せられた、可能性としての歴史を希求する植民地知識人の呻き声ではなかったのだろうか。

朴致祐は「東亜協同体論の一省察」を執筆した後、再び東亜協同体に触れることはなかった。このことは、一九四一年末から始まるアジア・太平洋戦争の現実、「大東亜共栄圏」の理念が彼の構想からますます遠ざかっていったことを反証しているように思われる。運命の概念が述べられる際の躊躇は絶望に変わり、「非合理性の原理」――有機体説的な「分有論理[59]」など――を援用した全体主義がその行動力を増すなか、発言の場そのものも閉ざされていった。解放後も、冷戦構造による政治的イデオロギーの対立が深まってゆくなか、歴史の進行は彼に思索を許さず、目まぐるしく変化する民族国家建設の現実に突進させた。朴致祐は、越北後の一九四九年、南朝鮮労働党系の遊撃隊が派遣された際に政治委員として参加したが、三八度線を越え、太白山地域での活動中に、韓国軍と警察で構成された討伐隊によって射殺されたと伝わる。[60]

註

（1）朴致祐、前掲「아카데미 철학을 나오며」、一五頁。

（2）尹大石「해제」『朴全集』、五八一―五八三頁。

（3）朴致祐「서（序）」『朴全集』、一八頁（初出は、『思想과 現実』白楊堂、一九四六年）。

（4）이순웅『박치우、계몽에서 혁명으로』崇実大学校知識情報処中央図書館、二〇二二年、一八頁。これまで朴致祐の出生地は咸鏡北道城津とされてきたが、最近崇実大学校から出版された同書によれば、父の主な活動地が城津であったことからそのような誤解が生まれたと指摘されている。本章における朴致祐の略歴については主に同書および『朴全集』の「付録一：朴致祐年譜」（六〇六―六〇八頁）を参照した。

（5）本書で取り上げてきた申南澈や金南天は『思想과 現実』の紹介文を書き、同書を高く評価していた。たとえば申南澈は「事物現実の真の認識と把握なくしてどんな理論も構成することができず、終始一貫知恵のある実践も遂行できない。現実事態についての厳正な分析批判を通じてのみ、その本質が解明されるのであり、その本質の解明把握を通じてはじめて建設の原理と政策が樹立されるのは歴史的事実が証明している通りである」と述べ、『思想の現実』がそのような期待を満足させるものであると評している（申南澈「신간평『사상과 현실』――보전되는 진공지대」申南澈著、鄭鍾賢編『신남철 문장선집Ⅱ――전환기의 이론 외』成均館大学校出版部、二〇一三年、二九五頁（初出は、『서울新聞』一九四六年一二月一七日付）。

（6）金允植、前掲『한국근대문예비평사』、三三二―三四二頁。金允植は同書において戦時期に活動した歴史哲学者たちに触れているが、彼らが「科学主義」のため「失敗」したと批判した。朴致祐に関しては、「理性」の回復を唱えるだけで、具体的な方法がなかったと批判している。

（7）崔真碩が「東亜協同体から朝鮮人民共和国へ――朴致祐の思想」（孫歌・白永瑞・陳光興編『ポスト〈東アジア〉』作品社、二〇一六年、一四八頁）で指摘しているように、解放後の韓国において朴致祐はほとんど顧みられない思想家であった。「親日」批評家であるというイメージとともに、「社会主義」思想家として位置づけられていたこともまた、こうした状況の固定化を助長したと考えられる。

（8）こうした文脈の中で行われた朴致祐に関する研究として、崔真碩、前掲「朴致祐における暴力の予感――「東亜協同体論の一省察」を中心に」、손정수「신남철・박치우의 사상과 그 해석에 작용하는 경성제국대학이라는 장」（『韓国学研究』第一四輯、二〇〇五年一一月）、李慧眞「아시아／일본、식민지／제국의 온톨로기――〝식민지 공공성〟의 조선적 형식：일제말〝동아협동체론〟을 중심으로」（『한국문학이론과 비평』第六二号、二〇一四年三月）などを挙げることができる。

（9）崔真碩、前掲「朴致祐における暴力の予感――「東亜協同体論の一省察」を中心に」、二〇四頁。

（10）哲学研究の領域において、朴致祐は西洋哲学を受容した第一世代として注目されてきたが、主に彼の哲学内容に関心が払われているため政治的なテーマを扱う「東亜協同体論の一省察」はあまり注目されてこなかった。初めて朴致祐の哲学思想の全体像を明らかにした위상복は、前掲『불화、그리고 불온한 시대의 철학――박치우의 삶과 철학사상』（五二九頁）において、これまでの文学研究（特に前掲の金允植の研究）では朴致祐の「東亜協同体論の一省察」のみが取り上げられ、「親日批評家」として批判されてきたと指摘し、朴致祐を含めた植民地朝鮮の哲学者の思想を、親日問題としてではなくまずは「個々人の哲学思想的な問題として」考察すべきだと述べている。

（11）朴致祐「위기의 철학」『朴全集』、六〇―六一頁（初出は、『哲学』一九三四年四月号）。

（12）同右、六四頁。

（13）「実践」として統合されるべき理論＝ロゴス／行動＝パトスは、学＝テオリア／思想＝イズムという語で「철학의 당파성――테오리아와 이즘」（戦前に書かれ、一九四六年出版の『思想과 現実』に再び収録されたが、初出は確認できない）や「불안의 철학자 하이데거――그 현대적 의의와 한계」（『朝鮮日報』一九三五年一一月三・五・六・七・八・九・一〇・一二日付）、「불안의식의 인성론적 설명」（『四海公論』一九三六年一月）、「전체주의의 철학적 해명――〝이즘〟에서〝학〟으로의 수립과정」（『朝鮮日報』一九三九年二月二二・二三・二四日付）、「동아협동체론의 일성찰」（『人文評論』一九四〇年七

月号）などにおいて登場する。また、真偽／善悪は、前掲「불안의식의 인성론적 설명」などにおいて、冷静／情熱は「불안의 정신과 인테리의 장래」（『東亜日報』一九三五年六月一二・一三・一四日付）などにおいて登場し、容／用は「동아협동체론의 일성찰」などにおいて、文字／声は「나의 인생관――인간철학 서상」（『東亜日報』一九三五年一月一一・一二・一五・一六・一七・一八日付）などにおいて確認できる。

（14）朴致祐、前掲「나의 인생관――인간철학 서상」『朴全集』、七一頁。

（15）朴致祐は哲学を一つの歴史的イデオロギーとして捉えていた。前掲の「철학의 당파성――테오리아와 이즘」の冒頭で「哲学は一つのイデオロギーである。哲学は自身のみを食うような、そのように蒼白な、そのように超然としている学問ではなく、結局は、現実に対する一つの社会的な意識、即ちイデオロギーの一つである」（『朴全集』、二〇頁）と述べている。

（16）『哲学』（一九三三年創刊）を中心として実践的な哲学研究をめざしていた哲学研究会が当局の思想弾圧により一九三六年に廃刊になると、その後、一九三三年に結成された京城帝国大学哲学研究室の哲学談話会が朝鮮の中心的な哲学議論の場となった。しかし哲学談話会は主に西洋哲学の理論を中心に討議するアカデミー哲学の研究を行なった。朴致祐の言う「アカデミー哲学」とは、具体的には哲学談話会の活動を指していたと考えられる。一九三〇年代における植民地朝鮮の哲学界の状況については、이병수、前掲「１９３０년대 서양철학 수용에 나타난 철학 1세대의 철학함의 특징과 이론적 영향」などを参照されたい。

（17）朴致祐、前掲「나의 인생관――인간철학 서상」、六九頁。

（18）同右、七一―七二頁。朴致祐の「人間的な哲学」は、当時朝鮮文壇において行われていたヒューマニズム論争の文脈の中で理解できる。新しい人間の創造という問題は、ＫＡＰＦ解散以降の朝鮮文学の方向性をめぐる問題であるのみならず、世界史的な危機を媒介とする転形期の歴史意識から出現したものであった（一九三〇年代以降の植民地朝鮮における文壇の動向については、金允植、前掲『한국근대문예비평사』などを参照されたい）。

（19）同右、七〇頁。

（20）一九三五年六月、パリでは文化擁護を掲げてファシズムに対抗するために世界の作家たちが集う「国際作家大会」が開かれた。大会の世界的反響は大きく、その後の朝鮮ジャーナリズムにおいてもヒューマニズムをめぐって活発な議論が行

われることになる。当時朝鮮におけるヒューマニズム論争の火付け役となった白鉄のヒューマニズム関連論稿を、金允植は「内容においては人間帰還論であり、形式においては感性化に集約されている」とまとめている（金允植、前掲『한국근대문예비평사』、二二一頁）。当初朴致祐もファシズムに対抗する文学者たちに期待を寄せる文章を発表していたが（朴致祐「국제작가대회의 교훈――문화실천에 있어서의 선의지」『東亜日報』一九三六年五月二八・二九・三一日、六月二日付）、一九三〇年代後半になると、ヒューマニズム論が「人間性」の追求を「情熱」といった「思想」（ism）にのみ求めていることに批判的な態度を取るようになった。

(21) 朴致祐、前掲「동아협동체론의 일성찰」『朴全集』、一六七―一六八頁。

(22) 同右、一五八頁。

(23) 朴致祐は「全体主義」を「部分ないし個別に対して全体ないし普遍の優位を主張する思想」（朴致祐「전체주의의 논리적 기초」『朴全集』、一七八頁（初出は、『朝光』一九四一年一月号）だと定義しており、「思想」としてのファシズムと「学」としての非合理性の原理が統合されたイデオロギーとして把握していた。

(24) 朴致祐、前掲「위기의 철학」、六五頁。

(25) 同右、六四―六五頁。

(26) 朴致祐、前掲「불안의 정신과 인테리의 장래」『朴全集』、八一―九〇頁。この文章の中で朴致祐は、「不安の文学」、「不安の哲学」が行き着く道として「宿命の道（敗北的奉仕へ）」と「神話の道（ファシズム的行動へ）」を挙げていた。

(27) 朴致祐「교양의 현대적 의미――불혹의 정신과 세계관」『朴全集』、四八頁（初出は、『人文評論』一九三九年一一月号）。

(28) 朴致祐は一九三六年頃から「자유주의의 철학적 해명」（『朝鮮日報』一九三六年一月一・三・四・五日付）に着手し、その後、ファシズムの論理を援用した日本帝国主義が強化され、東亜協同体論が植民地朝鮮で受容されゆく状況のなか、一九三九年頃から前掲「전체주의의 철학적 해명――〝이즘〟에서 〝학〟으로의 수립과정」や「형식논리의 패퇴――분유논리의 부활?」（『朝鮮日報』一九三九年五月六日・七日付）、前掲「동아협동체론의 일성찰」や「전체주의의 논리적 기초」など、一連の全体主義関連論文を書いた。

(29) 朴致祐、前掲「동아협동체론의 일성찰」、一五八頁。

(30) 同右、一五六頁。
(31) 同右、一五七頁。
(32) 同右、一六五―一六六頁。
(33) 同右、一六四頁。
(34) 同右、一六六頁。
(35) 同右、一六九頁。
(36) 同右、一七〇頁。
(37) 同右、一七一頁。
(38) 同右、一七一―一七二頁。
(39) たとえば、当時の朝鮮総督・南次郎が「国民精神総動員朝鮮連盟役員総会席上挨拶」(一九三九年五月三〇日)において発した有名な次の言葉を想起してもらいたい。「「内鮮一体」は相互に手を握るとか、形が融合するとか言う様な、そんな生温かいものじゃない。手を握る者は放せば又別になる。水と油も無理に掻き混ぜれば融合した形になるが、それではいけない。形も、心も、血も、肉も悉くが一体にならなければならん」(朝鮮総督府『朝鮮に於ける国民精神総動員』一九四〇年、一〇一頁)。
(40) 朴致祐、前掲「동아협동체론의 일성찰」、一七四頁。
(41) 同右。
(42) 同右。
(43) 同右、一七三頁。
(44) 朴致祐は人間の活動をイデアの模倣としてしかとらえないプラトンのイデア観を退け、アリストテレスがそうであったように、絶対的なイデアが絶対的ではなくなる瞬間、つまり現実において実現する可能性を追求していたが、そのために現実存在の論理として弁証法に注目していた(朴致祐「アリストテレスの散文論」『学叢』東都書籍株式会社、一九四三年一月)。このことについては次章で詳しく論じる。

(45) 朴致祐、前掲「동아협동체론의 일성찰」、一七四―一七六頁。

(46) 同右、一七六頁。

(47) 朝鮮の評壇について議論した座談会「평단 삼인 정담회――문화문제 종횡관」(『朝鮮日報』一九四〇年三月一五・一六・一九日付、出席者は徐寅植、朴致祐、金午星)において朴致祐は「筆者は自身の信念にもとづいて仕事をしなければばならない。たとえ一行の文章だとしてもその影響を考えねばならないのです」と述べていた(『朴全集』、五二一頁)。

(48) たとえば、前掲の崔真碩「朴致祐における暴力の予感――「東亞協同体論の一省察」を中心に」(一九九頁)においても朴致祐が協和的内鮮一体論者に類型化できると確認されている。

(49) 金明植(一八九一～一九四三)。済州島出身。一九一五年に日本に渡り、早稲田大学専門部政治経済科で学んだ。留学当時は在日本東京朝鮮留学性学友会会長などを務めた。その後、朝鮮で『東亜日報』論説委員、『新生活』にも参加する。『新生活』で社会主義を宣伝したとして検挙される。朝鮮最初の社会主義に対する裁判として注目を浴びる。一九二三年に出獄し、その後、活発な評論活動を行なった。

(50) 金明植「「氏制度」創設과 선민일여」〈植民地/近代の超克〉研究会企画、洪宗郁編、前掲『식민지 지식인의 근대 초극론』、二二七頁(初出は、『三千里』一九四〇年三月号)。

(51) 同右、二二八頁。

(52) 朴致祐は「東亜協同体論の一省察」において、新しい「協同体」は自律的合一であるため、一つの民族内に局限されるような直接的合一の「有機体」や「共同体」とは異なると述べていた。また、「成員」を全体の「一肢体」「一身分」としてしか捉えない論理としての「有機体説的な結合論理」による東亜協同体であれば限界にぶつかるとして厳しく批判していた(『朴全集』、一七二、一七五頁)。

(53) 金明植、前掲「「氏制度」創設과 선민일여」、二二四頁。

(54) 同右、二二四―二二五頁。

(55) 同右、二二五頁。

(56) 朴致祐は前掲「자유주의의 철학적 해명」(『朴全集』、一三四頁)において、「運命」を単純な必然性＝自然因果と対立さ

れる一つの独特な必然性であると捉え、「近代」を区分する決定的な契機をこの「運命」における必然性と可能性の自覚、つまり「意思の自由」の発見にあると捉えていた。彼の運命論については次章で詳述する。

（57）印貞植「内鮮一体의 文化的 理念」『人文評論』一九四〇年一月号、五―六頁。

（58）印貞植は内鮮一体がどうして可能なのかについて、「可能性如何の問題は、少なくとも歴史的運動に関しては、社会的必然性の如否の問題へと帰着してしまう。なぜなら、可能だということは必ず社会的必然性を持っている時にのみ可能であり、また必然的だということは、可能的だということを意味するからである」と述べていた（印貞植「東亜의 再編成과 朝鮮人」『三千里』一九三九年一月号、五五頁）。

（59）朴致祐は前掲「형식논리의 패퇴――분유논리의 부활?」などにおいて、古代のトーテミズム的な「分有論理」においては、「個」は「全体」の肢体としてしか存立しないものと捉えていた。そこにおいては矛盾律によって独立する「個」ではなく、「分有（partake）」された「成員」のみが存在するが、そのような「分有論理」が現代社会においても「神話」によって復活したと捉えていた。それに対し、近代自由主義の論理は「形式論理」であると説明していた。「分有論理」については次章でもう一度取り上げる。

（60）「防衛隊月内組織　敵魁首朴致祐를射殺」『東亜日報』一九四九年一二月四日付。記事は、陸軍総参謀長・申泰英の情報をもとに、「約二週間前の太白山戦闘にて敵の魁首朴致祐を射殺した」と伝えている。

第7章　すれ違う運命——三木清と朴致祐の歴史哲学における〈非合理的なもの〉の位相

第1節　〈出会い〉と〈別れ〉のトポロジー

本書では、戦時期における〈近代の超克〉をめぐる議論を、植民地朝鮮／帝国日本の共時性に注目しつつ検討してきたが、この章の目的は、すでに取り上げた三木清と朴致祐《パクチウ》の思想実践をもう一度並列し、日本知識人と朝鮮知識人の「異同」の一断面を浮き上がらせることにある。

京都学派左派の哲学者として広く知られる三木は、一九三〇年代に「転向」を経てジャーナリズムでの活動に力を入れ、日中戦争勃発後には近衛内閣のブレーン集団である昭和研究会に参加するなど、帝国日本の国策にも積極的に関与した。一方、朴致祐は、京城帝国大学法文学部哲学科を卒業した後、同大学助手・崇実専門学校の教授を勤め、その後は『朝鮮日報』の学芸部記者などを経験しながら、一九三〇年代半ば以降の植民地朝鮮において活発な批評活動を行なった。

三木と朴は、植民地朝鮮／帝国日本のアカデミズムにおいて西洋哲学を身につけ、一九三〇年代以降はジャーナリズムに活動の場を移し、現実社会の問題に取り組むための思想実践を行なった。こうした二人の知的営為は、た。三木と朴致祐の間に直接の交流はなかったが[1]、二人は東亜協同体論を提唱し関与した知識人としてその主張の類似性がたびたび指摘されてきた。とりわけ解放後の韓国では、朴致祐をはじめとする東亜協同体論に関わった知識人たちは帝国日本の知識人たちの議論を無批判に受容したと評価されてきたが[2]、そのため、長い間朴致祐の思想は顧みられることはなかった。だが、一九八〇年代半ば以降の社会主義関連書籍の解禁を経て、二〇〇〇年代に入ってから彼の思想が再注目されるようになり、東亜協同体論を代表する日本の知識人である三木の思想との比較検討も行われるようになった。その先駆的な論稿である「朴致祐における暴力の予感――「東亜協同体論の一省察」を中心に」の中で崔真碩は、朴致祐が三木をはじめとする当時の日本知識人の議論を受容しており、そのため二人の主張に類似性が認められると説明しながら、しかしそれにもかかわらず、「東亜協同体内における他者性の問題に対する問いかけ、その緊張感」において朴致祐と三木の議論は異なると鋭く指摘した[3]。崔によれば、三木には「朝鮮をはじめとする東亜協同体の成員個々に対する眼差し」が欠落しており、朴致祐がそうした「植民地の他者性」を東亜協同体論において補完しているのだが[4]、こうした両者の差異は、彼らの「内鮮一体」論に対する緊張感の有無として現れる。つまり、「三木が内鮮一体論を受け容れるその姿勢からは、いかなる緊張感も感知することができない」のである[5]。

植民地知識人である朴致祐の緊張感に注目し、三木との差異を浮き彫りにしようとするこうした試みが、日本知識人の模倣として捉えられがちであった朝鮮知識人の東亜協同体論に新たな解釈の可能性を示したことは言うまでもない。本章では、このような先行研究の成果を踏まえたうえで、さらに三木と朴致祐の緊張感による差異が、彼らのテクストにどのように刻まれているかを検討する。というのも、「緊張感」にしか差異が確認されないのであれば、彼らの東亜協同体論そのものの内容に関しては類似のみの指摘にとどまってしまう。しかし、後に詳述するように、二人の緊張感の違いは、彼らの東亜協同体論における哲学的態度にも微細かつ重大な差異をも生み落としている。三木と朴致祐が展開した東亜協同体論は、彼らがそれまでに行なってきた哲学的思考の一つの帰着地であった。東亜協同体論に流れ着く彼らの哲学的思考が、どこで〈出会い〉、またどこで〈別れ〉るか、その位相を明らかにする作業は、植民地朝鮮／帝国日本の東亜協同体論を思想内容において再検討し、より立体的に理解することにつながるだろう。

第2節　危機意識と主体の哲学

第一次世界大戦後、世界史的な近代の転換期が広く意識されてゆくなか、三木の知的営為は始動した。西田幾多郎や田辺元に師事し、一九二〇年に京都帝国大学文学部哲学科を卒業した後、ドイツやフランスで留学生活を送った三木は、日本に戻った翌年の一九二六年に『パスカルに於ける人間の研究』を著し、人間学的な探求から研究活動に着手した。その後の彼は、マルクス主義に接近していったが、一九三〇年に共産党へ資金を提供したことで検挙され、またその前後に公式のマルクス主義陣営から彼の史的唯物論が観念論であるという批判を受けた[6]。教鞭を取っていた法政大学を辞職せざるを得なかった三木は、この頃からマルクス主義と距離を取りつつ、ジャーナリズムでの活動を展開し始め、一九三二年に主著『歴史哲学』を上梓した。

この『歴史哲学』において、三木は転換期の歴史主体について問い、近代の危機の時代を乗り越えるための思想原理を模索した。その中で彼は、過去における歴史の存在とその叙述を「存在としての歴史」と「ロゴスとしての歴史」とに分け、それらとは区分される、現在の人間主体が交渉しつつある歴史を「事実としての歴史」と言い表した[7]。こうして人間の行為世界のありようを解明することで、「歴史」が生成する原点を見定め、危機を乗り越えるために「実践」なるものの哲学的考察を進めていたのである。

危機の把握と歴史の主体をつなぎ合わせる作業は、同時期に発表された「危機意識の哲学的解明」においても詳細に確認できる。この頃の三木の関心は「主体と客体の弁証法」――もしくは、『歴史哲学』での用語を用いれば「事実と存在の弁証法」――にあり[8]、それによって「実践」概念を導き出そうとした。彼はまた、「〔客体的に〕正しいと知つただけではなほ行為的に動かされない、ほんとに分かつたときはじめて主体的にはたらきかけられ、かやうにして実践に促され、或いは自己において自己自身の思想を孕まされるのである[9]」と述べ、実践における「主体の優位」を強調した。さらに彼は言う。

> 人間は単に主体でなく、同時に客体的存在の秩序に属してゐる。〔…〕ところでこのやうにいはれる場合の主体は単に主体的なものでなく、却つて主体的・客体的なものである。この意味における主体を我々は第二次の主体の概念と名付け得るであらう。〔…〕この意味の主体もすでに主体的・客体的といはれる以上、主体と客体との対立を予想してゐる。両者が単純に同一もしくは合一であるならば、それが認識の主体であることもできないであらう、自己における客体から主体への超越が認識の条件である。そのとき主体的・客体的なものが客体としてでなく主体として捉えられるのである限り、主体と客体との関係において主体の優位が認められるのでなければならぬ。〔…〕しかるにかやうな主体的・客体的なものとしての主体が固有の意味における実践の主体であらう[10]。

三木によれば、危機の意識はたんなる客体の模写ではなく、「主体的・客体的なものとしての主体」、つまり客体から「主体」への超越によって得られるものであった。こうして認識される主体がまさに、変化し運動する歴史の実践的主体となる。一九三〇年代に入ってからの三木の思想実践は、転換期の危機を乗り越えるために歴史が動きだす原点においてそれを作ってゆく「主体」を哲学的に考察することから始まった。

一方、すでに他の章でも確認したように、近代の危機の歴史意識は同時代の植民地朝鮮の知識人たちにも共有されていた。一九三三年に京城帝国大学法文学部哲学科を卒業し、同大学助手を務めていた朴致祐も、前章で取り上げた「危機の哲学」（『哲学』一九三四年四月）を書き、危機を乗り越えるための「主体」の考察に進んでいた。その中で朴致祐は、まず危機を客体的（＝社会的）矛盾が主体的（＝交渉的）に把握される特定の時期だと捉え、次いで、このような「主体的な把握」が「誠実性」（Ernstheit）の強弱によって、①交渉的把握、②矛盾的把握、③行動的・実践的把握の段階に分けられると説き、「最高の段階」である③の「行動的・実践的把握」に至ってようやく危機が克服されると説明した[11]。

客体的な矛盾が危機として現れるためには、それは何よりもまず我々の手で把握されなければならない。だが、把握されると言っても、それ（客体的な矛盾）がロゴス的に、理性的に把握される限り、そこには、この矛盾が危機という、差し迫る感情を伴った現象は現れないのである。そこに成立する主体と客体（すなわち矛盾）の関係は（我々の用語では）態度的な把握関係に過ぎない。かくして、矛盾が我々との生活的な交渉としてではなく、態度的に把握されるだけであるならば、そこには、矛盾に対する冷静な科学的「認識」は成立するかもしれないが、〔…〕危機という「体験」はあり得ないのである[12]。

朴致祐は、危機の把握においてまず重要なのは、それがロゴス的に、すなわち理性的に把握されるのではなく、パトス的に、すなわち情熱的に把握されることだと述べる。だから、危機を認識するだけでなく「体験」するのだと言明したのである。こうした危機の「主体的な把握」は、三木の言うところの、実践における「主体の優位」を想起させる。朴致祐にとって危機が実践的に把握されまた克服されるのは、「態度的な把握」(客体的な把握)によってではなく、交渉的(生活的)・矛盾的(敵対的)・行動的(闘争的)な把握を経て、実践的に把握されるときである。では、危機が実践的に把握されるというのは何を意味するのか。「実践」は理論の対概念ではない。それは、ロゴス(logos)を内包した行動である。実践を行動として発現させるものはパトスであるが、それを「真の実践」に導くものはロゴス/理論である[13]。このように「危機の哲学」で朴致祐は、三木と同様に行動/パトスと理論/ロゴスの弁証法による「主体的な把握」——三木の語では、「主体的・客体的なものとしての主体」への超越——を通して「実践」(praxis)を導出しようとしたのである。

第3節　東亜協同体の建設における「神話」をめぐる齟齬

一九三七年から本格化する日中全面戦争が膠着状態に入り、日本帝国主義政策の一環として打ち出された「東亜新秩序」構想(一九三八年一一月の第二次近衛声明)を契機として、近衛内閣のブレーン集団である昭和研究会の革新的知識人たちを中心に東亜協同体論が唱えられた。当時日本で展開された東亜協同体論の渦中にあって、日中戦争を世界史的な思想原理の問題として読み替えようとしたのがほかならぬ三木清であった。三木は、一九三〇年代に入ってからジャーナリズムでの活動を始め、一九三八年に昭和研究会の文化委員会の委員長となり、翌年の一九三九年には彼が中心となって昭和研究会のパンフレット『新日本の思想原理』が発行された。その中で三木は、世界の新秩序たるべき東亜協同体はそれまでの西洋的近代の思想原理とは異なるものによって構想されるべきだと唱え、その原理を「東洋的ヒューマニズム」と言い表した。『歴史哲学』を書き上げた後の三木は、一九三三年秋から転換期の「新しい人間のタイプ」を模索するために『哲学的人間学』を書き始め、「絶対無」や「絶対矛盾的自己同一」のテーゼで知られる西田哲学の弁証法に影響を受けつつ、西洋的近代が生み出した個人主義や全体主義の矛盾を克服するための端緒を東洋の思想の中から探ろうとした。(14) 近代の自由主義を乗り越えようとするファシズムやナチズム、そして偏狭な日本主義をも闘う相手として見据えた三木は、日中戦争のさなか、戦争の解決を通じて帝国日本の変革をめざし、それによってもたらされるべき世界史の新たな秩序を構想し、その活路を「東洋的ヒューマニズム」に見出していたのである。これは、それまでの三木哲学における「主体と客体の弁証法」が「東洋」の姿を借りて具体化したものだと言える。まずは「東洋的ヒューマニズム」の内実について確認しておきたい。『新日本の思想原理』では次のように述べられている。

新文化の創造の見地から眺めて東亜の文化の伝統のうちに見出される最も重要な思想は「東洋的ヒューマニズム」とも称し得るものである。〔…〕西洋のヒューマニズムが個人主義的であるのに反して、東洋的ヒューマニズムは共同社会に於ける人倫的諸関係そのもののうちにある。また西洋のヒューマニズムが人間主義であり、文化主義であるのに対して、東洋的ヒューマニズムに於ては人間と自然と、生活と文化とが融合してゐる。西洋のヒューマニズムの根拠にあるのは「人類」の思想であるに反して、東洋的ヒューマニズムの根拠にあるのは却って「無」或いは「自然」或いは「天」の思想である。〔…〕一般に東洋文化はゲマインシャフト的文化としての特色を有する故に、新しい協同体の文化の地盤として適切である。殊にそのヒューマニズムは民族を超えた意義を有するものとしてそれに対する反省は東亜の新文化の形成の根拠となるべきものである。[15]

このように三木は東洋（もしくは東亜）の思想をもって世界史的な主体の形成を試みた。西洋的近代を克服するための思想原理、すなわち、客体＝自然と主体＝人間が調和される「主体的・客体的なものとしての主体」を、自然（客体）と人間（主体）を対置させる「西洋的ヒューマニズム」からではなく、「東洋的ヒューマニズム」から抽出しようとしたのである。ところで、ここで注意しなければならないのは、「東洋的ヒューマニズム」が「西洋的ヒューマニズム」の対概念ではないことである。むしろそれをも内に包み込む、いわば自然と人間を調和させる新しい主体の思想なのである。そこでは、もはや自然（客体）と人間（主体）の二分法的な区分は成り立たなくなり、それらは「自然の人間」もしくは「人間の自然」としてあらわれる。こうした自然と人間の弁証法による「東洋的ヒューマニズム」の主張は、一九三〇年代後半から一九四〇年代前半にかけて、三木のジャーナリスティックな文章の中で、「東洋的なもの」、「東洋思想」、「東亜思想」などという語に変装しながら繰り返し登場する。[16]たとえば、「理想の国家」であるべき満洲国の官吏養成機関である大同学院で講演を行なった際に、三木は西洋的近代を克服する東亜新秩序が「東洋の復活」や「東洋のルネッサンス」などといった言葉で説明できるとしながら、「東洋的なヒューマニズム」のエッセンスについて次のように力説している。

　つまり自然を超越した神と云ふものはないのであります。寧ろ自然に従ふと云ふことが東洋の道徳であり、人間の自然を重んずるのであります。東洋思想はさう云ふ意味に於いて一種の自然主義である。しかしこの自然主義は西洋の近代の自然主義、つまり自然科学的な世界観の上に立つた自然主義とは全く違つたもので、自然は同時に道であり、理想で《ママ》もある。さふ云ふ自然、東洋独特の意味における自然がその世界観の基礎でありまして、そこから又人間の自然を尊重して行く、つまり人間性を尊重して行くと云ふ東洋的なヒューマニズムが出てくるのであります。〔…〕是に反して西洋に於ける権威主義は神を超越的なものと考へ、人間を元来罪のあるものと考へる事が出てゐるのでありますが、斯ふ云ふ中世の非人間的な考へ方に対して西洋に於きましてはルネッサンスの時代以後ヒューマニズムが現はれて、人間性の尊重を叫んだのであります。所が東洋思想の中には最初から今言つた様なヒューマニズムがある。(17)

このように、三木は新秩序たるべき東亜協同体の思想基盤を超越的な神の権威主義に代わる東洋的な自然主義、すなわち自然と人間が調和する「東洋的なヒューマニズム」に求めていた。西洋的近代を超克するための「主体と客体の弁証法」を東洋の自然主義のうちに見出し、そのもとで、世界史的な危機を乗り越えるための新しい主体の形成を試みたのである。ヨーロッパの思潮が近代の自由主義からファシズムやナチズムのような全体主義へと移り変わってゆき、また日中戦争下の中国の抗日ナショナリズムが高揚するなか、民族を超越する世界史的な主体の実験を、東洋思想を基盤に行なっていたのである。

一九三八年末から本格的に議論されるようになった東亜協同体論は、植民地朝鮮においても大きな反響を呼んだ。前章で取り上げた朴致祐の「東亜協同体論の一省察」(『人文評論』一九四〇年七月)は、遅ればせながら植民地朝鮮／帝国日本で交わされている東亜協同体論を真正面から取り上げ、批評している数少ない評論の一つである。朴致祐は、一九三四年秋に崇実専門学校に職場を移してからアカデミズムを離れてジャーナリズムでの批評活動を展開した。そして「自由主義の哲学的解明」、「全体主義の哲学的解明」、「全体主義の論的基礎」などの論稿を書き上げ、自由主義や全体主義の解剖に力を入れた。「内鮮一体」が叫ばれ、帝国日本の臣民として東亜協同体への参画が求められてゆく日中戦争期の植民地朝鮮において、朴致祐は、三木と同じく、近代の危機を乗り越えようとするファシズムや全体主義の解明を経て、東亜協同体の思想的地平に至ったのである。彼は前章で見たように一九三〇年代後半の植民地朝鮮における思想状況を意識しながら、新たに浮上した東亜の思想に接近した。そして、「東亜協同体論の一省察」の中で、新秩序として構想される東亜協同体への共鳴を示しつつ、その原理が全体主義を支えている「非合理性の原理」になってはならないと訴えた。[18] ファシズムやナチズムのような非合理性の原理に基づく全体主義とは区別される、あくまでも自覚的な結合による「弁証法的な全体主義」を唱えたのである。[19] こうした朴致祐の議論は、三木の東亜協同体論とも相似している。すでに取り上げたように、三木は「東亜思想の根拠」(『改造』一九三八年一二月)で各々の独自性や自主性を認めない全体主義を批判しながら、「東亜思想」が「内密のもの」、「秘儀的なもの」による結合ではなく、「新しい全体主義」、つまり「公共的なもの」、「知性的なもの」でなければならないと唱えていた。[20] 三木と朴致祐は、危機の時代における世界史的な主体の形成にあって、ナチズムやファシズムのような非合理的な全体主義を批判し、弁証法による「新しい全体主義」にその方法原理を求めていた。彼らは、戦時期の革新理論である東亜協同体論をこのような形で共有していたのである。

三木と朴致祐の思想内容は驚くほどに近いものであった。彼らは転換期における歴史主体の形成をめざし、東亜協同体という政治体の想像/創造をもってそれを具現化できるのではないかと考えていたのだろう。こうして植民地朝鮮/帝国日本の二人の知識人は、東亜協同体論において出会ったのである。だが、彼らは、それと同時に東亜協同体論によって決定的にすれ違うことになる。では、彼らはどのように別れたのだろうか。

東亜協同体論は、日中戦争を契機として帝国日本が中国の抵抗と対峙してゆく中で提起されたものであり、そのため、植民地である朝鮮は、直接議論の対象になることはほとんどなかった。しかし同時に、東亜協同体論は戦時下の社会変革を通じて、「国外」=東亜の問題と同時に「国内」=日本の問題をも解決しようとする企図でもあった。ゆえに、それを唱える知識人たちは東亜協同体の建設という現実問題に介入すればするほど、朝鮮の問題を避けては通れなくなるが、またここに、朝鮮の知識人たちが東亜協同体論に関与してゆく余地が開かれたのである。三木と朴致祐の〈別れ〉も、こうした東亜協同体論における朝鮮の対象化の問題が決定的に関わっていた。

三木が日中戦争期に「内鮮一体の強化」（一九三八年一一月八日）を書き、当時の民族論に関わっていたことは第1章や第3章でも検討したが、彼の「内鮮一体」への主張と民族論の関係について、ここでもう少し補足的な説明を行う。三木は、朝鮮民族の独自性を認めながらも内鮮一体を志向していたが、そのとき、どのような「一体」をイメージしていたのだろうか。彼の民族論から推測すれば、それは、民族ないし民族主義の肯定／否定によって行われる弁証法的な結合としての内鮮一体であっただろう。三木は民族（主義）に端を発しながら、民族（主義）を超える歴史主体の形成の始点を内鮮一体に見出していた。「東亜思想の根拠」という論稿では、「どのやうな世界史的な出来事もつねに一定の民族の行動として開始されるといふ意味において、民族主義には正しい見方が含まれてゐる[21]」と述べており、こうした記述から、「内鮮一体の強化」において三木がどうして内鮮一体を「日満支一体」（＝東亜協同体）よりも「先決の前提[22]」として捉えていたのかがうかがえる。東亜協同体の建設という世界史的な出来事は、「一定の民族」の行動から始まるのだが、それはほかならぬ日本民族であり、その日本民族が真っ先に直面する民族を超える契機は、国内における内鮮一体にこそあったのである。

では、三木はこの内鮮一体をめぐるアポリアをどのように解決しようとしたのか。三木の弁証法的思考は、新たな世界史の主体たるべき「民族」の考察へ向かう。三木が民族の問題に焦点を当てて論じたほとんど唯一の論稿に「現代民族論の課題」（『民族科学大系一　民族の理論』一九四四年一一月）がある。その中で、彼は現代の民族論が「歴史の主体の問題に関係している」としたうえで次のように記している。

民族はひとつの社会的結合であり、その結合の紐帯は単に自然的なものではなく、むしろ文化的、精神的なものである。民族は共同の言語、共同の神話、共同の宗教、等等、によつて成立するといはれてゐる。これらのものが歴史的なものであることはいふまでもない。民族においては特に「伝統」が重要であると考へられるのもそのためである。それのみでなく、民族の自然的要素と見られるものも文化的、精神的意味を担つてゐる。〔…〕同じやうに、民族の血として問題にされるものも、単に客観的自然的なものではない。民族の形成にとつて重要であるのは、共通の血といふ客観的事実ではなく、むしろ共通の血に対する共同の「信念」であるといふことさへできる。すなはち、民族の血にはつねに神話的意味が含まれてゐる。単に客観的に見れば純粋な人種は存在しないにも拘らず、血の純粋性が問題にされるのは、これによつて民族の生命力、道徳的健康性、伝統と文化の純粋性、等々、が問題にされるためにほかならない。民族は歴史的なもの、歴史において生成し、歴史において発展するものである。(23)

第3章で取り上げた「民族の哲学」において、三木は自然主義的な民族主義を認めると同時に「世界」の自己限定を強調していた。マルクス主義を通過した彼は、民族が歴史の主体として現れる歴史的必然性を認めたうえで、新しい世界主義を求めていたが、ゆえに、「階級闘争史観」(24)を超える「世界史の哲学」が必要であった。まさに「民族」が階級を超える主体でなければならないことが、「現代民族論の課題」とされていたのである。ただ、そのための民族の理論は、必ず「近代的な国民及び国家の思想を現代の民族論の原理に基づいて改変し、新しい国民及び国家の思想を樹立すること」(25)が要請されていた。では、それはいかなる「民族」なのか。右の引用部には彼がどのように民族を捉えていたのかが端的に表れている。民族はたんに「客観的自然的なもの」ではなく、「文化的、精神的なもの」である。民族は歴史的に生成する、すなわち作られたものであると同時に、主体的に発展する、すなわち作ってゆくものである。ここでの作られたものが作る「主体」は、彼が『歴史哲学』などで思考していたような「主体的・客体的なものとしての主体」であっただろう。そして、この主体を主体たらしめるものとして重要だとされていたのが、ほかならぬ「信念」、つまり「神話」（myth）だったのである。このように三木は民族の生成や発展における神話の重要性を説いていた。

彼が「今日の民族の概念はいはば国民の概念を止揚したもの、言ひ換へると、これを否定すると共にこれを高めることによつて内に含むものでなければならぬ[26]」と述べていたように、現代の民族は近代の国民を新たに更新するものでなければならない。ゆえに、東亜協同体よりも先決の前提とされた「内鮮一体」を通じて実現する歴史の主体とは、それぞれの民族を超えて作られ／作ってゆく新しい民族としての「国民」であったと考えられる。このような主体は、第3章で確認したように、自然的な力としての民族（主義）を認めようという点で、高坂正顕の「国家的民族」をめぐる議論とはやや異なるものである。

だが、いくら自然的な力として民族主義が認められ、独自の伝統や文化が保存されるとしても、三木も含めた京都学派の民族論は、なぜ朝鮮民族が「日本」に包摂されなければならないのかというアポリアを十分に説明することはできなかった。西洋的な近代化の尺度をもって、あるいは非合理的な原理、つまり神話によってそのアポリアを押し隠していたのである。たとえば高坂は『民族の哲学』（一九四二年）の中で、神話が歴史の外にある伽話や歴史の内にある伝説と違って、「歴史の外にあると共に、歴史の内にあり、歴史に対して超越的にして内在的」であると述べ、それを「歴史の先」と言い換えていた[27]。神話は、このように「歴史の先」にあるからこそ歴史に働きかけながら民族の社会的な権威として機能する。

神話は単なる物語ではない。それが承認されてゐるかぎり、それはある集団の社会的組織の根拠を与へようとしてゐるのである。集団の権威の由来を基礎づけようとしてゐるのである。しかもその権威は、その集団がそもそも可能となる歴史的発端に於て、従つてその集団に対してはアプリオリに成立せしめられてゐる。[28]

神話はまさにそれが民族に対してアプリオリに成立しているがゆえに権威を持つ。こうした神話が朝鮮民族の「国家的民族」への飛躍を促していたことは言うまでもない。また、三木の民族論も新たなる秩序の建設のためには神話的なものを媒介とせざるを得ない構造を有しており、それは日本のみならず、「大東亜共栄圏」にまで拡張される。三木は、日中戦争中には「支那事変が世界史的意義を有すべきものであるとすれば、東洋に新しい神話が生まれねばならない。一つの思想が神話として大衆の中に拡がり、その行動の力とならなければならないと云い得るであろう[29]」と述べ、終戦直前には、近代の民族自決主義に代わるものとして、「今日新たに揚げられてゐるのは、日本の肇国の精神であるところの八紘為宇の思想に基づく共栄圏の原理であり、この原理を展開することが現代の民族論にとつて最も重要な課題である[30]」と主張するに至った。

実は、三木は前掲の「危機意識の哲学的解明」の中でも主体に関わる重要なものとして「ミュトス（神話）」に触れていた。危機は「瞬間から瞬間へと飛躍する非連続的な時間において考へられ」るが、このような時間が「主体的な事実的時間」であり、「危機意識」はそのときに生じると説明していた。[31] そして、こうした「主体的意識」としての危機意識の根源に「ミュトス」（mythos）があると述べたうえで、さらに次のように論じる。

> ミュトスは主体的意識である。主体は事実即ち行的なもの Tat-sache である。従つてミュトスは或る行的意識である。そしてさきにいつた如く実践 Praxis は主体的・客体的な活動として主体的な行を前提する限り、真に実践されつつある思想は何等かミュトス的要素を含んでゐるといはれ得るであらう。ミュトス的要素を含むことによつて思想は信の性格を得てくる。客観的に知られるだけでなく、主体的に信じられるのでなければ

ば、思想は実践的とはならない。〔…〕かやうな意味においてソレルの社会的ミュトス mythe social の思想は或る真理を含んでゐる。しかしそれだからといつてソレルの直接行動論には賛成することができない。真の実践は直接的でなく、媒介的でなければならぬ、それは理論によつて媒介されねばならない。[32]

サンディカリズムの理論家としてファシズムにも大きな影響を与えたジョルジュ・ソレルの社会的な神話の思想を引き合いにして、三木は自身の論をより鮮明にしていた。[33]「直感だけをつうじて丸ごと喚起することができるイメージの集合に訴えること」を主張するソレルは、「ある民族、ある党派、ある階級のもっとも強烈な傾向が見出される神話」（社会的な神話）によって人間の理性を超える「未来」が掴めると主張した。[34]三木は、こうしたソレルの社会的な神話にある種の真理が含まれているとしながらも、それが理論によって媒介されていないことを批判的に捉えていたのである。

むろん三木が神話のみを主体の形成において重視していたわけではない。右の引用部にあるように、神話は理論に媒介され、行動は実践にまで昇華されなければならなかった。しかしここで注目しなければならないのは、それでもなお三木が主体的意識の重要な契機として神話を捉えており、それがまさに、三木と朴致祐の哲学的態度が決定的に〈別れ〉る地点になったということである。三木とソレルの社会的な神話に対する評価をめぐって、三木と朴致祐の間には齟齬が生じる。三木がソレルの社会的な神話をたんに否定するのではなく、契機として、理論を媒介することによって止揚すべきものとして捉えていたのに対し、朴致祐は、「東亜協同体論の一省察」の中でソレルの社会的な神話とそれによって誘発される「直接的な行動（action directe）」を重視する「行動（至上）主義」を取り上げ、神話は非合理性の原理であるとしてその契機さえも退けていた。

これ〔社会変革〕のために、ソレルが案出したのが、周知の通り、あの有名な神話Mytheという概念である。神話は一切の理知的な計算と企画、推理、そして「予見」を排撃する。その意味で、いかなる科学的な批判とも無関係である。神話は批判を超越する。「神話の領域に居る限り、人は一切の駁論から離れることができる」とソレルは言っているのである。ここで言う神話は、一般に言われるところの過去に属する説話のようなものではない。ソレルの言う神話は、未来社会に向かって我々の感情と本能が漠然と念頭に置いている本能的な一つの構想である。(35)

前章で確認したように、朴致祐は「東亜協同体論の一省察」の中でかつて彼自身が「近代文化の普遍的様相である理性」に現代の危機の原因を求めようとする「主観性の哲学」に傾倒していたことを自己批判していた。(36)ソレルの社会的な神話を非合理性の原理として批判し、理性の奪還を唱えていたのもこうした自己批判の延長上にある。三木が「主体と客体の弁証法」を貫き、主体の思想を練り上げていったのに対し、朴致祐は途中で一度立ち止まり、「理性」へと舵を切ったのである。

三木の死によって未完のままになってしまった代表作『構想力の論理（第一）』（一九三九年）の中でも、彼は「神話」の章を設け、再びソレルを引用していた。そこでは、神話は「意志の表現」であり、他方、ユートピアは「知的労作」であると述べられ、ソレルがユートピアを否定して神話のみを根源に置くのに対し、彼自身は神話とユートピアの弁証法的な統一を唱えていた。(37)まさにこのような弁証法的な統一こそ、三木にとっては理性よりも根源的な、歴史を変革しうる「構想力」だったのである。ところが、朴致祐の議論では神話そのものが、ソレルとは反対の立場から「作為的なユートピア」によって一蹴されていた。(38)朴致祐によれば、非合理性の原理は「動揺・混沌・非常時の精神」、つまり「秩序以前」の原理であり、けっして秩序の原理にはなり得ないのである。(39)だからこそ、あらゆる非合理的な神話は、新秩序においては求められるべきではない。東亜協同体は、あくまでも理性による結合でなければならず、それを表すために彼は自然的な必然性を意味する「宿命」の概念に対置させるかたちで、作為的な可能性を意味する「運命」の概念を着想したのである。(40)

第4節　必然と偶然、そして運命

三木と朴致祐の差異は、神話をめぐる哲学的態度に端的に表れていた。三木は、いわば〈非合理的なもの〉と〈合理的なもの〉の弁証法的な統一による近代の超克を構想し、そのために神話を契機として保存していた。(41)それに対して朴致祐は〈合理的なもの〉を固持し、〈非合理的なもの〉を徹底的に排除する姿勢を見せていた。たとえば朴致祐は、三木のみならず、西田幾多郎とともに京都学派哲学の基礎を築き上げた田辺元が『種の論理』などで分析したフランスの社会学者、リュシアン・レヴィ＝ブリュールの「分有法則」(42)（loi de participation）について、一九三九年に発表した「形式論理の敗退——分有論理の復活？」の中で詳しく検討している。そこでは、現代の革新思想であるファシズムが全体主義の哲学的論理として採用したのが個人主義や自由主義を育んだブルジョア市民社会の形式論理に対立する有機体説の論理、すなわち非合理的な「分有論理」であると説明した。朴致祐は、自由主義や個人主義の背後にある論理が矛盾律に基づく形式論理であるのに対し、全体主義の背後にあるのはこの「分有論理」であると分析したのだが、(43)このときに参照したのがトーテミズムの思考様式を「分有法則」という概念で説明したレヴィ＝ブリュールの理論であった。彼はレヴィ＝ブリュールの「分有法則」を全体としての氏族とその成員がトーテムによって結合される同一化の原理であると説きながら、そのようなトーテミズム的な

「分有論理」では、個は全体の肢体としてしか存立しないと捉えていた。そこでは、矛盾律によって独立する個ではなく、「分有」(partake) された「成員」のみが存在するが、そのような「分有論理」が現代社会においても「神話」(myth) によって復活したと診断した。こうして朴致祐は、現代におけるトーテミズム的な世界観をその原理とする全体主義の出現を、近代の危機を克服するものではなく、古代への退行であるとして不安を露わにしていた。[44]

〈非合理的なもの〉を退けようとした朴致祐が、「東亜協同体論の一省察」において作為的な可能性＝自由を意識し、運命の概念を提示していたことは前章で述べたが、実はこの「運命」をめぐる態度においても、三木と朴致祐はすれ違っていた。たとえば「運命に就いての考察」[45]（『饗宴』一九三六年一一月）において、三木は運命が「偶然的なもの」であると同時に「必然的なもの」の意味を持つ概念であるとして次のように論じていた。

運命は我我がこの世界へ出てきて出会ふものとして一方どこまでも偶然的なものであらう。〔…〕併しそれは運命であるものが客観的に見て因果の連鎖から全く脱してゐるといふが如きことを意味しないのは勿論、またそのものが例外的に稀にしか起らないといふが如きことを意味するのでもなく、却つてそれは人間がこの世界のうちにある根本的な存在の仕方が出てきてあるといふことであるのに基くのである。偶然的な運命と考へられるものも客観的に見ればどこまでも必然的なものである。更にそれは我々が一旦この世界へ出てきた以上必ず出会はねばならぬといふ意味に於ても必然的なものである。〔…〕単に偶然的なものは運命とは考へられない。同時にまた単に必然的なものも運命とは考へられぬ。偶然的なものが同時に必然的なものの意味を有するところに、併しまた必然的なものが同時に偶然的なものの意味を有するところに、運命は考へられるのである。[46]

三木は、運命とは、われわれが世界に出てきて出会うものであり、その限りにおいて「偶然的なもの」であるが、しかし客観的にそれは出会わなければならないものであるため、「必然的なもの」であると捉えていた。こうした彼の運命論は、たんに運命に関する断想にとどまるのではなく、彼の主体論、すなわち「主体的・客体的なものとしての主体」を敷衍するものである。

人間は主体として行為的である。行為といへば関係するとか態度を取るとかといふことを含むが、かやうなことは人間に於ける客体から主体への超越によつて可能になる。ところで我々の行為がもし絶対に自由であるとしたならば運命といふものはないであらう。我々の行為は固より我々の為すものでありながら、それが同時に我々にとつて為されるものであるといふところに運命は考へられる。言い換へれば、我々の行為が単なる行為でなくて出来事の意味を有するところに運命は考へられる。[47]

主体の行為は、たんなる行為ではなく、「出来事」をも意味する。運命が「偶然的なもの」であると同時に「必然的なもの」である所以はまさにここにある。注目すべきは、運命や主体の行為の説明の中で、それが「必然的なもの」でもあるとされることによって「自由」も制限されていることである。ここで「偶然的なもの」が「自由」=可能性として捉えられているのは言うまでもない。ところが、朴致祐はまさにこのような「偶然的なもの」から「自由」を抽出しようとしていた。そのことは、近代自由主義の原理に対する次のような分析に端的に見られる。

運命は、自由とかなり距離のある概念のように考えられるのが普通である。それも無理はない。なぜなら運命は必ずある必然性の意味を持つからである。しかし、事実においてこの両者はけっしてそれほど無縁のものではない。〔…〕〔運命は〕本来外的必然性に過ぎない自然の因果とは対立される、いわば内的必然性、即ち人間的な必然性であり、だからこそそれは単純な必然性、即ち自然の因果とは区別される一つの独特な必然性である。運命は本来単純な必然性ではなく、実に偶然的な必然性であるからだ。〔…〕即ち、古代人の運命概念の中に深く埋没され、無自覚的に混溶されていた偶然性と必然性が次第にそれぞれ明確な形態として自覚され、あるいは完全に分化し精錬されたのが、他でもなく近代人の新しい発見として騒がれる「意志の自由」と「自然の因果」、言い換えれば、自由律と因果律の両者ではないか。(48)

朴致祐も運命が「偶然的な必然性」であることを認めている。が、彼は「偶然的な」に一層重きを置いている。運命は、たんなる「必然性」ではなく、「偶然性」を具有する。そして近代になって、それらは「意志の自由」と「自然の因果」に「完全に分化し精錬された」のである。近代になって自覚された「自由」は、もうすでに分化したものであり、ゆえに統一されることはないのである。もしそれを統一するというのなら、それは現代の発展ではなく、古代への逆行にほかならないだろう。「東亜協同体論の一省察」における「可能性」としての運命の起源は、このように近代の内にある。

第5節　〈非合理的なもの〉と〈合理的なもの〉のあわい――「主体」への躊躇

三木は、危機の時代における歴史主体の形成のために、その根源にあるものとしてミュトス的意識を保持していた。ただ、すでに確認したように、彼はたんに合理的なものを排除していたわけではない。理論やユートピアといった合理的なもの・知的なものを媒介することで、ミュトスとユートピアの弁証法的な統一をめざしていたのである。こうした三木の思想実践を、〈非合理と合理の弁証法〉と呼ぶこともできるだろう。

一方、朴致祐は、危機の主体的な把握を通して、三木と同様にパトスとロゴスの弁証法的な統一を試みた。(49) また戦時期の東亜協同体論に関与することで、新秩序への変革の構想に共鳴していた。ところが、彼の東亜協同体論では、ソレルの社会的な神話に見られるような非合理性の原理は退けられ、ゆえに自然的な必然性＝「宿命」に端を発する民族などではなく、それとは切り離された作為的な可能性＝「運命」の媒介による新たな結合をめざしていた。こうした朴致祐の思想実践は、第4章で取り上げた申南澈のそれとも区別されるものでる。彼は全体への没入・合一ではなく、「東亜協同体論の一省察」において「「個」の高度な自覚を経て、絶対的他者が一つになる弁証法的な統一」による「自覚的な結合」が必要であると唱えていた。(50) だが、彼の理性への強調は、主体の生成における「パトス」そのものを排除していたわけではなかった。彼にとって実践は、「危機の哲学」において述べられていたように、危機の「主体的な把握」、すなわち「パトスとロゴスの弁証法的な統一」を通して行われるものだが、それは、あくまでも「ロゴスに従って発現されるパトスの素行である理性的な行動」であった。(51) しかし、戦時期になると、朴致祐は〈非合理的なもの〉を徹底的に排除し、理性を擁護しなければならないと力強く訴えるようになった。こうした彼の哲学的態度の微妙な変化を、「パトスとロゴスの弁証法的な統一」、つまり三木などによる戦時期日本の主体論への〈躊躇〉として受け止めることはできないだろうか。

戦時期における三木と朴致祐の哲学的態度の〈別れ〉をわれわれはどうかみしめることができるのだろうか。三木は日本帝国主義体制を批判しながら新秩序たるべき東亜協同体の思想原理を、〈非合理と合理の弁証法〉を方法原理として構想していた。三木は戦争の真っ只中に、時局へのコミットを通して、主観的にはそれを修正してゆくための道を模索していたのであり、彼の哲学的構想である〈非合理と合理の弁証法〉も、現実の人間社会に存在する数多なる非合理的なもの――あるいは、合理的なものの非合理性――を鑑みれば、西洋中心の合理主義的な近代を打破してゆくためのある種の真理を含むものであろう。にもかかわらず、まさにそれが、日本の帝国主義政策のイデオロギーを支える思考回路に合流する余地を与えていたとすれば、それはいったいどのような地平においてなのか。三木の神話をめぐる思索から確認できるように、彼は〈非合理的なもの〉をたんに否定するのではなしに、主体の契機として、つまり行為のパトスとして保存・止揚しようとした。また民族という主体も自然的なものであると同時に、可能的なものへと変化し発展するものとして捉え、発展への飛躍のための構想力の根源に、ミュトス的意識を認めていた。こうした三木の哲学的思考が政治的な言説空間に転移されるとき、〈非合理と合理の弁証法〉は「八紘一宇」のような日本から発せられる神話に合理的な「形」を刻むこととして現出する[52]。彼がいくばくか神話を読み替えようとしても、そこに日本の神話から抽出される〈非合理的なもの〉が契機として保存される限り、戦争遂行の正当化のためのイデオロギーとつねに隣り合わせではなかったのだろうか。

さらに、三木の東亜協同体論・「世界史の哲学」は、その内容の構造においてある重大な問題を抱えている。繰り返しになるが、彼はけっして偏狭な日本主義を唱えていたわけではない。彼が力説していたのはたんなる日本精神の拡張ではない。偏狭な日本主義は純粋かつ永遠なる国体の権威をもって世界を圧倒しようとする。そこにおいては日本こそが世界であり、それゆえ世界である日本との君臣の上下関係が重視される[53]。それに対し、三木の協同主義などに見られる〈開かれたナショナリズム〉は、他の民族主義が持つ歴史的必然性を認めながら、民族を超える結合をめざす。しかし、そのときに民族と民族を結合させるための主体的意識において重要な契機となるのが「神話」であった。もちろんそれは〈合理的なもの〉を媒介しなければならないが、その「神話」は、あくまでも日本民族の主導性を補完するものでなければならなかった。このような神話の合理化によって試みられるのは、日本民族による征服などではなく、転移可能な日本民族のモデル化である。そして日本の歴史は、まさにそうした日本民族の主体の構造が移植可能であること――ゆえに〈近代の超克〉を主導できること――を確認する場（topos）である。

今日の民族にとつては単に原始的な文化が、また単に伝統的な文化のみが問題であるのではなく、国民の概念の基礎と考へられるやうな近代的な科学、技術等の諸文化の継承、改新、発展が重要な問題である。そこに文化の保存と進歩、伝統と創造、接触と自立の問題がある。そしてこの点に関して日本民族の歴史は模範的であり、その研究は現代の民族論の樹立にとつて大切であるのである。(54)

三木にとって、日本民族は新しい世界史の主体であるべき民族の「模範」でなければならなかった。日本民族は新たな世界史における主体のコードを専有し、それを他の民族が再現してゆく。そのためには「八紘一宇」などの日本の神話は日本民族にのみ適応されるものであってはならず、むしろ普遍的で合理的なものでなければならない。

そういった意味で、朴致祐が「東亜協同体」ではなく「東亜協同体論」への省察を試みたことは注目に価する。「東亜協同体論の一省察」における「宿命」や「神話」と対置される「運命」の着想に表れているように、朴致祐にとって次なる時代の主体はいかなる〈非合理的なもの〉をも媒介しない、〈合理的なもの〉によって生成するものでなければならなかった。弁証法によって統一されるべき矛盾は〈非合理的なもの〉と〈合理的なもの〉の間にあるのではなく、〈合理的なもの〉と人間社会の現実の間にこそ存在する。

朴致祐は一九四〇年に京城帝国大学大学院に進学し、筆を折ってアリストテレスの研究に励む。彼が朝鮮の批評界から姿を消してから解放までの間、唯一残されているものはアリストテレスに関する日本語の発表文「アリストテレスの散文論」[55]（一九四三年一月）である。この文章は彼が「大東亜戦争」の真っ只中に何を志向していたかをうかがうための貴重な資料である。朴致祐はその中で、アリストテレスの『詩学』を検討しながら、「韻文専横の当時に於て詩が、従つて広く又『文《ママ》学なるものが、韻の拘束から解放さるべきを主張したのみならず、又文学としての散文の存在を認め、それに理由と根拠を与へやうと企てた最初の人」[56]としてアリストテレスを高く評価していた。彼は他のところでプラトンのイデア論を解説しながら超越的なイデアを現実の人間がどのように掴むことができるかを問題にしていたが[57]、そのような文脈でプラトンの弟子でありながら対立的な立場にいたアリストテレスの散文論に注目したのである。アリストテレスは「韻文」が詩人のみに与えられる特権ではないと唱え、それを「散文」にも認めさせ、「文学」を「ロゴスによるミメシス」として定義し直した[58]。さらに朴致祐は、解放直後に、現実をイデアの不完全なる模倣として捉え、ゆえに文学を排しイデア世界の真理を探究する「理想主義者」としてのプラトンとは対立する、「現実主義者」としてアリストテレスを捉えていた[59]。彼は、「ロゴス」と現実との間でつねにそれらを交渉させる科学的な態度を取っていたアリストテレスへ関心を寄せていたのである。アリストテレスは普遍的なイデア世界を否定せず、現実がその「模倣」であることを認めるが、しかしプラトンとは異なって、現実における「模倣」そのものに重大な価値を見出していた[60]。

京都学派の唱えた〈近代の超克〉論は自由主義と全体主義とを、前者を独立した個人（民族）の自発性において、そして後者を国家（協同体）への責任において認め、それらの弁証法的な統一を図るものであった。[61] そこでは、形式論理による抽象的な合理主義は斥けられ、個と全体の合一のために神話の媒介が唱えられる。京都学派の戦時期の議論が「近代」（自由主義）と「現代」（全体主義）の理念的な矛盾を弁証法的に統一し、近代の超克を企図するものであったとすれば、朴致祐は、近代の抽象的な「一対一」の形式論理と現実の間にこそ、その矛盾・対立が生じるものと捉えていた。[62] 朴致祐が訴えたのは、形式論理によってすでに自覚された個人の自由や平等を全体社会において実現すること、いわば、「近代の超克」ならぬ「近代の完成」であり、それによる近代の内破とも言うべき思想実践であった。

このように、朴致祐が〈合理的なもの〉にこだわったのは、植民地知識人の実存的な不安とも深く関わっているだろう。一九三八年三月、朴致祐が務めていた崇実専門学校は神社参拝の拒否問題に巻き込まれ廃校となった。その後に勤めていた朝鮮日報社も朝鮮総督府の圧力により「東亜協同体論の一省察」が発表された一ヶ月後の一九四〇年八月に廃刊となった。そして、「内鮮一体」を掲げた皇民化政策と戦争のための思想動員が激しさを増してゆくなか、彼はとうとう筆を断ってしまった。

朴致祐は「東亜協同体論の一省察」の中で神話（myth）概念を分析・批判しながら、非合理主義が「批判を超越する」と危惧していた。[63] 批判（critique）が不可能になること、彼が当代の東亜協同体論から感知し得た危機（crisis）の本質はここにあったのではないだろうか。非合理的な神話の世界観は、人間の理性による批判を越えてゆく。可能的なものを必然的なものの中に脱ぎ捨ててしまうのであれば、そこにあるのは「人間」ではなく、ただの「肉体」である。自覚的・作為的な人間になろうと希求するところに、理性＝自由は宿るのである。[64] 朴致祐が「東亜協同体論の一省察」において〈合理的なもの〉を擁護する哲学的態度に立ち回ったのは、「内鮮一体」や「東亜協同体」といったかけ声とともに押し寄せてくる非合理的な神話を媒介とする暴力から、「人間」、すなわち「批判」（critique）を放棄しないためではなかったのだろうか。朴致祐は、自覚的に〈非合理的なもの〉から理性を守り抜こうとしていた。「東亜協同体論の一省察」の発表直後に彼がみせていた次のような〈躊躇〉はその痕跡なのかもしれない。

> 2×2が4ではなく、2×2が5になることがあるとすればどうするのか。5ではなく、正しく4が答えとして出てくるまで算盤を弾くのだ。仕方あるまい。人癖は治らぬ(65)〔原文：제버릇 떼내서 개를 줄 텐가〕。

重要なのは、朴致祐がたんなる合理主義者だということではなく、「2×2が4」であると、まさしく彼がそれを対象化し直していることである。この認識を導いているのは、「仕方あるまい」という諦念の言葉である。「2×2が4」が真理であることが確認されているのではなく、「仕方あるまい」という表現によって、むしろそれが信念に基づくものであることが鮮明に刻まれている。つまり朴致祐は、〈合理的なもの〉への信念そのものが非合理的なものであることに気づき、一度諦念してから、再び理性を奪還しようとしているのである。信念は〈合理的なもの〉と〈非合理的なもの〉の臨界において生じるものである。「2×2が4」が信念に基づくものである限り、それは確固たる真理と言いうるようなものではない。だがしかし、それでもなお、彼は「2×2が4」であることを確認している。「2×2が5」である可能性を見つめたうえで、「2×2が4」ではないかもしれない不可能性を抱えたまま、「2×2が4」の可能性を確かめる。それは、批判（critique）する主体の可能性でもあり、未来に開かれた「運命」＝自由による歴史の可能性でもある。

註

（1）三木の朝鮮での活動は確認できず、彼が直接朝鮮人と交流した痕跡も見当たらない。ただ、三木は一九四〇年に二度にわたって中国大陸や満洲国を訪れており、その際に朝鮮人の生活を目にしている。鼎談「満洲国」（『改造』一九四〇年一一月号）ではそれについて簡単に触れてもいる。一方、朴致祐も主に朝鮮半島で活動しており、確認できる限り、「内地」で活動した痕跡はない。ただ、当時の植民地朝鮮において京都学派をはじめ三木の著作が広く読まれていたことを考えると、朴致祐が三木の活動について知っていたことは疑いないだろう。しかし、朴致祐が直接三木について言及している文章は、管見の限り見当たらない。

（2）たとえば、金允植、前掲『한국근대문예비평사연구』、三三二―三四二頁。

（3）崔真碩、前掲「朴致祐における暴力の予感――「東亜協同体論の一省察」を中心に」、一九五―一九六頁。

（4）同右、一九七頁。

（5）同右、二〇一頁。

（6）永野基綱『三木清――人と思想』清水書院、二〇〇九年、一一四―一二八頁参照。三木は一九二八年暮れに、そして一九三〇年にも、彼の立場が「観念論」だとして歴史学者の服部之総によって批判された。永野によれば、「存在は意識に依存しない」とする公式主義的唯物論こそ、三木にとっては「全く観念論的」であり、彼はむしろ「唯物論と観念論が共に成立してくる交渉的な存在了解の基盤」を問題にしようとした。

（7）三木清『歴史哲学（続哲学叢書・第一編）』（岩波書店、一九三二年）の第一章「歴史の概念」を参照。『三木全集』（第六巻）、五―五八頁に収録されている。

（8）永野、前掲『三木清――人と思想』、一三二―一三四頁参照。

（9）三木清「危機意識の哲学的解明」『三木全集』（第五巻）、九頁（初出は、『理想』第三五号、一九三二年一一月）。

（10）同右、一二―一三頁。

（11）朴致祐、前掲「위기의 철학」、五一―五五頁。

(12) 同右、五六頁。
(13) 同右、六四頁。
(14) 永野、前掲『三木清——人と思想』、一六八—一七二頁参照。
(15) 前掲資料「新日本の思想原理」、五一三—五一四頁。
(16) 一九三〇年代後半にみられる三木清の「東洋的ヒューマニズム」という構想は、「日本の現実」(『中央公論』一九三七年一一月号)、「二十世紀の思想」(『日本評論』一九三八年七月号)、「日支を結ぶ思想」(『知性』一九三八年一一月号)などにおいて、「東洋的なもの」・「東洋的なヒューマニズム」・「東洋思想」などの語で表現される。三木は、西洋的近代を乗り越えるための「新しいヒューマニズム」の哲学的原理を東洋の伝統・文化に求めようとした。
(17) 三木清「東亜新秩序の歴史哲学的考察」満洲行政学会『大同学院論叢』一九四一年一一月、一八頁。この論稿は一九四〇年に大同学院で行われた三木の講義内容を記録したものである。
(18) 朴致祐、前掲「동아협동체론의 일성찰」、一五五—一五六頁。
(19) 同右、一七六頁。
(20) 三木、前掲「東亜思想の根拠」、三一九頁。
(21) 三木、前掲「東亜思想の根拠」、三一〇頁。
(22) 三木、前掲「内鮮一体の強化」。
(23) 三木清「現代民族論の課題」『三木全集』(第一九巻)、八〇八—八〇九頁(初出は、『民族科学大系一　民族の理論』育英出版、一九四四年一一月一五日)。
(24) 同右、八一七頁。
(25) 同右、八一九頁。
(26) 同右。
(27) 高坂、前掲『民族の哲学』、四三頁。
(28) 同右、四五頁。

(29) 三木清「新しい神話」『三木全集』(第一六巻)、三四八頁。この一文は『讀賣新聞』夕刊「一日一題」欄に寄稿されたものであり、後に『現代の記録』(作品社、一九三九年)に収録された。
(30) 三木、前掲「現代民族論の課題」、八二三頁。
(31) 三木、前掲「危機意識の哲学的解明」、二四頁。
(32) 同右、二九―三〇頁。
(33) 革命的サンディカリスムの理論家として知られるジョルジュ・ソレルの主著『暴力論』の初版がフランスで刊行されたのは一九〇八年である。日本では一九三〇年四月に石川三四郎・望月百合子による訳が徘凡社版『社会思想全集』第三三巻に収録され、一九三三年六・一一月には木下半治による訳が岩波文庫(上下二冊)として出版された。三木と朴致祐もおそらくこれらを共有していたと考えられる。
(34) ジョルジュ・ソレル『暴力論(上)』今村仁司・塚原史訳、岩波文庫、二〇〇七年、二一三―二一六頁。
(35) 朴致祐、前掲「동아협동체론의 일성찰」、一六四頁。
(36) 同右、一六七―一六八頁。
(37) 三木清『構想力の論理 第一』(岩波書店、一九三九年)の第一章「神話」を参照。『三木全集』(第八巻)、一一―九八頁に収録されている。
(38) 朴致祐、前掲「동아협동체론의 일성찰」、一六四頁。
(39) 同右、一六九頁。
(40) 同右、一七四頁。
(41) 三木は『構想力の論理』の中で「構想力」を「抽象的な合理主義と非合理主義とを共に超えたもの」として捉えていた(引用は、『三木全集』(第八巻)、五〇頁)。
(42) レヴィ゠ブリュールは彼の主著『未開社会の思惟』(山田吉彦訳『未開社会の思惟』小山書店、一九三五年)などにおいて、未開社会に暮らす人々の心性は「神秘的」、「前論理的」なものであり、トーテムによる「分有の法則」(loi de participation)に支配されていると述べていた。

(43) 朴致祐、前掲「형식논리의 패퇴――분유논리의 부활?・」『朴全集』、一五二頁。
(44) 同右、一五四頁。
(45) 新資料「運命に就いての考察」については、宮島光志「シンポジウム「三木清の人生と思想――新資料を参考にして」三木清と運命の問題――「中間者の哲学」の結節点として」(『法政哲学』第一六巻、二〇二〇年三月)を参照されたい。
(46) 三木清「運命に就いての考察」『饗宴』一九三六年一一月、四頁。
(47) 同右、四―五頁。
(48) 朴致祐「시민적 자유주의」『朴全集』、一三五―一三六頁(初出は、前掲の「자유주의의 철학적 해명」であるが、解放後に『思想과 現実』に収録する際、一部を削除して題目を変えた)。
(49) 東亜協同体論を展開していた時期の三木は、ジャーナリスティックな文章を生産すると同時に、哲学的思考を具体化する作業も始めており、一九三七年春からすでに『構想力の論理 第一』(一九三九年)の執筆に取り掛かっていた。たとえばその序文において彼は「ロゴス的なものに心を寄せながらも、主観性、内面性、パトス的なものは私にとってつねに避け難い問題」であり、「ロゴス的なもののためにパトス的なものを見失うことなく、しかしまた、パトス的なもののためにロゴス的なものを忘れない」という要求が「ヒューマニズム」の形になり、やがて「行為の哲学」に至ったと述べていた(引用は、『三木全集』(第八巻)、四―六頁)。
(50) 朴致祐、前掲「동아협동체론의 일성찰」、一七五頁。
(51) 朴致祐、前掲「위기의 철학」、六三―六四頁。
(52) たとえば、三木は前掲「東亜新秩序の歴史哲学的考察」(一三頁)の中で、帝国主義を批判しつつ、新秩序の建設のために帝国主義批判を遂行する「日本民族」の主導性を強調した。そのような新秩序の建設は従来の「民族的エゴイズム」に依るものであってはならず、「八紘一宇の精神」に基づく「民族協和」であると述べていた。
(53) 戦時期に原理日本社の蓑田胸喜はこうした点から三木の協同主義を批判していた。詳しくは、野村卓史「三木清の協同主義と蓑田胸喜の三木批判」(『ぷらくしす』第二〇巻、二〇一九年三月)を参照されたい。
(54) 三木、前掲「現代民族論の課題」、八一九―八二〇頁。

(55) 朴致祐「アリストテレスの散文論」『学叢』東都書籍株式会社、一九四三年一月。発表媒体の『学叢』は京城帝国大学文学会で刊行する論文集である。この文章は、朴致祐が一九四二年六月に行われた「第一回文学会研究発表会」において発表した内容である。

(56) 同右、九二頁。

(57) 朴致祐「플라톤」『朴全集』、三三九頁(初出は、方應謨編『세계명인전』朝光社、一九四〇年七月)。

(58) 朴致祐、前掲「アリストテレスの散文論」、九〇—九一頁。

(59) 朴致祐「아리스토텔레스의 문학관」『朴全集』、三五三—三五四頁(『신인문학』一九四七年一〇月号に収録)。この一文は一九四六年に開催された「新人文学講座」における講演の内容を記したものである。

(60) 同右、三五七頁。

(61) 「世界史的立場と日本」グループのみならず、三木もまた「個人」と「全体」の結合を個人の「自発性」と「責任」に求めていた。「全体と個人」(『文藝春秋』一九三九年六月)において、「全体主義は更に個人の社会と国家に対する責任を力説するものでなければならない」し、「創造的な政治は個人の独立性と自発性とに位置を与へ得るものでなければならぬ」と述べていた(引用は、『三木全集』(第一四巻)、二七八—二七九頁)。

(62) 朴致祐「일대일과 형식논리」『朴全集』(初出は、『人民評論』一九四六年七月号)参照。

(63) 朴致祐、前掲「동아협동체론의 일성찰」、一六四頁。

(64) 朴致祐は「사상과 육체」(『朝光』一九三七年六月号)において、「転向」の問題を、「思想」から「思想」への転向と「思想」から「肉体」への転向に分けて説明し、特に後者を厳しく批判していた。彼によれば、前者は「論理」の転向であるため「思想」の「揚棄」をもたらすのに対し、後者は思想の「廃棄」にほかならない。「思想」を廃棄したところにあるのが「肉体」である。しかしその「肉体」は、自らが「肉体」であることに自覚的ではない。思想の「揚棄」のための「転向」であったと信じ込んでいるのである。このような朴致祐の「転向」論は、印貞植と金明植のような当時の朝鮮社会における「転向」社会主義者に向けられたものではないだろうか。彼の言う「肉体」への転向は、「思想家」を放棄したことであり、またそれは「理性」の放棄でもあっただろう。だからこそ転向の「論理」が問題なのではなく、「肉体」になった

かどうかがより重要な問題となるのである。

(65) 朴致祐「중얼기」『朴全集』、四五九頁(初出は、『朝鮮日報』一九四〇年八月一〇日付)。

終　章　歴史に佇む──〈躊躇〉の余白

第1節　終わりなき転換期

本書では、戦時期の植民地朝鮮／帝国日本における〈近代の超克〉をめぐる議論を、特に三木清を含む京都学派を中心に展開された東亜協同体論や「世界史の哲学」と、植民地朝鮮の知識人の言説空間がどのように絡み合っていたかに焦点を当て、その共時性に注目しながら横断的に読み解いてきた。

西洋的近代を乗り越えようとする戦時期の近代の超克をめぐる議論は、たんに植民地朝鮮／帝国日本の特殊な歴史的文脈にとどまるものでなしに、新たな世界の秩序への転換を模索しようとした思想的実践として受け止めることができる。その中で提起された問題は、「大東亜戦争」にのみ収斂されうるものではけっしてない。ポストコロニアルを生きるわれわれにとって近代帝国主義への批判が今なお重要であることは言うまでもないだろう。ここで、近代帝国主義を資本主義的な特徴に着目して批判する鈴木成高と、自由主義の思想に着目して批判する高山岩男の声をあえて紹介してみよう。

鈴木　帝国主義はナショナリズムの変質で一民族による他民族の支配隷属といふ面もあるが、根本にはやはり経済的な面がある。即ち資本主義といふものが到達する必然的な段階、といふ風に言はれてゐます。だから、資源と市場といふものが帝国主義の有力なモチーフになつて、資源と市場を求めて欧州外に膨張する。〔…〕然し、もう一つの帝国主義の重要な特徴は、これは経済学者が言つてゐるやうに、資源や市場だけではなく、資本の流出、過剰資本の輸出をする。そこで対外投資とか利潤とかいふことが、帝国主義の段階の固有現象になる。これが十九世紀の帝国主義の特徴だといはれてゐるわけです。(1)

高山　民族自決主義と帝国主義とは一つの同じ根源から出た盾の両面だといふこと、これが近代ヨーロッパの歴史的事実が嘘偽りなく説明してゐる明々白々の事実なんだがね。〔…〕自由・平等といふ思想の論理を一寸考へれば判ることだ。自由ならば当然自由競争自由放任となる。自由競争自由放任となれば当然優勝劣敗・弱肉強食の修羅場となるわけで、その結果はいはずと知れた権力的支配の不平等だ。同じ自由主義の原理から、結果的には相容れないやうな民族自決主義と植民帝国と、抽象的倫理と実力的支配とが出て来る。(2)

このような帝国主義批判を「大東亜戦争」のカモフラージュとして峻拒することはある意味容易かもしれない。実際に彼らの批判はもう一つの帝国主義を匿ったのであり、その歴史的事実から目を背けることはできない。しかし、それと同時に、冷戦構造が崩壊し、世界的に新自由主義の拡大が顕著になっている二一世紀の現在、思想的には彼らの批判は依然として有効であると言える。戦後、竹内好はかの有名な論稿「近代の超克」（一九五九年）の中で、戦時期の近代の超克をめぐる議論が侵略／連帯の「二重構造」をはらんだ「日本近代史のアポリア（難関）の凝縮」であったと捉えるとともに、（過ぎ去った「事実」としてではなく）その「思想」の創造性を回復するためには「もう一度アポリアを課題にすえ直さなければならない」と力説したが、[3] 近代の超克をめぐる議論は、いまや日本近代史のみならず、世界近代史的なアポリアを抱えるものではないだろうか。鈴木貞美は、今日なぜ近代の超克を問うのかについて次のように述べている。

ソ連とソ連圏の崩壊後、国民国家主義と無政府的な資本の展開による政治経済システムも大きな破綻を示し、再検討が迫られている。要するに、ヨーロッパ近代が生んだ価値観から自由になることが学問全体に問われている。そして、それは同時に、これまで「近代」の弊害を乗りこえようとしてきた営みのすべてについても、再検討を迫っている。[4]

近代の転換期という言葉が声高に叫ばれた一九二〇〜三〇年代のヨーロッパでは自由主義的な秩序に対抗するかたちでファシズムやナチズムが擡頭した。そしてその体制を支えていたのが全体主義の思想であった。しかし、ヨーロッパにおける全体主義の歴史をまとめたエンツォ・トラヴェルソが自身の著書の冒頭で的確に指摘しているように、この「全体主義」（totalitarianism）という言葉ほど、いい加減に、つまり意味を曖昧にしたまま広く用いられる言葉もそう多くはない。[5] 日本や韓国においても、全体主義はファシズムの同義語として使用されることも多々あるが、この場合の「全体主義」はただ否定的な意味合いを持つ言葉として、（これもまた曖昧な）「自由主義」（liberalism）のアンチテーゼとして使用されている。戦時期日本の思想状況も、当時の日本的ファシズム体制とセットになって語られがちであり、そのためヨーロッパで登場した全体主義の思想と戦時期日本の思想が同一視されることも多い。[6] しかし、本書で取り上げてきた近代の超克をめぐる議論は、たんなる全体主義の思想ではなく、ヨーロッパの全体主義をも乗り越えようとする構想であった。もしも、京都学派などの近代の超克をめぐる議論を、彼らが「大東亜戦争」を肯定したという歴史的事実においてではなく、思想的に批判しようとするならば、近代の自由主義と帝国主義の共謀、ファシズムやナチズムなどのヨーロッパの全体主義への批判も同時に引き受けなければならない。一九三〇～四〇年代の植民地朝鮮／帝国日本の知識人たちは、こうした〈近代の超克〉の時代的課題に向き合っていた。本書では、戦時期の近代の超克をめぐる議論をたんにファシズムや全体主義のイメージとともに歴史の中に置き去りにしないために、もう一度その現場に戻って確かめる作業を行なってきた。以下、本書の内容をまとめつつ、その中で見えてきたことについて若干の考察を加えておきたい。

第2節 〈開かれたナショナリズム〉の誘惑――「民族」というジレンマ

本書では、三木清などの東亜協同体論や「世界史の哲学」、そして座談会「世界史的立場と日本」グループの「世界史の哲学」について検討してきた。戦時期日本の思想空間におけるこの知識人らの位置づけはそれほど簡単ではない。彼らはいわゆる偏狭な日本主義を唱えた軍国主義やファシズムの思想家ではない。むしろ終戦までに繰り返しそのような極右勢力に攻撃されていた。そもそも、国体論を展開していた日本主義者たちもけっして一枚岩ではなかった。戦時期に近代日本の国体論の内部の対立が顕著になる様相を綿密に分析した昆野伸幸によれば、一九三五年に発生した天皇機関説事件を契機に、その後、「国体」の尊厳性をどこに置くかをめぐって、神代・神勅に依拠するグループと国民の主体的忠の発揮をより重視するグループの対立が端的に現れた(7)。このような状況の中で、一九三九年には右翼の代表的な論者であり、大アジア主義者として知られる大川周明の『日本二千六百年史』が不敬書として批判され、告発される事件が起きた。「国民」の主体性を重視する大川の議論は、本書で取り上げた高山の議論とも近いものである。また三木も、「日支文化関係史」の中で、「日本における国粋主義には、明治以来、日本の固有性を強調するものと、一層広く東洋文化の復興を唱へるものと、二つの方向が存在するが、後の方向即ちいはゆる大アジア主義の主張者には、日支提携して欧米の帝国主義から東亜を解放しその伝統的文化の復興を計らうとする者も多かつた」[8]と述べ、近代初期日本のアジア主義を高く評価していた。強いて言うならば、三木などの京都学派の知識人たちはリベラル革新派だと言えるかもしれない。しかし、こうした区分もかなり曖昧なものでしかなく、いったいどこまでが「日本ファシズム」の思想なのか、それを明らかにすることは困難極まりないと言うほかないだろう。

保守思想を「大東亜戦争」のイメージから解放するために、戦争に導いたのは「革新勢力」であったとする中島岳志の指摘は、この時期の思想的見取り図の核心を突いていると思われる。[9]また、ハルトゥーニアンも「資本主義は、無限の拡張と過剰生産に向かうものであるから、それはつねに蓄積の危機に直面している。その存在条件は、常なる革新であり、その結果、不均等が持続的に生みだされる」と述べ、モダニズムの内なる運動として「革新」を捉えた。[10]戦時期における軍部ファシズムの中心的な勢力と国民の主体性を重視する国体論、リベラルな東亜協同体論や「世界史の哲学」は、それぞれの思想内部にけっして無視することのできない差異を抱えながらも「革新的」な勢力だったのであり、[11]その根底に戦時期日本の歴史主義（historicism）があった。[12]こうした革新的な思想において新たな日本の歴史の建設は東亜と運命をともにするとされていたが、その中でもリベラルの主張は、それが帝国主義批判や「協同」を掲げ、また民族もしくは民族主義を認めていただけに、日本内外の多くの知識人の「協力」を得ることができた。とりわけ植民地朝鮮では、新たな歴史の建設に参画するために進歩的な左派系知識人たちが中心となって東亜協同体論や内鮮一体論に共鳴を示した。[13]そのような自発的な動員を導き出す戦た。

時期のリベラルの思想を、本書ではその内部の偏差に注目しつつも、〈開かれたナショナリズム〉として捉えてきた。

〈開かれたナショナリズム〉の大きな特徴の一つは、三木や「世界史的立場と日本」グループの民族論に端的に表れる。京都学派をはじめとする戦時期日本の知識人たちの民族論において、人種論的な民族観は斥けられ、新たな世界史の「主体」として「民族」が再定立された。そこでは、民族は自然的なものであると同時に、歴史的に作られてゆくもの、つまり作ってゆく主体であることが強調された。民族は固定的で不変的なものではなく、変化するものであるがゆえに、「日本民族」もまた変わりうる。高坂は「民族の哲学」を展開し、「国家的民族」の形成を唱えたが、彼の議論においては作ってゆく主体の「自己限定」により重きが置かれていたのである。韓国の西田哲学研究者の許祐盛は、西田幾多郎の生命哲学から歴史哲学への転回を論及しながら「自己限定」(self-determination) の暴力性について次のように説明している。

一つの生命事件が享有した絶対的自己限定が今や歴史哲学期に移って来た。国民・民族・国家が自己限定(または自己決定)する主体になった。自己限定という言葉が今や強い政治的色合いを帯びることになった。他者による圧迫や束縛を受けずに、一つの独立体として自身の運命を自ら決定するという政治的意味がさらに強調された。

〔…〕概して一つの生存単位に該当する民族や国家の中で生きていく者であれば、誰が政治的意味の自己限定や自己決定を望まないだろうか。しかしながら実際の歴史では強者と弱者の区分があるものである。そのような時、自己限定できる民族がある一方で、力が無く限定される／決定される民族もある。強者の自己限定は単純な自己限定のみにとどまらず弱者を自分式に規定することになり、結果的には弱者の他者性を剝奪することになる。このすべての過程で強者の自己は暴圧の行使者に、他者としての弱者はその対象に転落してしまう。[14]

高坂はこうした西田哲学に影響を受けつつ民族論を展開していた。そこでは、朝鮮民族は「自己限定」が認められず、「国家的民族」としての「日本民族」に吸収されることによって歴史の主体たりうる存在であった。だが高坂は「東亜民族」や「世界民族」には否定的であり、東亜は「国家的民族」の連合体になるべきだと捉えていた。こうした構想を支えていたのは、彼の相対的な民族観である。民族は他の民族との関係において成立するものであり、それゆえ「世界民族」に言及する三木の思想はたんなる抽象的な世界主義として、つまり「近代」への逆行として受け止められていた。

一方、三木は民族という主体の歴史的必然性を認めつつ、「日本民族」から「東亜民族」、「世界民族」へと拡張される新たな世界主義をめざし、東洋の伝統的な儒教文化に着目していた。また、朝鮮民族を一民族であると認めたうえで、「日本民族（国民）」や「東亜民族」に結合されるべき存在として捉えていた。自然的な力としての民族（主義）を認めつつ、民族（主義）を乗り越える結合を唱えた。こうした彼の思想は対峙する他者との緊張感の中で生み出されたものであっただろう。

しかし、三木の〈開かれたナショナリズム〉はその結合の論理があくまでも日本民族の歴史を模範とするものであるという点で限界を持つ。こうした三木の開かれた日本主義は、彼の日本史観に支えられるものであり、それは「東洋的無」を日本文化の中に見出し専有化していた高山の「世界史の哲学」にも共通するものであった。彼らは、日本の歴史的発展に見られる〈同化力〉や〈包容力〉――高山であれば「世界史の意識」――こそが日本民族の主体性を形成するものだと捉えることで、世界史的な主体の構造を日本民族の歴史から抽出していた。「世界史的必然性」を持つ日本民族の発見は、日本民族の発展史構造の拡張を可能にする。東亜の異民族が〝受動〟や〝不動〟にとどまらず、世界史的な〝発展〟を望むなら、日本民族の主体の構造を受け入れなければならない。そうすることによって、日本を中心とした世界史的な建設において、それぞれの民族の自主性に基づく動員が要請されていたのである。

そして、京都学派の〈開かれたナショナリズム〉の日本民族のコード化において象徴的に作用したのが「神話」であった。「八紘一宇」の神話は日本民族の世界史における主導性を確保するための言説装置であった。「八紘一宇」は、けっして偏狭な民族主義に収斂されるものではなく、開かれた日本民族の固有性－世界性を保障する神話／物語であった。

三木はたんなる神秘的なものを斥け、「八紘一宇」の実現ではなくして、「八紘一宇の精神」を活かすかたちで神話を積極的に読み替えていったが、いずれにせよ、このような神話の理念化は、逆説的に、「世界史的必然性」を帯びる日本の主体性の脆弱さを露呈するものでもあったのだろう。民族主義の自然的な力を擁護していた三木でさえ、袋小路に佇んでしまったように、〈開かれたナショナリズム〉は、結局のところどうして朝鮮民族が「日本民族」もしくは「日本国民／臣民」でなければならないのか、というアポリアを、近代化イデオロギーへの信頼が失われてゆく世界的な転換期にあって、神話の中に押し隠すか、回避することでしか遂行できなかった。植民地朝鮮というアポリアを絶えず思考の外部に追いやることによってこそ東亜協同体論や「世界史の哲学」は成立し得たのである。

偏狭なナショナリズムを止揚し乗り越えようとする京都学派の〈開かれたナショナリズム〉は、たとえばデリダがハイデガーの超越論的ナショナリズムの隘路を示しながら摘出してみせたその「円環」の論理――すなわち、「最も根源的なものが最も未来的なものを担うのであり、最も根源的なものがいっそう来たるべきもの(15)」と構造的類似性を持つ。こうしたハイデガーの哲学的ナショナリズムの「捻れ構造」を、藤本一勇は「普遍的なものの名のもとに個別的なものを結集させ、それと同時に普遍的なものの代表・模範として特定の個別性を主張する」ものであると説明した。[16]〈開かれたナショナリズム〉は普遍－個別、根源－未来の円環の構造の中で生み出された存在論的（日本的）ナショナリズムであったと言えよう。

第3節　「抵抗」と「協力」を超えて

本書では、帝国日本の東亜協同体論や「世界史の哲学」と同時に、植民地朝鮮における東亜協同体論や「世界史の哲学」をも検討してきた。一九三〇年代以降、朝鮮内において民族主義・社会主義運動が厳しくなるにつれ、中国やロシアなど朝鮮の外において抵抗ナショナリズムが展開される。こうしたなか、少なくない植民地内部の知識人たちが〈開かれたナショナリズム〉の誘惑に翻弄され、新たな主体の欲望を露わにしてゆく。〈開かれたナショナリズム〉における「民族」の保存は、植民地朝鮮人にとって魅力的なものに映り、彼らはある種の期待を込めて賭けに出た。特に協和的内鮮一体論を唱えた印貞植《インジョンシク》などの知識人たちにとって、〈開かれたナショナリズム〉は民族的特殊性を維持しながら、「差別からの脱出」を成し遂げるための好機に見えた。そのため、彼らは帝国日本の植民地政策に猜疑心を抱きつつ、「協力」を敢行したのである。しかしそれは、〈開かれたナショナリズム〉の磁場に引き込まれてしまう思想行為であったと言わざるを得ない。民族を保存し、民族を超える論理に共鳴する協和的内鮮一体論は、「内鮮一体」を是としながらその間の差異を維持しようとする帝国日本の階層的なナショナリズムに容易に収斂されるものであった。

民族を肯定／否定する〈開かれたナショナリズム〉の円環構造を前にして、従来の民族を軸とする「抵抗」－「協力」の把握は再検討されなければならない。本書では、こうした「抵抗」－「協力」の枠組みからこぼれ落ちる思想実践として植民地朝鮮の批評家たちに注目した。徐寅植《ソインシク》や申南澈《シンナムチョル》、金南天《キムナムチョン》、朴致祐《パクチウ》など、歴史哲学の視座に基づく批評家たちは、「協和的内鮮一体論」や「転向社会主義者」といった修飾語だけでは囲い込むことが困難な植民地知識人である。印貞植などの協和的内鮮一体論者が、終戦が訪れるまで〈開かれたナショナリズム〉に魅了され、「内鮮一体」を唱え続けていたのに対し、右記の歴史哲学を駆使する批評家たちは、新しい歴史の建設を唱える東亜協同体論や「世界史の哲学」に接近するものの、一九四〇年代に入ってからはほとんど絶筆状態に陥った。個人的な偏差があるとはいえ、彼らは〈開かれたナショナリズム〉に順応できず、普遍主義的な歴史の創造を欲望していたのである。

また、こうした彼らの知的営為を、自由主義や社会主義――もしくは民族主義やマルクス主義――といった二分法によって裁断することにも躊躇せざるを得ない。そもそも、近代の超克をめぐる議論それ自体、自由主義や社会主義のどれかに収斂するようなものではなく、むしろそれらを統合し超えようとするものであった。そこでは、「民族」や「国家」でさえ、流動的であり、けっして近代国民国家の枠組みには収まりきらない主張が多く含まれていた。本書で取り上げた植民地朝鮮の批評家たちは、カントからヘーゲル、マルクスとの遭遇を経て、「自由」を完成することが第一の目的であり、それを実現するための政治体は可変的なものとして捉えられていたのではないか。したがって、彼らの政治的態度を明らかにしようとするときに重要なのは、「抵抗」－「協力」を民族の倫理に基づく、対立する価値概念として想定しないことであろう。というよりもむしろ、そうした「抵抗」－「協力」が成立し得ないような臨界点において彼らの思想実践を把握し直す必要がある。

彼らは、たしかに東亜協同体論や「世界史の哲学」に共鳴を示しており、けっして東亜に建設されるべき新たな政治体の創造そのものを否定していたわけではない。もしそれが、彼らが構想していた原理によって具現化されるようなものであったならば、アジア・太平洋戦争期にも「東亜協同体」や「大東亜共栄圏」の構想に関与し続けたであろう。彼らは、同時代の多くの普遍主義的な知識人がそうであったように、西田哲学に学び、弁証法的思考をもって個人と社会が矛盾しない、新たな人間の型を実現するための政治体が何であるべきかを問題にしていたのであり、ゆえに日本の統治権力への「抵抗」や「協力」の位置もそれによって流動的である。つまり、(自然的な)エスニシティやナショナリティなるものが彼らの思想行為をその根底において規定していたわけではない。まさしく彼らは、世界史における新たな秩序の建設をめざす普遍主義的な志向/思考ゆえに、「抵抗」と「協力」のはざまで揺れ動いたのである。われわれがまず目を向けるべきは、こうした思考が非対称的な植民地/帝国の力学のもとで紡ぎ出された、という植民地知識人の実存的な苦悩に満ちた葛藤であろう。

そもそも、彼らの構想(しようとしたもの)は、結局のところ帝国日本の植民地政策のもとでは実現できないものではなかったか。言い換えれば、普遍的な思考を貫く限り、「協力」を行い続けることはできなかったのではないか。なぜなら、それが実現されれば、帝国日本の植民地政策の根拠そのものが崩れてしまうからだ。彼らが求めていたのは平等で自由な「個」から成る「全体」であり、民族間の階層的な秩序を設けながら指導しなければならないとする帝国日本の植民地政策にとっては不都合なものであった。戦時期における金南天の連作小説には、植民地知識人が西田哲学を援用し、〈社会的なもの〉に注目することが民族主義や社会主義として怪しまれ、塞がれてしまう植民地的状況がシニカルに描かれていた。民族主義を超えることは「日本主義」のためでなければならず、それに収まりきらない普遍的な思考は斥けられる。彼らの絶筆が物語るのは、〈近代の超克〉が植民地知識人によって転用され、既存の「民族」や「国家」の範疇を超え出ようとするとき、その動きは封じ込められてしまうというアイロニカルな状況である。

ところで、彼らの構想は解放後の新生朝鮮において継続されてゆく。個人と社会、個と全体の関係への思考は、「東亜」から「新生朝鮮」へと舞台を移して再演されたのである。しかし、その新生朝鮮への夢は解放後の政治的混乱の中であっけなく打ち破かれた。第二次世界大戦後に冷戦構造が深化してゆくなか、南と北にできた異なる強力な民族国家体制においても、彼らの普遍主義的な志向／思考は容易に受け入れられるものではなかった。徐寅植は消息を絶ち、金南天は一九四六年一〇月に起きた米軍政に対する人民抗争後に越北したが、しかし北の体制にも順応できなかった。また、朴致祐は解放後の政治の激動期にあって、朝鮮戦争直前に南の「ファッショ化」を防ぐために行なったパルチザン活動中に亡くなったと伝わる。中南澈だけが、戦時期の普遍主義的な思想を脱色させながら、越北後に体制内のアカデミズムで確固たる位置を築いていったが、彼に残ったのは、硬直な「唯物史観」と強烈な「民族主義」であった。本書では、転換期の歴史意識と思考が解放後にどのように断絶／連続してゆくのかについては詳しく追跡できなかったため、今後の課題としたい。

本書で取り上げた批評家たちが〈曖昧なもの〉たちである理由は、戦時期から解放期にかけての政治的情況にのみ見出されるわけではない。歴史、哲学、文学が細分化されている現在のアカデミズムの中でその境界を自由自在に行き来する彼らの活動は、現代のそれぞれのディシプリンからはこぼれ出てしまう〈曖昧なもの〉たちである。ましてや、彼らの批評は、朝鮮や日本のみならず、中国やアメリカ、ロシアなどといった諸地域の思想状況をもまたがって展開されている。もちろんそれらを網羅することは容易ではない。しかし、それでも、〈曖昧なもの〉たちを歴史の舞台の中心に置くことで見えてくる問題があるとすれば、それはいったい何であろうか。

第4節　方法としての「近代」――〈躊躇〉の余白

本書では戦時期日本の東亜協同体論や「世界史の哲学」において、植民地朝鮮がアポリアとして存在していたことについて考究してきた。帝国日本の大陸への侵略行動による東亜協同体の建設の主張は、必然的に帝国日本内での植民地朝鮮の地位問題を浮上させ、民族問題の解決を要請することになった。こうした状況の中で、一九一〇年の「韓国併合」以後、帝国日本がつねに抱えていた民族的矛盾が端的に露呈した。朝鮮民族はなぜ日本に包摂されなければならないのかについての根本的な問いは終戦まで曖昧にされたまま、神話を媒介とする一体への「復古／発展」と「民度」による指導の必要性のみが強調され続けたのである。

しかし、一方で、東亜協同体論や「世界史の哲学」は植民地知識人に彼らの境遇を改善できるという期待を持たせ、帝国的主体への欲望を掻き立てた。多くの知識人たちが、日本国民もしくは臣民になることで世界史的な建設事業に参画し、朝鮮人の地位向上を企図したのである。帝国日本の魅力的な議論は、「近代」(自由主義)と「現代」(全体主義)を弁証法的に統合し、新たな時代へと導こうとするものであった。その中で、抽象的な自由主義と偏狭な全体主義をともに超える「新しい全体主義」なるものが唱えられてゆく。本書で取り上げた知識人たちも、このような「新しい全体主義」の構想に共鳴し、植民地朝鮮においてその問題意識を受け継ぎながら近代の超克をめぐる議論を展開していた。

だが、彼らの議論は、たんなる複製として受け止められるべきものではない。近代の超克を唱える戦時期の多くの日本知識人たちにとって――その思想内容に偏差があるにもかかわらず――近代の自由主義・合理主義は乗り越えるべき対象であった。彼らは「東洋」を主張しながら内なる「西洋」を押し隠し、止揚されるべきものとして捉えようとしたのである。この点について、たとえば、酒井直樹が高山らの「世界史の哲学」を分析する中で行なった次のような指摘は示唆的である。

おそらく「世界史の哲学」の哲学者たちは、日本は西洋の外にあるのではないという事実に対して決定的に盲目であった。その特殊主義においてさえ、日本は遍在する西洋にすでに組み込まれており、歴史的にも地政学的な意味においても日本を西洋の外部とみなすことはできないのである。[17]

戦時期日本において近代の超克をめぐる言説を生産していた人びとが「西洋」の外部として日本を捉えていたのに対し、第3章で確認したように、徐寅植はわれわれの内に「西洋」を見出し、「肉体の故郷」と「精神の故郷」の間で悩みもがいていた。植民地知識人は、近代の超克の問題を共有しつつも、〈合理的なもの〉を簡単には放棄できなかったのである。もちろん本書で取り上げた日本知識人も〈合理的なもの〉をたんに否定していたわけではない。[18]特に最後まで「国体」や「神話」などについて緊張感を緩めなかった三木の場合、合理主義と非合理主義の両者の問題点――合理主義の非合理性および非合理主義の合理性――を析出しつつ、[19]それらの弁証法的な統一をめざした。だが、「神話的意識は歴史的意識といふものの重要な要素をなしてゐる」[20]と彼が述べるように、歴史的行為の始まりにおいて、パトス的なもの・主体的なもの・行為的なものの根源に〈非合理的なもの〉を見出し保持していたのである。

一方で、植民地知識人たちも京都学派の弁証法的思考――東洋と西洋の弁証法的統一、三木らの主体論、歴史哲学など――に大きな影響を受けていたが、中でも徐寅植と朴致祐は、一九三〇年代後半以降、「内鮮一体」を振りかざす植民地政策が強まってゆくなか、〈非合理的なもの〉を斥け、〈合理的なもの〉を堅持しようとする思想的態度に立ち回ろうとし、黙り込んでしまった（申南澈や金南天も自由な批評活動はできなくなった）。徐寅植は戦時期日本の近代の超克をめぐる議論に共鳴しつつ、西洋的な知の重要性を唱え続けた。一方、朴致祐の議論に限っては、そもそも東洋の陰はほとんど見えない。彼にとっては近世の西洋と古代の東洋を比較し、東洋の特殊性を論じること自体がアナクロニズムであった。[21] 朴致祐はマルクスの唯物論的弁証法にこだわり、西田幾多郎や田辺元などの京都学派の絶対弁証法を評価しながらも「東洋的」、「日本的」であると斥けていた。[22] あくまでも弁証法を、理念存在の形式論理や非合理性の論理とは区別される現実存在の論理として把握しようとしたのである。彼にとって弁証法は矛盾を媒介する「否定の論理」であり、「闘争＝和合」の論理でなければならなかった。[23] こうした弁証法の捉え方は、たとえば、マルクスを経由し、アドルノの「否定弁証法」に接続するようなものである。テオドール・W・アドルノは主著『否定弁証法』の中で次のように述べている。

弁証法とは首尾一貫した非同一性の意識である。弁証法とは、あらかじめ一つの立場をとるものではない。思想を弁証法へ駆り立てるのは、思想の不可逆的な不十分さであり、その思想が思考している対象に負う負い目である。〔…〕矛盾とは、非同一的なものをも触発するような法則の呪縛のうちにある非同一性である。[24]

しかし朴致祐はアドルノのように弁証法の哲学を体系化することはなかった。彼だけではなく、本書で取り上げた植民地朝鮮の歴史哲学者たちは京都学派のように体系的な哲学を遺してはいない。歴史の進行はそれを許さなかった。したがって、思想内容において彼らを過大評価することはできない。しかし、それでもなお、彼らの批評が歴史的に光を当てられるべきものであるとすれば、それは植民地知識人という実存的な不安から発せられる思想的態度においてではないだろうか。[25] 彼らは近代の合理主義を手放さず、「近代」を志向しながら近代の自由主義を超えようとした。朴致祐の議論に顕著であるが、それは「近代の超克」というよりも「近代の完成」による克服、つまり「近代の内破」とでも言うべきものであった。この「近代の内破」は、近代の形式論理を斥け、「所ヲ得シムル」ことで不平等な自由を容認するものではなく、あくまでも近代の形式論理によって成立する「個人」の平等な自由の実現をめざすという、ユートピアに近い理念である。彼は「自由」を「〜からの自由」と「〜への自由」に分けて捉え、「近代」は中世の封建社会からの市民社会の自由であったが、今度はそれを積極的な「自己完成への自由」に転換しなければならないと唱えていた。彼にとってそれは、「完成された自由」、「弁証法的な自由」にほかならなかった。[26]

植民地朝鮮の批評家たちが〈合理的なもの〉にこだわったからといって、彼らをたんなる合理主義者として評価することはできない。彼らの合理主義は意識的に選び取られた思想行動の痕跡であった。彼らがこうした思想的態度を固守しようとしたのは、植民地近代の経験、すなわち「近代」の意識を保持しながらも、その恩恵を受けていない植民地知識人ゆえの屈折した歴史意識の表れではないだろうか。植民地においては近代の超克はおろか、「近代」もまだ実現されていないのである。しかし、こうした近代への執着は、まさにそれが原理的に「近代の完成」を強く希求するがゆえに、〈まやかしの近代化〉——近代化の指標とされる植民地期の政治経済的・社会的なインフラの整備が、すべての人びとによって享受されていたわけではなく、民族的・地域的・階層的・ジェンダー的に限定され、差別・分断をその内部に増幅させていたこと——をもって誘惑する帝国日本の植民地政策に惑わされず、また「民族」を主体とする近代の超克をめぐる議論にも一定の距離を保つ、〈躊躇〉の姿勢をとることができたのではないだろうか。なぜなら、彼らの普遍主義的な近代主義は、あくまでも独立した「個（人）」の自由と平等を求めるものであるからだ。このように「近代の完成」を志向することは、近代化の矛盾をも解消しようとするものであり、また民族という主体に収斂されるようなものでもない。次に引用する、朴致祐の目に映った近代化されてゆく漁港の「沙工」（船頭）たちは、近代化の恩恵を受けていない被支配民の「朝鮮人」であった。

厚浦は今後も日に日に繁昌するだろう。しかし漁港厚浦の繁栄が必ずしもフリポ〔原文：후리포〕のオオリ〔原文：어얼이〕（沙工）の繁栄を約束してくれるとは誰も断言できないだろう。豪華な近代式の埠頭の向こうの山の斜面に集まっているカニの甲羅のように見えるここの漁民たちのみすぼらしい風景を眺めながら私は心を空しくして一人で考えにふけるのである。(27)

引用部は、『朝鮮日報』の記者として朴が当時江原道の蔚珍《ウルジン》に位置する厚浦を訪れたときの様子を綴った連載記事の最後の一節である。ここで朴致祐は、近代化されてゆく厚浦を、昔からこの地域で言われてきた「후리포《フリポ》」という朝鮮語の俗称に置き換え、朝鮮人の「みすぼらしい」生活を対照的に浮き上がらせている。だが、彼の目に映っている朝鮮人はそのまま「朝鮮民族」に転換されるような存在ではない。彼らは、まやかしの近代化による繁栄とは無縁の「漁民（어얼이）」である。朴の「近代の完成」は、あくまでも近代の合理主義によってもたらされた自由なる個人の平等の原則と現実の間の矛盾を克服しようとするものであり、このような「オオリ（어얼이）」たちにも「近代」の形式的な平等を展延することであったのである。

さらに、植民地朝鮮の批評家たちが普遍的な合理主義に固執したのは、「批判」（critique）の可能性が失われることへの根本的な不安があったからではないだろうか。彼らにとって〈合理的なもの〉はつねに批判を可能にする科学的な思考と結びついていた。徐寅植や朴致祐の思想実践に端的に表れているように、彼らは非合理性の原理が歴史を専有しようとすることから〈合理的なもの〉の奪還を主張した。血までも一体になることがうたわれていた植民地朝鮮の批評家たちにとって、「批判」は帝国日本の遂行する世界史的な建設に対して〈躊躇〉できる最後の砦だったのではないか。「大東亜共栄圏」の建設への創造的な「行為」が宣揚されればされるほど、批評的思考による躊躇はそれを妨げるものとして排除されてゆく。徐寅植が絶筆の前に「構想」「行為」――まさに戦時期の三木哲学を代表する語であるが――の中に「批判」が埋もれてしまうことを嘆いていたのも、朴致祐が非合理性の原理が「批判を超越する」とおそれていたのも、植民地知識人のこうした危機感を内包した呻き声ではなかったのか。いまにも消えてしまいそうなその声のかけらに耳を傾けることを端緒として思考を紡ぎなおすことが今なお「近代」を生きるわれわれに求められているのではないだろうか。

註

(1) 前掲座談会「東亜共栄圏の倫理性と歴史性」、一三二―一三三頁。
(2) 前掲座談会「総力戦の哲学」、八二頁。
(3) 竹内好、前掲「近代の超克」、二二五―二二七頁。
(4) 鈴木貞美「「近代の超克」思想と「大東亜共栄圏」構想をめぐって」前掲『「近代の超克」と京都学派――近代性・帝国・普遍性』、一八三頁。
(5) エンツォ・トラヴェルソ、前掲『全体主義』、七頁。
(6) かつて中村菊男は『天皇制ファシズム論』(原書房、一九六七年、一五頁)においてこのような問題を指摘し、日本のファシズムがヨーロッパや中南米で見られるものとは内容が違うことから、「体制としての思想」、「運動としてのファシズム」、「思想としてのファシズム」をまずは分けて考えるべきだと指摘した。また、山口定は『ファシズム』(岩波現代文庫、二〇〇六年)において、ファシズム運動、思想、体制の比較検討を行なった。そこでは、イタリアの「国家」、ドイツの「民族共同体」の思想にあたるものが、日本では「国体」の観念であったと説明されている(一五八頁)。

（7）昆野伸幸『増補改訂　近代日本の国体論――〈皇国史観〉再考』ぺりかん社、二〇一九年、一〇頁。

（8）三木、前掲「日支文化関係史」、一四六頁。

（9）中島岳志『保守と大東亜戦争』集英社新書、二〇一八年参照。中島は同書の中で、戦後日本における保守論壇の中心にいた竹山道雄の論を紹介しながら、戦時期日本の「超国家主義や軍国主義の担い手は、ファッショ化した革新主義者であった」（四七頁）と述べている。中島によれば、竹山は、「超国家主義者とマルクス主義者を同根の存在とみなし、両者が共有する革新イデオロギーを批判し」ていた（四六頁）。

（10）ハリー・ハルトゥーニアン『近代による超克――戦間期日本の歴史・文化・共同体　上巻』梅森直之訳、岩波書店、二〇〇七年、二二頁。

（11）この点について、たとえば伊藤隆が『大政翼賛会への道――近衛新体制』（講談社学術文庫、二〇一五年）において、大正中期以降の日本の諸政治集団を理解するために、「進歩（欧化）‐復古（反動）」という既存の座標軸に、明治維新以来の体制全体を「改造」・「革命」・「革新」しようとする政治動向とそれに対立する穏健派を表す「革新（破壊）‐漸進（現状維持）」の軸を加え、満洲事変以後、「復古‐革新」派が膨張していったと捉えていることは示唆的である。二・二六事件や日中戦争勃発後に、この「復古‐革新」派は「復古」派と「革新」派が対立しながら、同時に「復古‐革新」派と「現状維持」派の対立が続いていたと説明している（二三―二四頁）。

（12）歴史主義批判で知られる哲学者、カール・ポパーは、『歴史主義の貧困』（岩坂彰訳、日経BP、二〇一三年）の中で「歴史主義」（historicism）を「社会科学に対する一つのアプローチ」であるとしながら次のように定義している。「そのアプローチは、自らの主たる目的は歴史的予測であると考え、その目的は歴史の進化の基に存在する「リズム」または「パターン」、「法則」または「トレンド」を発見することにより達成できると想定している」（二〇頁）。またポパーは、このような歴史主義は、「能動的」（アクティブ）であることに使命感を抱く人々の目に魅力的に映る」（二九頁）と説明している。戦時期における植民地朝鮮／帝国日本の、いわゆる「革新的」知識人たちが東亜協同体論や「世界史の哲学」を唱えていたことの背景にも、ポパーの言うところの「能動性」（アクティビティ）なるものを認めることができるだろう。ちなみにポパーは、未来の歴史の筋道を予測することは論理的に不可能であるという立場から歴史主義を批判しつつ、一方で、だからといって「科学」を放棄するのではなく、多様な「目的」、すなわち「「全体として」の社会に関わる理想」に対して、「継続的に改善可能な細かい調整、再調整を積み重ねていくこと」が重要であることを説く。彼はこうした仕事を担うのが「ピースミール社会工学」であるとしている（一一八―一一九頁）。

(13) 本書では戦時期朝鮮の思想状況について、いわゆる左派系知識人たちに焦点を合わせて検討してきたが、東亜協同体論と連動していた内鮮一体論などに関与していたのは左派系知識人たちだけではない。尹致昊や李光洙などの民族主義者たちの思想についての検討は今後の課題としたい。

(14) 許祐盛『西田哲学研究――近代日本の二つの顔』小石淑夫訳、岩波書店、二〇二二年、三一九―三二〇頁。

(15) ジャック・デリダ『哲学のナショナリズム――性、人種、ヒューマニティ』藤本一勇訳、岩波書店、二〇二一年、一六四頁。

(16) 藤本一勇「解題――ゲシュレヒトの余白に」、同右『哲学のナショナリズム――性、人種、ヒューマニティ』、二八八頁。

(17) 酒井直樹「近代の批判：中絶した投企――日本の一九三〇年代」『死産される日本語・日本人――「日本」の歴史‐地政的配置』新曜社、一九九六年、三七頁。

(18) この点について、植民地朝鮮の左派知識人と戦前期日本の講座派マルクス主義者などの議論を比較検討する必要があるが、本書ではほとんど言及できなかったため、今後の課題としたい。ちなみに、本書で取り上げた知識人たちの中で、特に申南澈は平野義太郎や秋沢修二などの議論を多く参照していることが確認できる。また一九三〇年代のアジア社会論の文脈で印貞植や平野義太郎などの経済論を検討している論文集もすでに刊行されている（たとえば、石井知章・米谷匡史・小林英夫編著『一九三〇年代のアジア社会論――「東亜協同体」論を中心とする言説空間の諸相』社会評論社、二〇一〇年に収録されている盛田良治「平野義太郎とマルクス社会科学のアジア社会論――「アジア的」と「共同体」の狭間で」や洪宗郁「転向から考える植民地・近代・アジア――解放前後における印貞植の実践を中心に」など）。たとえば、盛田によれば、戦時期における平野義太郎の議論では、それまで「専制と停滞」とされてきたアジア社会が「共同体社会」として位置づけられており、またその際に「日本社会の先進性」は当然の前提とされた（二二四―二二五頁）。こうした論理によって「大東亜共栄圏」の建設事業が肯定されていたのである。このような傾向は秋山修二の議論や、京城帝国大学で教鞭を取った森谷克己の議論（『東洋的生活圏』育生社弘道閣、一九四二年など）などにも同様に見られる。

（19）三木清「非合理主義的傾向について」『三木全集』（第一〇巻）を参照（初出は、『改造』一九三五年九月）。

（20）三木清「歴史的意識と神話的意識」『三木全集』（第一〇巻）、三二五頁（初出は、『心境』一九三四年二月）。

（21）前掲座談会「평단 삼인 정담회——문화문제 종횡관」、五一七頁。

（22）朴致祐、前掲「전체주의의 논리적 기초」、一八八頁。

（23）同右、一八七頁。

（24）テオドール・W・アドルノ『否定弁証法』木田元ほか訳、作品社、一九九六年、一一―一二頁。朴致祐の哲学的実践は、アドルノの「否定弁証法（negative Dialektik）」を想起させる。アドルノは主著『否定弁証法』（一九六六年刊）において、ヘーゲル哲学の「同一性の弁証法」（「否定の否定」を核心とする肯定的な否定性の弁証法）を批判しつつ、「非同一性」の弁証法、つまり事象と概念のあいだの「矛盾」にもとづく「否定弁証法」を唱えた。朴致祐の「弁証法的な全体主義」において見られる哲学的思考は、それらが（非合理的な）「全体主義」の「否定」を通して「同一性」（統合）を志向するという点で「肯定性の弁証法」のように捉えられるかもしれない。しかし、彼の思想的実践は「全体主義」における「矛盾」の把握にこそ重点があり、そうした「矛盾」を解消しようとするものではなかった。つまりそれは、「非同一性」を保持したまま、「同一性」をめざすものであったと言える。ちなみに朴致祐は、解放直後に発表した「전체주의와 민주주의——신생조선의 민주주의를 위하여」において、「弁証法」が戦時期の「全体主義」や解放後に新たな価値理念として浮上した「民主主義」の基本論理として採用されない理由を、それが「矛盾」を生命とする論理、すなわち「甲は非甲ではないと同時に非甲であり得る」論理であるからと述べたうえで、そうした否定の弁証法に基づく「勤労人民民主主義」を唱えていた（『朴全集』、一九八頁、初出は『民衆朝鮮』一九四五年一一月号）。

（25）この点について、〈植民地／近代の超克〉研究会企画、洪宗郁編、前掲『식민지 지식인의 근대 초극론』の第四章の「補論」を書いた金杭の次のような指摘は示唆的である。「問題は〔植民地朝鮮の知識人たちの〕言説それ自体ではなく、言説を作り出した知識人の実存的な苦悩ではないだろうか」（四五九頁）。

（26）朴致祐、前掲「시민적 자유주의」、一三三、一三七―一三八頁。

(27) 朴致祐「산으로 바다로 이일경양특급(競涼特急)해반(海班)제삼참(第三站)후포(厚浦)四」『朝鮮日報』一九三八年七月二七日付。

あとがき

韓国でごく平凡な、いわゆる大学の「休学生」だった私が、初めての海外旅行で日本を回った後、何かに魅了され、大きなスーツケースを二つ抱えて新宿駅西口に降り立ったのは、二〇〇六年一月だった。それまでの社会的関係から物理的に自由になり、外国人という「制限」のもと、新しい生活が始まった。日本語学校でひらがなから日本語を学びなおす傍ら、飲食店のキッチンアルバイトをして生活費を賄っていた。今でこそ思うが、学びを通してこの世界への理解を深めようともがいてきた時間は、このときに「外国人」として世界との関係を結びなおしながら経験した、「国家」や「民族（われわれ）」に対する異和感を対自化する過程だったのではないか。それは日本語によって、新たな世界の「言語」を紡ぎだすための道程でもあったように思える。そして、その足掻きは、もちろん現在も進行中である。

「国際共生社会課程」という魅力的な言葉にひかれ、韓国の大学を退学することを決心し、国際色豊かな歴史ある港町で二度目の大学生活を送ることになった。大学では自然と、日本と韓国の間で生を営む自分の足元から物事を考えたいと思うようになった。どうしたら「共生」を実現できるか。この途方もない難題に向き合おうとすればするほど、その前にはだかる自身の無知に直面しなければならなかった。大学院に進んでからは、けっして機敏でなく、臆病な性格もあったからだと思うが、「共生」のための思想の問題に関心がシフトしていった。考えを重ねてゆくうちに、韓国と日本が共有する「植民地主義」をめぐる歴史から目をそらすことができなくなった。

私が大学生活を送っていた二〇〇〇年代後半は、日本ではいわゆる国民国家論やポストコロニアリズム、カルチュラルスタディーズといった新たな研究の視座がすでに知的市民権を得ており、関連研究も豊富に蓄積されていた。韓国でも一九九〇年代以降の民族主義批判の潮流が続くなか、植民地近代（性）論の議論が盛んだった。故・西川長夫先生や林志弦先生などによる、「国民国家」と（新）植民地主義の議論や、日本の民族的ナショナリズムと韓国の民族主義の「敵対的な共犯関係」、内なるファシズムに関する議論に邂逅したときの知的衝撃はあまりにも大きく、マジョリティとしての自身の内なる暴力性への自覚と反省を駆り立てられるとともに、マイノリティとしての自らの苦しさに対する、ある種の「解放感」をさえ抱かせてくれた。この知的興奮の体験は、今でも自分の発する言（文）動の背後にある「私」の存在を対象化し省みようとする意識につながっている。ときにそれは世界への介入に対する躊躇いとしてあらわれ、俊敏に立ち回れない。本書で取り上げた、植民地支配下の抑圧状況の中でうずくまり口ごもってしまった朝鮮の批評家たちの〈躊躇〉に引っかかり、穿鑿しようと思いなしたのは、彼らがつねに自身の言葉に対して意識せざるをえない、つまり存在論的な問いの場所へ還されてしまう状況にあったと感取したからかもしれない。

大学院時代は、ポストモダン思想の影響のもとで進展してきた国民国家論や言語論的転回、民族主義批判や植民地近代（性）論の知的潮流に対する批判的議論を吟味する機会も多くあった。学部生のとき、ある中学校で「異文化体験」の授業を担当したことがある。授業は楽しかったが、留学生として「韓国人」の代表を演じなければならない状況に少し苛立ちを覚えていた。「国家」「国民」「民族」の本質主義的な側面を相対化することは、その壁を越えた新たな関係性の構築に有効的である。しかし、マジョリティとマイノリティ間の、しかもマジョリティ側からの「壁壊し」の要請は、ときに、現に行われている差別構造を不可視化し、マジョリティの享受する権利がマイノリティの排除の上に成り立っていることへの意識化を回避してしまう。日本の生活が長くなるにつれて、(外見では「見分け」がつかないため)「外国人」として判断されることも少なくなった。だが、それは私のエスニシティやナショナリティが消えたわけではないし、(在留資格の変更や「社会的移動」はあったが)外国人であるがゆえの「制限」がなくなったわけでもない。

西田幾多郎の歴史哲学に言及するまでもなく、人は、作られたものであり、また作るものである。エスニシティやナショナリティの透明な人間は存在しない。「自然的なもの」としての「民族的なもの」は、われわれの行動様式や思考法に何らかの影響を与えている。民族主義批判が「民族の否定」につながらず、民族主義にも旋回しない。その先に編みだされるべきものは何か。継続する植民地主義に真摯に向き合うための社会的・思想的課題を抱える現代のわれわれと、非対称的な権力構造の中で「自然的なもの」と「作為的なもの」の間で思考し、「近代」や「近代の超克」、「民族(主義)」の間で思い悩む植民地朝鮮の批評家たちの姿が重なって見えてきたのが、博士論文に取りかかる出発点であった。

浅学非才で弱気な私がなんとか勉強を続け、その成果を本書の出版という形にできたのは、ひとえに周りの方々の励ましやご助力があったからである。

横浜国立大学教育人間科学部国際共生社会課程では、リベラルアーツを重視する風土の中で、多文化共生のための問題意識を深めながらさまざまなレンズを通してこの世界へのアプローチの方法にふれることができた。特に二年生から四年生までの間に参加したゼミは、私の知的好奇心の原点であり、先生方にここで改めて感謝申し上げたい。

朝鮮経済史をご専門とする故・須川英徳先生(元・放送大学)は、いつも温かく韓国からの留学生である私を応援してくださった。大学に入って間もない時期に先生の授業で「韓国の人びとと北朝鮮の人びとは同じ民族ですか？」という問いを出されたとき、韓国で教育を受けてきた私には非常に衝撃的で、頭の中が真っ白になったことを覚えている。「民族」とは何かについて初めて考えをめぐらした瞬間であり、常識を疑うというアカデミックな思考の楽しさにふれることができた。いつも私の拙いアイデアを「面白い」と笑顔でほめてくださった先生に、就職せずに日本で大学院に行くとご報告したとき、とても喜んでくださったことはその後研究を続けてゆく自信につながった。去年先生がお亡くなりになり、本書を届けることができなくなったことが何よりも心残りである。

近現代日本史がご専門の加藤千香子先生のゼミでは、日本社会のマイノリティ問題や国民国家論について知見を深める機会を得た。大学一年生のときに先生がご担当になったオムニバス式の授業で、日立闘争の当事者である朴鐘碩さんと崔勝久さんに出会ったことは、「韓国人」としての自分の立ち位置を振り返ることになり、日立闘争をめぐる日本・韓国・「在日」のメディア言説を比較検討する学部の卒業論文にもつながった。また、先生のご紹介で生前の西川長夫先生とお話ができたのは、私のアカデミア人生においてかけがえのない経験となった。加藤先生は卒業論文を執筆するときに快く研究室を使わせてくださり、また、先生と一緒に在日韓人歴史資料館、朝鮮学校、教科書問題関連集会などに赴いたことは、「歴史」の勉強が社会とつねに関わる行為であることを実感できた。

国際社会学がご専門の小ヶ谷千穂先生（現・フェリス女学院大学）のゼミでは、フレンドリーな先生のもと、いつもみんなで楽しく勉強していた。特に私は社会学の理論を学ぶことに興味があったが、ゼミでの議論を通じて、グローバルな資本主義体制下のさまざまな問題を知り、大学という場で本を読んでいる「私」のポジショナリティについて考えさせられた。先生が担当されていた授業でサイードの『知識人とは何か』、スピヴァクの『サバルタンは語ることができるか』についてレポート課題が出されたが、大学二年生の私はまったく歯が立たなかった。

だが、「知識人」を、一見結びつかない亡命者やアマチュアとしてとらえるサイードの議論などは強烈に印象に残り、その後も私なりにかみしめてきたように思う。また、先生の引率でフィリピンのスタディツアーに参加したことで現地の方々と交流しながら勉強できたことは、今でも大切な思い出である。その後も個人的に何度も赴き、フィリピンとの縁は続いている。

アメリカ史がご専門の松原宏之先生（現・立教大学）のゼミが、私の主ゼミであった。アメリカ史のみならず、アメリカと日本、東アジアの関係について勉強しつつ、「歴史」や「歴史学」とは何か、という根本的な問いに立ち返って考えることができた。特に、ゼミでの学習がなければ、日常的なもの・文化的なものの政治性にあまり気づくことができなかったのではないかと思う。ときにゼミは四、五時間続くこともあり、いつもヘトヘトだったが、先生が問いかけ続けてくださり、また拙い議論を辛抱強く待ってくださったおかげで、自分で考えを導いてゆく充足感に満ちていた。卒業論文や大学院入試を準備しながらもさまざまなご指導をいただいた。松原ゼミでは、休みの時間にもゼミ生同士が自販機の前で雑談のように議論を続けていた。もしかれらとのそのような愉快な学問の時間がなければ、私は大学院に進まなかったかもしれない。

修士課程、博士後期課程を過ごした東京大学大学院総合文化研究科では、学問横断的なカルチャーのなか、多くの方々に出会い、助けていただいた。まず、近現代日本史・朝鮮史がご専門の外村大先生は、大学院時代から博士論文提出後に同大学韓国学研究センターで特任研究員・特任助教を務めていた時期まで、約一〇年間たいへんお世話になった。大学院進学後に初めて先生と面談したとき、「いろんなところに出向いて、吸収していってください」という主旨の言葉をかけていただき、駒場だけでなく、学外にもあっちこっち奔走しながら文学、哲学、社会学などを勉強した。先生のゼミでは、歴史学の基本となる史資料に真摯に向き合うこと、また、史料を読むことの楽しさを学んだ。学問的興味が多方面に広がりがちな私が自由に勉強できるように、先生はいつも見守ってくださった。

博士論文の副査を務めてくださった近代朝鮮文化史がご専門の三ツ井崇先生のゼミには修士課程以来長く参加させていただいた。授業では近代朝鮮史の知識を得るのみならず、「近代朝鮮史」をめぐるマクロな議論について学び議論を重ねた。ゼミには学内外から朝鮮関連の研究者が集まっていたので、先生のご提案で、「駒場朝鮮学研究会」なるものも立ち上がり、韓国・朝鮮学関連の研究者たちと交流することができた。そのときの縁は今でも研究を通じて続いている。特に授業後に始まる「六限」と呼ばれていた懇親会はいつも夜遅くまで続き、授業とはまた違った「本音」のトークで盛り上がっていた。

同じく、東京大学の月脚達彦先生（近代日朝思想史）、山口輝臣先生（近代日本思想史）も副査を務めてくださった。まとまりが悪く、拡散しがちな私の議論について、月脚先生からは植民地朝鮮と「近代」の問題に関する有意義なご質問・コメントをいただいた。まだ自分の中でうまく答えがみつかっているわけではないが、本書をまとめるとき、つねに意識していた「植民地」と「近代（性）」の絡まりあいの様相について、本書がすこしでも今後の議論につながるような知見を提示できたなら、幸いである。山口先生からは、日本知識人と朝鮮知識人を同時に扱うことの難しさについてご指摘をいただいた。非対称的な構造を意識しつつ、それぞれの内部の差異を検討することで、帝国日本の思想史的構造を立体的にとらえようとした当初の目標が、本書でうまくできたとはけっしていえない。今後も立ち返るべき問いの原点としたい。

また、私が博士論文を執筆するさいに最もよく読んでいた先行研究の一つは、米谷匡史先生（東京外国語大学）の研究である。先生は、ほとんど面識がなかった私の博士論文の副査を快く受けてくださった。序章でも言及したが、本書の内容は、戦時期日本の知識人たちの議論をアジアに開いてゆくという先生の問題意識を引継ぎ、植民地朝鮮からとらえ返そうと試みた、私なりの実践であった。

さらに、博士論文を構想し取り組むうえで、たいへんお世話になった二つの場を特記しておきたい。戦後日本の朝鮮史研究を牽引してきた朝鮮史研究会では、何度も研究発表の機会を得て、植民地期朝鮮の状況について歴史学的な観点から厳格なご助言をいただいた。また、渡辺直紀先生（武蔵大学）主催の「人文評論研究会」には博士課程に進学してから参加させていただいている。月に一度集まって韓国・朝鮮文学について勉強する、おそらく日本で唯一の関連研究会ではないかと思われる。博士論文を執筆しようとしていた頃は植民地期の雑誌『朝光』をみんなで読んでいた。研究会での議論を通じて、戦時期植民地朝鮮の歴史的状況、文学活動の様子について知識を深めることができた。また、何よりも文学作品を読むことの楽しさを覚えることができた。研究会では、雑誌の輪読以外に、渡辺先生の国内外の幅広いネットワークによって、世界中のさまざまな朝鮮文学研究者たちと交流を持つ機会を得た。渡辺先生をはじめ、会の中心メンバーの先生方にこの場を借りて深くお礼を申し上げたい。

他にも、日本や韓国、アメリカなどで、学部、大学院時代の授業（ゼミ）、読書会、研究会、学会を通じてご一緒に勉強させていただいた先生方、そして先輩、後輩、同輩の方々、さまざまな機会に知的刺激を与えてくださった方々、一人ひとり言及することはできないが、心より感謝の気持ちをお伝えしたい。

本書は、第一〇回法政大学出版局学術図書刊行助成を受けた。未熟な論を世に発信してもよいと判断してくださった関係者の方々、また、原稿の作成がなかなか進まず、ご迷惑をかけるなか、細部までご丁寧にチェックしてくださった編集者の赤羽健さんに感謝申し上げたい。

最後に、韓国と日本の家族に心からの感謝を述べたい。

海外でいつまでも学生生活を送っている息子を黙々と応援してくださった韓国の両親、いつも韓国の「エージェント」としてめんどうな頼み事を引き受けてくれる兄家族、かれらの支えがなければ、日本でここまで長く留学生活を続けることはできなかった。

また、長い留学生活の中で、日本にも安息できる場所ができた。家にいつも果物が置いてあるという風景は、来日してから私になじみのないものであった。日本のお母さんの全面的なサポートなしでは博士論文は書けなかったと思う。また、ときに鬱々と暗闇に打ち沈んでゆく私を光の世界に引っ張り出してくれる麗ちゃんには感謝してもしきれない。彼女の不思議なハッピーパワーがあったからこそ、原稿に向き合い続けることができた。この本の議論のほとんどは、彼女との数多な対話の産物であることを最後に記しておきたい。

二〇二四年七月一四日　千葉の自宅にて

閔東曄

閔東曄（민동엽／ミン・ドンヨプ）

韓国ソウルで生まれ，のちに京畿道で暮らす。2006年に来日し，2012年に横浜国立大学教育人間科学部国際共生社会課程卒業。2021年に東京大学大学院総合文化研究科地域文化研究専攻博士後期課程修了。博士（学術）。東京大学大学院総合文化研究科グローバル地域研究機構韓国学研究センター特任研究員・特任助教，東北学院大学教養教育センター助教を経て，2024年4月より都留文科大学教養学部比較文化学科准教授。専攻は，韓国・朝鮮地域を中心とした近現代東アジア思想・文化史，日韓関係，ポストコロニアル研究。

植民地朝鮮と〈近代の超克〉
戦時期帝国日本の思想史的一断面

2024年9月24日　初版第1刷発行

著　者　閔東曄
発行所　一般財団法人　法政大学出版局
〒102-0071 東京都千代田区富士見2-17-1
電話 03(5214)5540　振替 00160-6-95814
組版：HUP　印刷：三和印刷　製本：誠製本

ISBN 978-4-588-15139-2

人名索引

あ行

か行

さ行

た行

な行

は行

ま行

や行

ら行

わ行

事項索引

あ行

か行

さ行

た行

な行

は行

ま行

ら行

参考文献

1　日本語文献（五十音順）

①一次資料・資料集・著作集等

◉新聞および雑誌

『改造』『学叢』『饗宴』『響流』『国民新報』『思想』『心境』『新国策』『大同学院論叢』『知性』『中央公論』『東亜連盟』『東洋之光』『東大陸』『文學界』『文藝』『文藝春秋』『讀賣新聞』『理想』など

◉資料集・著作集等

『高坂正顕著作集』（全 8 巻），学術出版会，2011 年

『高山岩男著作集』（全 6 巻），玉川大学出版部，2007〜2009 年

『西田幾多郎全集』（全 19 巻），岩波書店，1947〜1989 年

『三木清全集』（全 19 巻），岩波書店，1966〜1968 年

高山岩男著，花沢秀文編『世界史の哲学』こぶし書房，2001 年

田辺元著，藤田正勝編『田辺哲学選』（Ⅰ〜Ⅵ），岩波文庫，2010 年

津田左右吉著，今井修編『津田左右吉歴史論集』岩波文庫，2006 年

内閣制度百年史編纂委員会編『内閣制度百年史　上・下』1985 年

西田幾多郎著，上田閑照編『西田幾多郎哲学論集』（1〜3），岩波文庫，1987〜1989 年

兵頭徹ほか編『昭和社会経済史料集成』第 31 巻〜第 38 巻（昭和研究会資料 1〜7，別巻），大東文化大学東洋研究所，2004〜2011 年

◉その他

秋沢修二『労働の理念』白揚社，1942 年

岡倉天心『東洋の理想』倉元社，1938 年

金沢庄三郎『日鮮同祖論――ヤマト・カラ交流の軌跡』成甲書房，1978 年

木村荘八訳『ヴァン・ゴォホの手紙』アトリエ社，1927 年

木村荘八訳『ヴァン・ゴォホの手紙』春陽堂，1933 年

軍特務部上海事務所・思想対策研究会『東亜協同体の理論』1939 年 1 月

高坂正顕『民族の哲学』岩波書店，1942 年
高坂正顕・西谷啓治・高山岩男・鈴木成高『世界史的立場と日本』中央公論社，1943 年
高山岩男「我が国土と文化的精神」『日本文化　第七十冊』日本文化協会，1941 年 7 月
――――『文化類型学研究』弘文堂書房，1941 年
式場隆三郎編『ヴァン・ゴオホ』美術発行所，1939 年
式場隆三郎訳編『ヴァン・ゴッホの生涯――フィンセントよりテオへの手紙』東京堂，1943 年
清水幾太郎『人間の世界』刀江書院，1937 年
昭和研究会事務局『新日本の思想原理』1939 年 1 月
昭和研究会事務局『帝国の朝鮮統治策――東亜新秩序建設の見地より』1939 年 7 月
昭和研究会事務局『協同主義の哲学的基礎――新日本の思想原理 続篇』1939 年 9 月
昭和研究会事務局『東亜新秩序建設の理論と方策』生活社，1940 年
高田保馬『東亜民族論』改造社，1939 年
朝鮮総督府『朝鮮に於ける国民精神総動員』1940 年
朝鮮総督官房文書課『興亜国策と朝鮮』1941 年 3 月
朝鮮総督府官房文書課編纂『諭告・訓示・演述総攬』朝鮮行政学会，1941 年
朝鮮総督府情報課『新しき朝鮮』1944 年 4 月
津田左右吉『支那思想と日本』岩波書店，1938 年
日本国際協会太平洋問題調査部『太平洋問題資料 10　日支文化関係史』日本国際協会，1940 年
日本青年外交協会編纂『東亜協同体思想研究』，1939 年
玄永燮『朝鮮人の進むべき道』緑旗連盟，1938 年
――――『新生朝鮮の出発』大阪屋号書店，1939 年
松原宏『民族論』三笠書房，1936 年
民族科学研究所編『民族の理論　民族科学大系 1』育英出版，1944 年
森谷克己『東洋的生活圏』育生社弘道閣，1942 年
文部省教学局『臣民の道』1941 年

崔真碩訳「資料と証言 I　日中戦争期・朝鮮知識人の東亜協同体論」『Quadrante』東京外国語大学・海外事情研究所，第 6 号，2004 年 3 月
　金明植「建設意識と大陸進出」
　印貞植「東亜の再編成と朝鮮人」
　車載貞「東亜の新秩序と革新」
　徐寅植「文化における全体と個人」
　朴致祐「東亜協同体論の一省察」

崔真碩・趙慶喜訳「資料と証言Ⅱ　日中戦争期・朝鮮知識人の内鮮一体論」『Quadrante』東京外国語大学・海外事情研究所，第7号，2005年3月
金明植「内鮮一体の具体的実現過程」
印貞植「内鮮一体の文化的理念」
玄永燮「「内鮮一体」と朝鮮人の個性問題」
金明植「「氏制度」創設と鮮満一如」
印貞植「「内鮮一体」と言語」
金漢卿「共同運命への結合とその還元論」
金斗禎「興亜的大使命として見た「内鮮一体」」

②研究書等

アドルノ，テオドール．W『否定弁証法』木田元ほか訳，作品社，1996年
石井知章・米谷匡史・小林英夫編著『1930年代のアジア社会論――「東亜協同体」論を中心とする言説空間の諸相』社会評論社，2010年
伊藤隆『大政翼賛会への道――近衛新体制』講談社学術文庫，2015年
井上寿一『日中戦争――前線と銃後』講談社学術文庫，2018年
今井弘道『三木清と丸山真男の間』風行社，2006年
大橋良介編『京都学派の思想――種々の像と思想のポテンシャル』人文書院，2004年
黒川伊織『戦争・革命の東アジアと日本のコミュニスト――1920～1970年』有志舎，2020年
小林敏明『〈主体〉のゆくえ――日本近代思想史への一視角』講談社選書メチエ，2010年
――――『西田幾多郎の憂鬱』岩波現代文庫，2011年
――――『廣松歩――近代の超克』講談社学芸文庫，2015年
駒込武『植民地帝国日本の文化統合』岩波書店，1996年
小森陽一ほか編『岩波講座　近代日本の文化史7：総力戦下の知と制度』岩波書店，2002年
子安宣邦『「アジア」はどう語られてきたか――近代日本のオリエンタリズム』藤原書店，2003年
――――『「近代の超克」とは何か』青土社，2008年
昆野伸幸『増補改訂　近代日本の国体論――〈皇国史観〉再考』ぺりかん社，2019年
酒井直樹『死産される日本語・日本人――「日本」の歴史‐地政的配置』新曜社，1996年
酒井直樹・磯前順一編『「近代の超克」と京都学派――近代性・帝国・普遍性』以文社，2010年

嵯峨隆『アジア主義全史』筑摩書房，2020 年
庄司武史『清水幾太郎――異彩の学匠の思想と実践』ミネルヴァ書房，2015 年
末木文美士ほか編『日本思想史講座 4　近代』岩波書店，2013 年
菅原潤『「近代の超克」再考』晃洋書房，2011 年
鈴木貞美『「近代の超克」――その戦前・戦中・戦後』作品社，2015 年
徐禎完ほか編『植民地朝鮮と帝国日本――民族・都市・文化』勉誠出版，2010 年
ソレル，ジョルジュ『暴力論（上・下）』今村仁司・塚原史訳，岩波文庫，2007 年
高綱博文ほか編『グレーゾーンと帝国――歴史修正主義を乗り越える生の営み』勉誠社，2023 年
竹内好『日本とアジア』ちくま学芸文庫，2010 年
田中久文ほか編『再考 三木清――現代への問いとして』昭和堂，2019 年
趙寛子『植民地朝鮮／帝国日本の文化連環――ナショナリズムと反復する植民地主義』有志舎，2007 年
鄭鍾賢『帝国大学の朝鮮人――大韓民国エリートの起源』渡辺直紀訳，慶應義塾大学出版会，2021 年
デリダ，ジャック『哲学のナショナリズム――性，人種，ヒューマニティ』藤本一勇訳，岩波書店，2021 年
トラヴェルソ，エンツォ『全体主義』柱本元彦訳，平凡社新書，2010 年
永島広紀『戦時期朝鮮における「新体制」と京城帝国大学』ゆまに書房，2011 年
中島岳志『アジア主義――西郷隆盛から石原莞爾へ』潮文庫，2017 年
――――『保守と大東亜戦争』集英社新書，2018 年
中島岳志編『橋川文三　セレクション』岩波現代文庫，2011 年
永野基綱『三木清――人と思想（CenturyBooks）』清水書院，2009 年
中村菊男『天皇制ファシズム論』原書房，1967 年
中村雄二郎『西田哲学の脱構築』岩波書店，1987 年
長谷川亮一『「皇国史観」という問題――十五年戦争期における文部省の修史事業と思想統制政策』白澤社，2008 年
バック＝モース，スーザン『ヘーゲルとハイチ』岩崎稔・高橋明史訳，法政大学出版局，2017 年
ハルトゥーニアン，ハリー『近代による超克――戦間期日本の歴史・文化・共同体』梅森直之訳，上下巻，岩波書店，2007 年
廣松渉『〈近代の超克〉論――昭和思想史への一視角』講談社学術文庫，1989 年
福家崇洋『日本ファシズム論争――大戦前夜の思想家たち』河出書房新社，2012 年
ポパー，カール『歴史主義の貧困』岩坂彰訳，日経 BP，2013 年
許祐盛『西田哲学研究――近代日本の二つの顔』小石淑夫訳，岩波書店，2022 年
洪宗郁『戦時期朝鮮の転向者たち――帝国／植民地の統合と亀裂』有志舎，2011 年

マイネッケ，フリードリッヒ『歴史主義の立場』中山治一訳，創元社，1942年
――――『歴史的感覚と歴史の意味』中山治一訳，創文社，1972年
松田利彦『東亜連盟運動と朝鮮・朝鮮人――日中戦争期における植民地帝国日本の断面』有志舎，2015年
宮田節子『朝鮮民衆と皇民化政策』未來社，1985年
山口定『ファシズム』岩波現代文庫，2006年
山室信一『アジアの思想史脈――空間思想学の試み』人文書院，2017年
尹海東『植民地がつくった近代――植民地朝鮮と帝国日本のもつれを考える』沈熙燦・原佑介訳，三元社，2017年
米谷匡史『アジア／日本（思考のフロンティア）』岩波書店，2006年
米原謙ほか『東アジアのナショナリズムと近代』大阪大学出版会，2013年
レヴィ＝ブリュール『未開社会の思惟』山田吉彦訳，小山書店，1935年

③学術論文等

李昇燁「朝鮮人内鮮一体論者の転向と同化の論理――緑旗連盟の朝鮮人イデオローグを中心に」『二十世紀研究』第2号，二十世紀研究編集委員会，2001年12月
板垣竜太「〈植民地近代〉をめぐって――朝鮮史研究における現状と課題」『歴史評論』第654号，歴史科学協議会，2004年10月
浮葉正親「植民地期朝鮮の農業学者・印貞植の変革思想――あるマルキストの転向における内的論理と抵抗の心性」『名古屋大学日本語・日本文化論集』第8号，名古屋大学国際言語センター，2000年
熊野直樹「三木清の「東亜協同体」論――「二重の革新」論を中心に」『法政研究』第76第4号，九州大学法政学会，2010年3月
杉山雅夫「大東亜共栄圏の正当化と論理――「世界史の哲学」と三木清」『人間関係論集』第21号，大阪女子大学人間関係学科，2004年3月
鈴木正「三木清の構想力の一齣――「東亜新秩序の歴史哲学的考察」をめぐって」『みすず』第47巻第9号，みすず書房，2005年10月
高橋哲哉「《運命》トポロジー――〈世界史の哲学〉とその陥穽」『記憶のエチカ――戦争・哲学・アウシュヴィッツ』岩波書店，1995年
崔真碩「朴致祐における暴力の予感――「東亜協同体論の一省察」を中心に」『現代思想』第31巻3号，青土社，2003年3月
――――「東亜協同体から朝鮮人民共和国へ――朴致祐の思想」孫歌・白永瑞・陳光興編『ポスト〈東アジア〉』作品社，2016年
趙寛子「植民地帝国日本と「東亜協同体」――自己防衛的な思想連鎖の中で「世界史」を問う」『朝鮮史研究会論文集』第41集，朝鮮史研究会，2003年10月
――――「徐寅植の歴史哲学――世界史の不可能性と「私の運命」」『思想』第959号，

岩波書店，2004年1月
趙景達「日本帝国の膨張と朝鮮知識人――東亜協同体論と内鮮一体論をめぐって」石田憲編『膨張する帝国　拡散する帝国――第二次大戦に向かう日英とアジア』東京大学出版会，2007年
野村卓史「三木清の協同主義と蓑田胸喜の三木批判」『ぷらくしす』第20巻，広島大学応用倫理学プロジェクト研究センター，2019年3月
藤石貴代「金南天の「浪費」「経営」「麦」連作について」『朝鮮学報』第171輯，朝鮮学会，1999年4月
福井紳一・小林英夫「橘樸と満鉄調査部事件――「左翼アジア主義」の生成（東亜協同体論と三木清・橘樸）」『情況』通号50，情況出版，2005年4月
松本武祝「"朝鮮における「植民地的近代」" に関する近年の研究動向――論点の整理と再構成の試み」『アジア経済』第43巻第9号，日本貿易振興機構アジア経済研究所研究支援部編，2002年9月
三ツ井崇「朝鮮史研究における「植民地近代（性）」をめぐる議論の動向」『歴史科学』第206号，大阪歴史科学協議会，2011年10月
――――「揺らぐ「内鮮一体」像――日中戦争と朝鮮植民地支配」『現代中国研究』第33号，中国現代史研究会，2013年10月
宮島光志「シンポジウム「三木清の人生と思想：新資料を参考にして」 三木清と運命の問題――「中間者の哲学」の結節点として」『法政哲学』第16巻，法政哲学会，2020年3月
山口浩志「昭和研究会の組織と参加者」『日本歴史』第811号，吉川弘文館，2015年12月
――――「東亜新秩序論の諸相（II）――東亜協同体論を中心に」『明治大学大学院紀要』第27集，1990年2月
山本鎮雄「三木清の東亜思想――戦時下の知識人の苦悩と蹉跌（その1）」『日本女子大学紀要人間社会学部』第12号，2001年
米谷匡史「「世界史の哲学」の帰結――戦中から戦後へ」『現代思想』第23巻第1号，青土社，1995年1月
――――「戦時期日本の社会思想――現代化と戦時改革」『思想』第882号，岩波書店，1997年12月
――――「三木清の「世界史の哲学」――日中戦争と「世界」」『批評空間』II期19号，太田出版，1998年10月
――――「植民地／帝国の「世界史の哲学」」『日本思想史学』第37号，日本思想史学会，2005年9月
和田とも美「金南天長編小説論――新聞連載小説，その可能性の追求」『朝鮮学報』第167輯，朝鮮学会，1998年4月

④その他
上原専禄・加藤周一の対談「歴史感覚・歴史意識と歴史学」『思想』第395号，岩波書店，1957年5月号
酒井三郎『昭和研究会――ある知識人集団の軌跡』中公文庫，1992年
朝鮮史研究会編『朝鮮史研究入門』名古屋大学出版会，2011年
花野吉平『歴史の証言――満州に生きて』龍渓書舎，1979年
竹山道雄・木村建康・大島康正・鈴木成高「座談会・大東亜戦争と日本の知識人たち（2）――河合栄治郎・西田幾多郎」『心』第19巻第4号，平凡社，1966年4月

2　韓国・朝鮮語文献（가나다라順）

①一次資料・資料集・著作集等
◉新聞
『東亜日報』『毎日新報』『서울新聞』『朝鮮日報』『朝鮮中央日報』など

◉雑誌
『大潮』『文章』『批判』『四海公論』『三千里』『人文評論』『朝光』『哲学』『青年朝鮮』『青色紙』『春秋』など

◉資料集・著作集等
김상태（キム・サンテ）編訳『윤치호 일기 1916～1943――한 지식인의 내면세계를 통해 본 식민지시기（尹致昊日記 1916～1943――一人の知識人の内面世界を通じて見た植民地時期）』역사비평사，2001年
朴致祐『思想과 現実』白楊社，1946年
尹大石，윤미란（ユン・ミラン）編『박치우 전집――사상과 현실（朴致祐全集――思想と現実）』인하대학교출판부，2010年
이경훈（イ・ギョンフン）ほか訳『태평양 전쟁의 사상（太平洋戦争の思想）』이매진，2007年
〈植民地／近代の超克〉研究会企画，洪宗郁編『식민지 지식인의 근대 초극론（植民地知識人の近代の超克論）』서울대학교출판문화원，2017年
印貞植著，印貞植全集刊行委員会編『인정식 전집（印貞植全集）』（全5巻），한울，1992年
鄭鍾賢編『신남철 문장선집（申南澈文章選集）』（Ⅰ・Ⅱ）성균관대학교출판부，2013年

정호웅（チョン・ホウン），손정수（ソン・ジョンス）編『김남천 전집（金南天全集）』（Ⅰ・Ⅱ）박이정，2000 年
車承棋，鄭鍾賢編『서인식 전집（徐寅植全集）』（Ⅰ・Ⅱ）역락，2006 年
崔載瑞『전환기의 조선문학』노상래訳，嶺南大学校出版部，2006 年

②研究書等

金允植『한국근대문예비평사（韓国近代文芸批評史）』（改訂新版）一志社，1976 年
――――『한국근대문학사상사（韓国近代文学思想史）』한길사，1985 年
金在湧『협력과 저항（協力と抵抗）』소명출판，2004 年
김재현（キム・ジェヒョン）『한국 근현대 사회철학의 모색（韓国近現代社会哲学の模索）』慶南大学校出版部，2015 年
Robert A. Scalapino，이정식（イ・ジョンシク）『한국 공산주의 운동사（韓国共産主義運動史）』한홍구（ハン・ホング）訳，改訂版，돌베게，2015 年
柳承完『이념형 사회주의――박헌영 , 신남철 , 박치우 , 김태준의 사상（理念型社会主義――朴憲永，申南澈，朴致祐，金台俊の思想）』선인，2010 年
방기중（バン・ギジュン）編『일제하 지식인의 파시즘체제 인식과 대응（日帝下知識人のファシズム認識と対応）』혜안，2005 年
봉기（ボン・ギ）『신남철의 철학사상 연구（申南澈の哲学思想研究）』全南大学校博士学位論文，2009 年
徐仲錫『한국현대민족운동연구（韓国現代民族運動研究）』歴史批評社，1991 年
손정수（ソン・ジョンス）『개념사로서의 한국근대비평사（概念史としての韓国近代批評史）』역락，2002 年
위상복（ウィ・サンボク）『불화 , 그리고 불온한 시대의 철학――박치우의 삶과 철학사상（不和，そして不穏な時代の哲学――朴致祐の生と哲学思想）』도서출판길，2012 年
尹大石『식민지 국민문학론（植民地の国民文学論）』역락，2006 年
――――『식민지 문학을 읽다（植民地文学を読む）』소명출판，2012 年
尹海東ほか著『근대를 다시 읽는다 1・2――한국 근대 인식의 새로운 패러다임을 위하여（近代を読み直す 1・2――韓国近代認識の新しいパラダイムのために）』歴史批評社，2006 年
이규성（イ・ギュソン）『한국현대철학사론――세계상실과 자유의 이념（韓国現代哲学史論――世界喪失と自由の理念）』梨花女子大学校出版部，2012 年
이덕화（イ・ドクファ）『김남천 연구（金南天研究）』청하，1991 年
이순웅（イ・スンウン）『박치우 , 계몽에서 혁명으로（朴致祐，啓蒙から革命へ）』崇実大学校知識情報処中央図書館，2022 年
李慧眞『사상으로서의 조선문학――전시체제기 1937～1945 한국문학의 윤리（思想とし

ての朝鮮文学——戦時体制期 1937～1945, 韓国文学の倫理)』소명출판, 2013 年
林鍾国『친일문학론——일제 암흑기의 작가와 작품 (親日文学論——日帝暗黒期の作家と作品)』平和出版社, 1966 年
정근식 (チョン・グンシク) ほか『식민권력과 근대지식——경성제국대학 연구 (植民権力と近代知識——京城帝国大学研究)』ソウル大学校出版文化院, 2011 年
정연태 (チョン・ヨンテ)『한국 근대와 식민지 근대화 논쟁 (韓国の近代と植民地近代化論争)』푸른역사, 2011 年
鄭鍾賢『동양론과 식민지 조선문학——제국적 주체를 향한 욕망과 분열 (東洋論と植民地朝鮮の文学——帝国的主体に向かう欲望と分裂)』창비, 2011 年
車承棋『반근대적 상상력의 임계들——식민지조선 담론장에서의 전통・세계・주체 (反近代的想像力の臨界たち——植民地朝鮮の言説空間における伝統・世界・主体)』푸른역사, 2009 年

③学術論文等

가게모토 츠요시 (影本剛)「유령 , 객관 , 패배——김남천 소설에서의 전향과 주체화 (幽霊, 客観, 敗北——金南天小説における転向と主体化)」『尙虛学報』第 43 輯, 尙虛学会, 2015 年 2 月
권용혁 (クォン・ヨンヒョク)「역사적 현실과 사회철학——신남철을 중심으로 (歴史的現実と社会哲学——申南澈を中心に)」『東方学誌』第 112 巻, 延世大学校国学研究院, 2001 年 6 月
김명구 (キム・ミョング)「중일전쟁기 조선에서 '내선일체론' 의 수용과 논리 (日中戦争期朝鮮における「内鮮一体」の受容と論理)」『韓国史学報』第 33 号, 高麗史学会, 2008 年 11 月
김수영 (キム・スヨン)「김남천의〈경영〉과〈맥〉에 나타난 '동양론' 고찰 (金南天の「経営」と「麦」に表れる「東洋論」の考察)」『韓民族文化研究』第 18 巻, 韓民族文化学会, 2006 年 6 月
金哲「'근대의 초극' ,『낭비』그리고 베네치아 (Venetia) ——김남천과 근대초극론 (「近代の超克」,『浪費』そしてベネチア (Venetia) ——金南天と近代の超克論)」『民族文学史研究』第 18 号, 民族文学史研究所, 2001 年 6 月
노상래 (ノ・サンレ)「김남천 소설에 나타난 자기식민화 양상과 근대초극론 (金南天小説に表れる自己植民化の様相と近代の超克論)」『現代文学理論研究』第 33 巻, 現代文学理論学会, 2008 年 4 月
朴羊信「1930 年代 日本의 '민족' 개념과 정치의 교착 (1930 年代日本の「民族」概念と政治の交錯)」『韓日民族問題研究』第 10 号, 韓日民族問題学会, 2010 年 6 月
변정화 (ビョン・ジョンファ)「김남천의 전향소설 연구 (金南天の転向小説研究)」『論文集』第 16 輯, 暻園專門大学校, 1994 年

서희원（ソ・ヒウォン）「제국과 주체의 변증법――서인식의 비평을 중심으로（帝国と主体の弁証法――徐寅植の批評を中心に）」『比較文学』第43輯，韓国比較文学会，2007年10月
손정수（ソン・ジョンス）「신남철・박치우의 사상과 그 해석에 작용하는 경성제국대학이라는 장（申南澈・朴致祐の思想とその解釈に作用する京城帝国大学という場）」『韓国学研究』第14輯，仁荷大学校韓国学研究所，2005年11月
신동욱（シン・ドンウク）「김남천의 소설에 나타난 지식인의 자아확립과 전향자의 적응 문제（金南天の小説に表れる知識人の自己確立と転向者の適応問題）」『東洋学』第21輯，檀国大学校東洋学研究院，1991年10月
이건제（イ・ゴンジェ）「김남천의 소설을 통해 본 일제말 '전향' 과 '근대성' 문제――「경영」과「맥」의 인물 분석을 중심으로（金南天の小説を通してみた日帝末の「転向」と「近代性」の問題――「経営」と「麦」の人物分析を中心に）」『語文論集』第37号，安巖語文学会，1998年2月
李東夏「일제말 지식인의 고뇌와 갈등――김남천의「경영」-「맥」연작（日帝末，知識人の苦悩と葛藤――金南天の「経営」・「麦」連作）」『現代文学』第35巻第9号，1989年9月
이병수（イ・ビョンス）「1930 년대 서양철학 수용에 나타난 철학 1 세대의 철학함의 특징과 이론적 영향（1930年代，西洋哲学受容に現れる哲学一世代の哲学することの特徴と理論的影響）」『시대와 철학（時代と哲学）』第17巻第2号，韓国哲学思想研究会，2006年6月
이진형（イ・ジンヒョン）「김남천, 식민지 말기 '역사' 에 관한 성찰――「경영」과「맥」을 중심으로（金南天，植民地末期における「歴史」に関する省察――「経営」と「麦」を中心に）」『現代文学理論研究』第47輯，現代文学理論学会，2011年12月
이태우（イ・テウ）「신남철의 마르크스주의 철학의 수용과 한국적 변용（申南澈のマルクス主義哲学の受容と韓国的変容）」『東北亜文化研究』第46集，東北亜細亜文化学会，2016年3月
이태훈（イ・テフン）「1930 년대 후반 '좌파지식인' 의 전체주의 인식과 한계――서인식을 중심으로（1930年代後半，「左派知識人」の全体主義認識と限界――徐寅植を中心に）」『歴史問題研究』第24号，歴史問題研究所，2010年10月
――――「일제하 신남철의 보편주의적 역사인식과 지식인 사회 비판（日帝下，申南澈の普遍主義的な歴史認識と知識人社会批判）」『民族文化研究』第68号，高麗大学校民族文化研究院，2015年8月
李慧眞「근대의 초극 혹은 근대문학의 종언――김남천의「경영」,「맥」,『낭비』연작을 중심으로（近代の超克もしくは近代文学の終焉――金南天「経営」,「麦」,『浪費』連作を中心に）」『国際語文』第41輯，国際語文学会，2007年12月

———「아시아／일본 . 식민지／제국의 온톨로기—— ‘식민지 공공성’ 의 조선적 형식 : 일제 말 ‘동아협동체론’ 을 중심으로（アジア／日本，植民地／帝国のオントロジー——「植民地公共性」の朝鮮的形式：日帝末「東亜協同体」論を中心に）」『한국문학이론과 비평（韓国文学理論と批評）』第 62 輯，한국문학이론과 비평학회（韓国文学理論と批評学会），2014 年 3 月
장성규（チャン・ソンギュ）「카프 문인들의 전향과 대응의 논리——임화와 김남천을 중심으로（カップ文人たちの転向と対応の論理——林和と金南天を中心に）」『尙虛学報』第 22 輯，尙虛学会，2008 年 2 月
張信「일제말기 동근동조론의 대두와 내선일체론의 균열（日帝末期，同根同祖論の擡頭と内鮮一体論の亀裂）」『人文科学』第 54 集，成均館大学校人文科学研究所，2014 年 8 月
정명중（チョン・ミョンジュン）「입장의 초월과 규범으로서의 전체성——서인식 비평의 논리구조（立場の超越と規範としての全体性——徐寅植批評の論理構造）」『現代文學理論研究』第 67 輯，現代文学理論学会，2016 年 12 月
鄭鍾賢「신남철과 ‘대학’ 제도의 안과 밖——식민지 ‘학지（學知）’ 의 연속과 비연속（申南澈と「大学」制度の内と外——植民地「学知」の連続と非連続）」『韓国語文学研究』第 54 集，韓国語文学研究学会，2010 年 2 月
조형열（チョ・ヒョンヨル）「1930 년대 마르크스주의 지식인의 학술문화기관 구상과 “과학적 조선학” 수립론（1930 年代，マルクス主義知識人の学術文化機関構想と「科学的な朝鮮学」樹立論）」『歴史学研究』第 61 巻，湖南史学会，2016 年 2 月
최영욱（チェ・ヨンウク）「전향이라는 法 , 김남천의 Moral（転向という法，金南天の Moral）」『語文学』第 116 号，韓国語文学会，2012 年 6 月
崔珠瀚「신체제 이념과 김남천의 리얼리즘론（新体制理念と金南天のリアリズム論）」『大東文化研究』第 56 輯，成均館大学校大東文化研究院，2006 年 12 月
최택규（チェ・テクギュ）「전향문학의 논리와 서사구조연구——김남천의『경영』,『맥』,『낭비』를 중심으로（転向文学の論理と叙事構造研究——金南天の『経営』，『麦』，『浪費』を中心に）」『語文学教育』第 23 輯，韓国語文教育学会，2001 年 11 月
河應柏「부재의식과 전향소설 ——김남천의 후기소설을 중심으로（不在意識と転向小説——金南天の後期小説を中心に）」『慶熙語文学』第 11 輯，慶熙大学校文理科大学国語国文学会，1990 年 12 月
홍영두（ホン・ヨンドゥ）「1930 년대 서양철학 수용과 일본형 오리엔탈리즘 문제（1930 年代における西洋哲学の受容と日本型オリエンタリズムの問題）」『사회와 철학（社会と哲学）』第 27 集，社会 와 哲学研究会，2014 年 4 月

③　その他

이경훈（イ・ギョンフン）「‘근대의 초극’ 이라는 근대 이데올로기 , 히로마쓰 와타루 지

음, 김항 옮김, 『근대 초극론』, 민음사（「近代の超克」という近代のイデオロギー，廣松渉著，金杭訳，『近代の超克論』，ミンウム社）」『문학과 사회（文学と社会）』第16巻第3号，문학과 지성사，2003年8月
이태훈（イ・テフン）ほか編『일제하 조선 역사 문화 관련 기사 목록――동아일보・조선일보（1930〜1940）（日帝下における朝鮮の歴史文化関連記事目録――東亜日報・朝鮮日報（1930〜1940））』선인，2015年
히로마쓰 와타루（廣松渉）著，金杭訳『근대 초극론（近代の超克論）』민음사，2003年

3　英語文献（ABC 順）

Gi-Wook Shin and Michael Robinson ed., *Colonial Modernity in Korea*, Mass, 1999, Cambridge.
Kakuzō Okakura, *The Ideals of the East with Special Reference to the Art of Japan*, John Murray, 1903, London.
Nayoung Aimee Kwon, *Intimate Empire: Collaboration and Colonial Modernity in Korea and Japan*, Duke University Press, 2015, Bogart, Georgia.
Poole, Janet, *When the Future Disappears: The Modernist Imagination in Late Colonial Korea*, Columbia University Press, 2014, New York.
Seok-Won Lee, *Japan's Pan-Asian Empire: Wartime Intellectuals and the Korea Question, 1931–1945*, Routledge, 2021, New York.
Stefan Tanaka, *Japan's Orient*, University of California Press, 1995, Berkeley.
Takashi Fujitani, *Race for Empire: Koreans as Japanese and Japanese as Americans during World War II*, University of California Press, 2011, Berkeley and Los Angeles, California.
Yu-Lan Fung, "Why China has no Science-An Interpretation of the History and Consequences of Chinese Philosophy" *International Journal of Ethics*, Vol. 32, No. 3, The University of Chicago Press, April 1922.

初出一覧

本書は2021年5月に東京大学で授与された博士学位論文『錯綜する帝国／植民地の〈知〉――1930〜40年代，植民地朝鮮と「近代の超克」』を基にしている。出版にあたって大幅に削除・修正・加筆を行なったため，各章の初出は以下の通りであるが，原形をとどめていないものが多いことを断っておく。

序　章　書き下ろし

第 1 章　「〈民族〉という陥穽――戦時期における「東亜協同体」・「内鮮一体」論と植民地朝鮮」（朝鮮史研究会『朝鮮史研究会論文集』第 59 集，2021 年 10 月）

第 2 章　書き下ろし

第 3 章　「沈黙の叫び――徐寅植の〈世界史の哲学〉と主体としての「民族」」（東京大学大学院総合文化研究科地域文化研究専攻『年報地域文化研究』第 27 号，2024 年 3 月）

第 4 章　「植民地朝鮮における〈東洋〉論のゆくえ――1930〜40 年代の申南澈を中心に」（学習院大学東洋文化研究所『東洋文化研究』第 23 号，2021 年 3 月）

第 5 章　「転換期の金南天小説と〈歴史〉――連作「浪費」「経営」「麦」を中心に」（朝鮮学会『朝鮮学報』第 258 輯，2021 年 12 月）

第 6 章　「「学」（theoria）と「思想」（ism）のあいだで――朴致祐「東亜協同体論の一省察」（1940 年）再読」（朝鮮学会『朝鮮学報』第 254 輯，2020 年 1 月）

第 7 章　「すれ違う帝国／植民地の〈知〉――三木清と朴致祐の歴史／哲学」（研究ノート）（立命館大学コリア研究センター『コリア研究』第 10 号，2020 年 3 月）

終　章　書き下ろし

※なお，第 3・6・7 章の内容の一部は，「植民地朝鮮の解放と〈近代の超克〉」（今西淳子編『アジアの未来へ――私の提案 5　第 5 回アジア未来会議優秀論文集』ジャパンタイムズ出版，2020 年 9 月）にも収録されている。